AutoCAD
디지털 드로잉 시스템 설치 및 실습 가이드

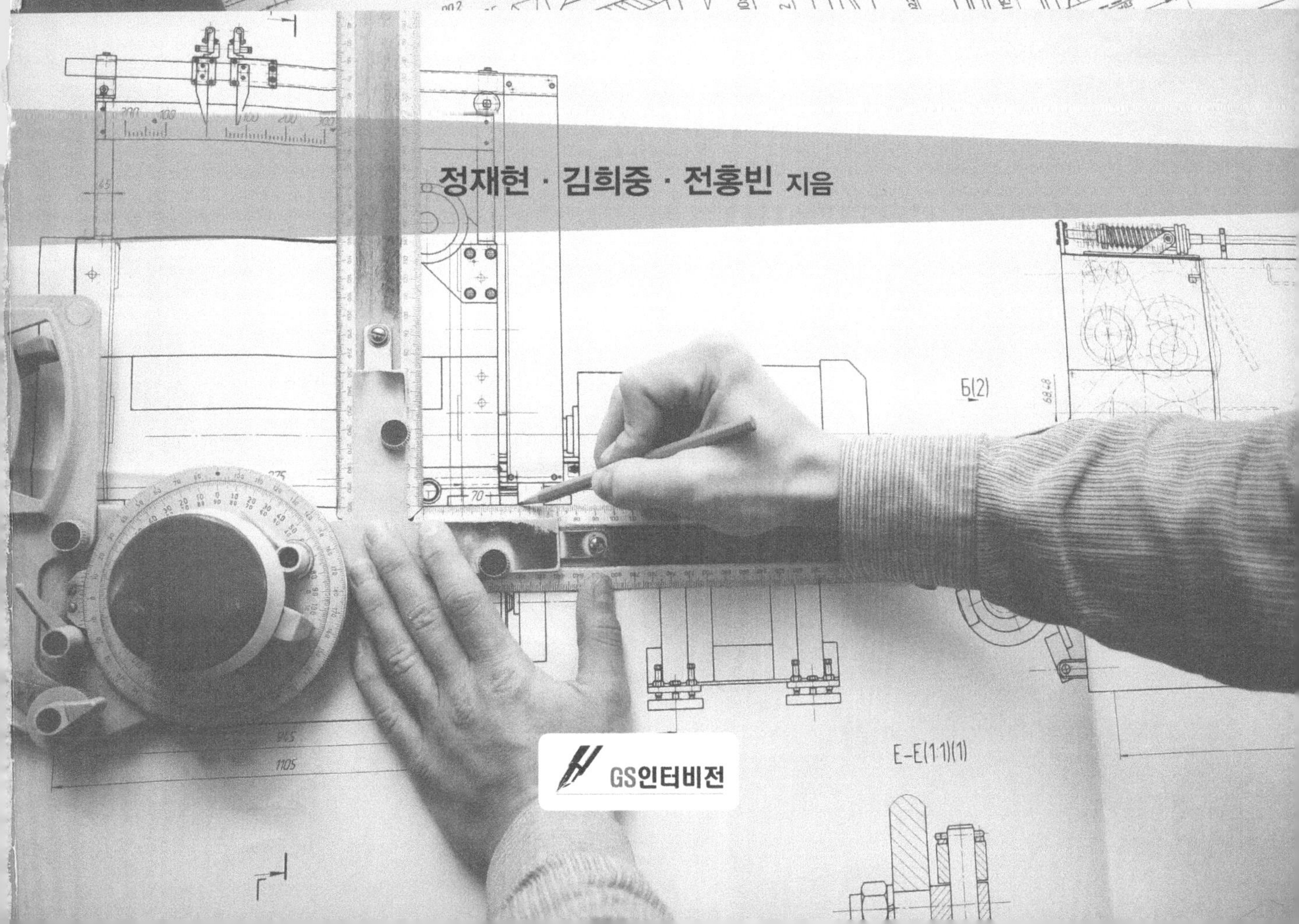

정재현 · 김희중 · 전홍빈 지음

GS인터비전

들어가며

이 책은 AutoCAD의 기초적 실급 과정을 다룬 'AutoCAD 디지털 드로잉 시스템 활용 기초'의 2D CAD 시스템에 대한 기능적 학습에서 부족했던 AutoCAD 제품군의 설치 그리고 실제 실습을 위한 예제를 수록하고 있다.

특히 AutoCAD를 처음 접하는 학습자의 경우 AutoCAD의 설치 및 세부 항목 설정에 대한 정보가 부족하여 어려움을 겪는 경우가 적지 않다는 점에서 설치 절차에 따른 주요 내용을 상세히 수록하였다. 또한 보다 효율적인 도면 관리르 위해 Autodesk의 설계 정보 관리를 위한 PDM 시스템인 Autodesk Vault Server 및 Client의 설치 그리고 AutoCAD에서의 연결 방법에 대해서도 다루고 있다.

또한 기호 블록의 생성 및 사용 그리고 기계류 부품의 제도를 위한 설계 방법을 보다 자세히 언급하여 예제 실습에 도움이 될 수 있도록 하였다.

마지막으로 제도 실습을 위한 도면 예제는 AutoCAD의 기본적인 명령을 통하여 표준적인 도면 생성 기능의 학습이 가능한 예제를 선별하여 수록하였다.

끝으로 이 책의 출판을 위하여 노력해 주신 출판사 GS인터비전과 설계 도면을 생성하고 검토해 준 이정우 군에게도 감사를 표한다.

2017년 2월

저자 씀

차례

3

4

chapter 1 AutoCAD 시스템의 설치

본 장에서는 AutoCAD 2017과 AutoCAD Mechanical 2017을 비롯한 Autodesk의 2D CAD 시스템과 도면 관리 시스템인 Vault 2017 Server와 Client 프로그램의 설치 과정을 상세히 적고 있다. 또한 최근 사용자가 점차 늘기 시작하는 Mac 사용자를 위한 AutoCAD 2017 for Mac 관한 사항도 포함하였다.

1.1 AutoCAD 제품군의 구성과 비교

일반적으로 AutoCAD 제품군은 AutoCAD를 중심으로 하위의 AutoCAD LT와 상위의 AutoCAD Mechanical로 구분되어 있다고 볼 수 있다. AutoCAD LT는 AutoCAD의 주요 기능 가운데 제도 기능을 중심으로 도면 관리 및 확장 기능이 제거된 저가 버전이다. 반면 AutoCAD Mechanical은 AutoCAD의 기능에 추가적으로 세계 주요 국가의 표준 라이브러리 및 배치 기반 설치 기능 등이 포함되어 있지만 AutoCAD와 동일한 가격이라는 점에서 특별한 상위 버전이라고 규정하기는 어렵다.

이러한 점은 단순한 모델링 기능에서 AutoCAD와 AutoCAD Mechanical 간의 차이가 없다는 점을 의미한다고 볼 수 있다. 하지만 Autodesk 입장에서는 이미 40 년 가까이 지속되고 있는 AutoCAD의 구성이 실질적인 설계 도구로서의 발전을 저해하는 요소로서도 작용할 수 있다는 점에서 완전히 새로운 명령 구성과 체계의 AutoCAD Mechanical의 운용과 지원에 더 큰 비중을 두고 있다고도 할 수 있다. 실제로 Autodesk의 두 패키지에 대한 입장은 AutoCAD는 제도 즉 도면 생성을 위한 플랫폼으로서 AutoCAD Mechanical은 설계를 위한 플랫폼으로서 구분하기도 했다.

이러한 상황에서 AutoCAD의 전통적인 제도 도구로서의 역할은 AutoCAD LT로 이전되었고 미래의 설계 도구로서의 확장은 AutoCAD Mechanical이 담당하고 있다는 점에서 AutoCAD와 AutoCAD Mechanical 간의 구분은 의미가 없다고 하겠다.

앞서 언급했던 AutoCAD LT는 AutoCAD 제품군에서 별도로 분류되기도 하는데 AutoCAD Release 12 버전이 공급되던 시기인 1993년에 첫 선을 보인 제품으로, 당시 대리점을 통해서만 구입이 가능했던 AutoCAD와 달리 AutoCAD LT는 사용자가 직접 소매점에서 AutoCAD 가격의 절반 이하로 구입할 수 있었다. 최초 저가 및 저급의 제도 도구로서 출시되었지만 현재의 AutoCAD LT가 제공하는 기능은 전통적인 AutoCAD의 제도 기능을 모두 포함하고 있기 때문에 가장 표준인 제도 기능을 제공하는 설계 플랫폼으로 평가할 수 있다.

현재 AutoCAD와 AutoCAD Mechanical의 기능별 비교를 위해 제시되고 있는 내용은 다음과 같다.

[기계 엔지니어링 문서화 기능 비교]

	AutoCAD	Mechanical
국제 제도 표준 지원	○	○
기계 엔지니어링용 Autodesk Synergy		○
스마트 기계 엔지니어링 치수		○
연관 품번기호 및 재료명세서(BOM)		○
파워 치수 내부 편집기		○
BOM 마이그레이션		○

[기계 설계 생산성 기능 비교]

	AutoCAD	Mechanical
AutoCAD 인터페이스	○	○
DWG 호환성	○	○
강력한 제도 도구	○	○
700,000 개의 표준 부품 및 기능		○
표준 부품 라이브러리 업데이트		○
재사용 가능한 기계도면 세부사항 설계도구		○
기계생성기 및 계산기		○
기계 제도 주석 모니터		○
Autodesk Content Explorer		○

1.2 AutoCAD 2017

1.2.1 설치 환경 점검

현재 AutoCAD 2017의 설치와 운용을 위해 Autodesk가 권장하는 컴퓨터 시스템 요구 사양은 다음과 같다.

- OS: Microsoft Windows 7 (SP1), 8.1 (Update KB2919355) 및 10 (desktop OS)
- CPU: 1 GHz 이상의 X86(32-bit) 및 X64(64-bit) 마이크로프로세서
- RAM: 2 GB 이상(32-bit) 및 4 GB 이상(64-bit)
- Video: 1360 X 768 이상 해상도 지원 및 DirectX 9 이상 지원 그래픽스 카드

위와 같은 요구 사양은 근래 대부분의 개인용 컴퓨터 수준에서 충분히 만족할 수 있는 수준이라고 볼 수 있다. 물론 이러한 요구 기준은 최소 사양이라는 점에서 용량이 크거나 복잡한 파일을 생성 및 검토하기 위해서는 그 이상의 사양을 필요로 한다고 볼 수 있다.

AutoCAD가 설계 플랫폼으로서 처음 등장하던 시기, AutoCAD의 최대 강점은 시스템 부하를 최소화할 수 있는 사양으로서 빠른 도면 생성이 가능하다는 점이었다. 하지만 컴퓨터 시스템의 성능 향상과 함께 여러 기능들이 포함되면서 현재의 AutoCAD는 다른 CAD 플랫폼 못지 않게 시스템에 부하를 초래하는 덩치 큰 어플리케이션의 하나가 되었다고 할 수 있다.

특히 설계 도면 생성 중 작업 정보가 자주 하드 디스크 등의 저장 장치에 저장되기 때문에 시스템 부하가 발생할 수 있다는 점에서 최근에 각광을 받고 있는 SSD(solid-state drive)와 같은 빠른 입출력 속도를 지원하는 저장 장치의 사용이 권장된다.

그리고 하드 디스크나 SSD와 같은 외부 저장 장치에 기록된 설계 도면을 안전하게 보관하기 위한 별도의 저장 장치와 백업 절차 역시 반드시 필요하다.

또한 AutoCAD는 2012 버전 이후부터 다시 Apple의 컴퓨터 시스템을 지원하는데 현재 AutoCAD 2017 for Mac의 요구 사양은 다음과 같다.

- OS: Apple Mac OS X v10.10 이상
- Model: Apple MacPro 4,1 이상, MacBook Pro 5,1 이상, iMac 8.1 이상, Mac Mini 3,1 이상, MacBook Air 2,1 이상, MacBook 5,1 이상
- CPU: 64-bit Intel CPU(2 GHz Core Duo 이상)
- RAM: 3 GB
- Video: 1280 x 800 해상도 이상

Apple의 Mac 모델은 일반적인 PC 환경과 달리 사양이나 환경이 거의 규정되어 있기 때문에 사용하는 시스템에서의 운영 여부를 쉽게 확인할 수 있다.

또한 AutoCAD나 AutoCAD Mechanical 외 AutoCAD LT의 경우 AutoCAD의 시스템 요구 사항이나 설치 절차와 동일하게 진행하면 무리가 없다.

1.2.2 AutoCAD 2017 설치

AutoCAD 2017의 설치 절차는 단순하다고 볼 수 있다. 설치 과정에 필요한 주변 파일 등은 자동으로 인터넷 서비스를 통하여 설치하기도 한다. 또한 예전과 같이 CD/DVD 등의 저장 미디어를 사용하여 설치할 수도 있지만 인터넷 설치 기반의 작은 설치 프로그램을 이용함으로써 설치를 위한 준비 사항이 많이 간소화되어 있다.

AutoCAD를 CD/DVD 혹은 인터넷 기반 설치를 통하여 설치를 시작하게 되면 다음 각 절차로 간단하게 진행할 수 있다. 인터넷 기반 설치를 진행하는 경우 네트워크 연결 품질에 따라 필요한 파일을 모두 다운로드하는 과정에 상당한 시간이 걸릴 수도 있기 때문에 설치 미디어를 사용하는 편이 상대적으로 설치에 수월하고 안전할 수 있다.

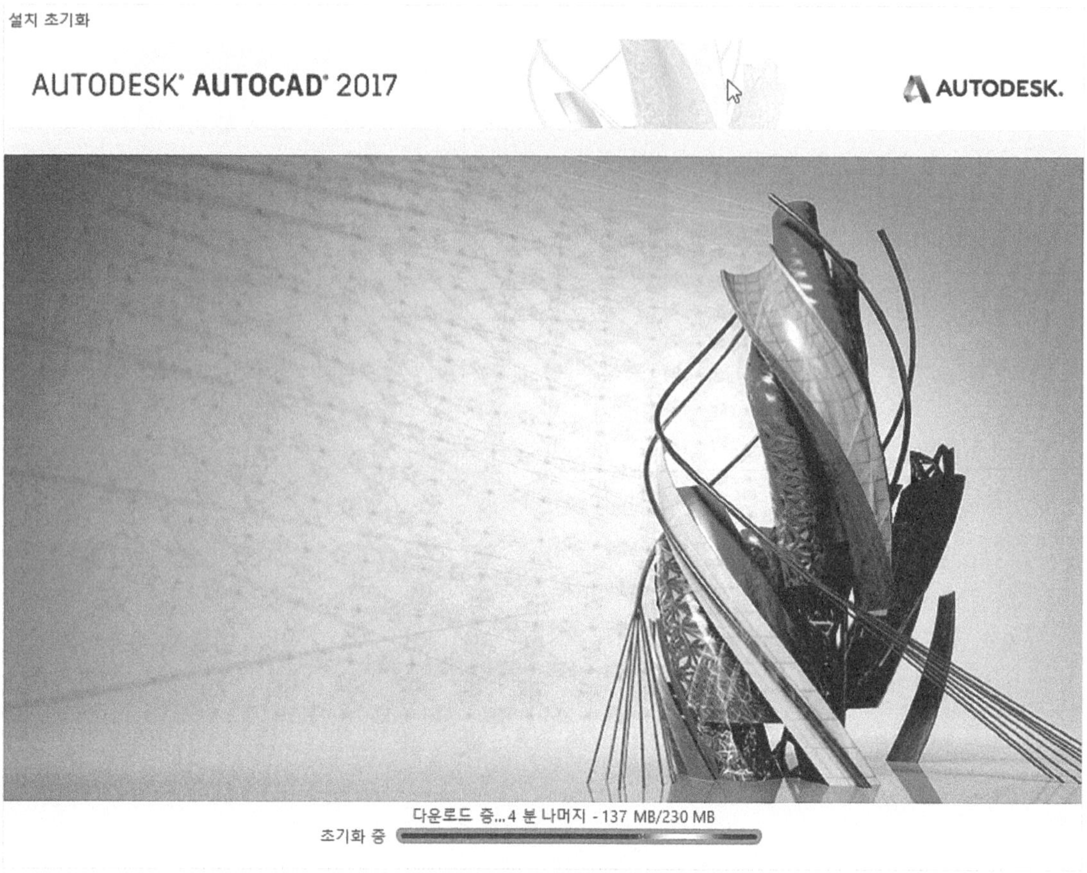

그림 1-1 설치 시작 화면

인터넷 기반의 설치 프로그램을 사용할 경우, 설치가 중단되었다면 다운로드한 파일이 아닌 원래의 설치 프로그램을 실행해야 이미 다운로드한 파일을 이용하여 신속하게 재설치할 수 있다.

Autodesk의 제품은 인터넷 기반으로 설치할 때 별도의 다운로드 프로그램을 설치하고 실행하기 때문에 운영체제의 보안 체계에서 경고 메시지를 보낸다(AutoCAD 2017의 경우 Akamai Netsession Client를 사용한다). 해당 경고에 대한 사용자 확인 이후 AutoCAD 2017의 설치가 시작된다.

그림 1-2 도구 및 유틸리티 설치 선택 화면

설치 프로그램이 시작되면, 각 설치 요소를 선택하여 설치할 수 있는 화면이 나타난다. 대부분의 경우 설치를 바로 진행해도 되지만 경우에 따라 사용 환경에 따라 '도구 및 유틸리티 설치 '에서 필요한 사안을 확인해야 할 수도 있다. 해당 사안은 설치하는 프로그램의 종류 및 버전에 따라 차이가 있을 수 있다. 예로 AutoCAD 2017에서 다음과 같은 선택 항목들이 있다.

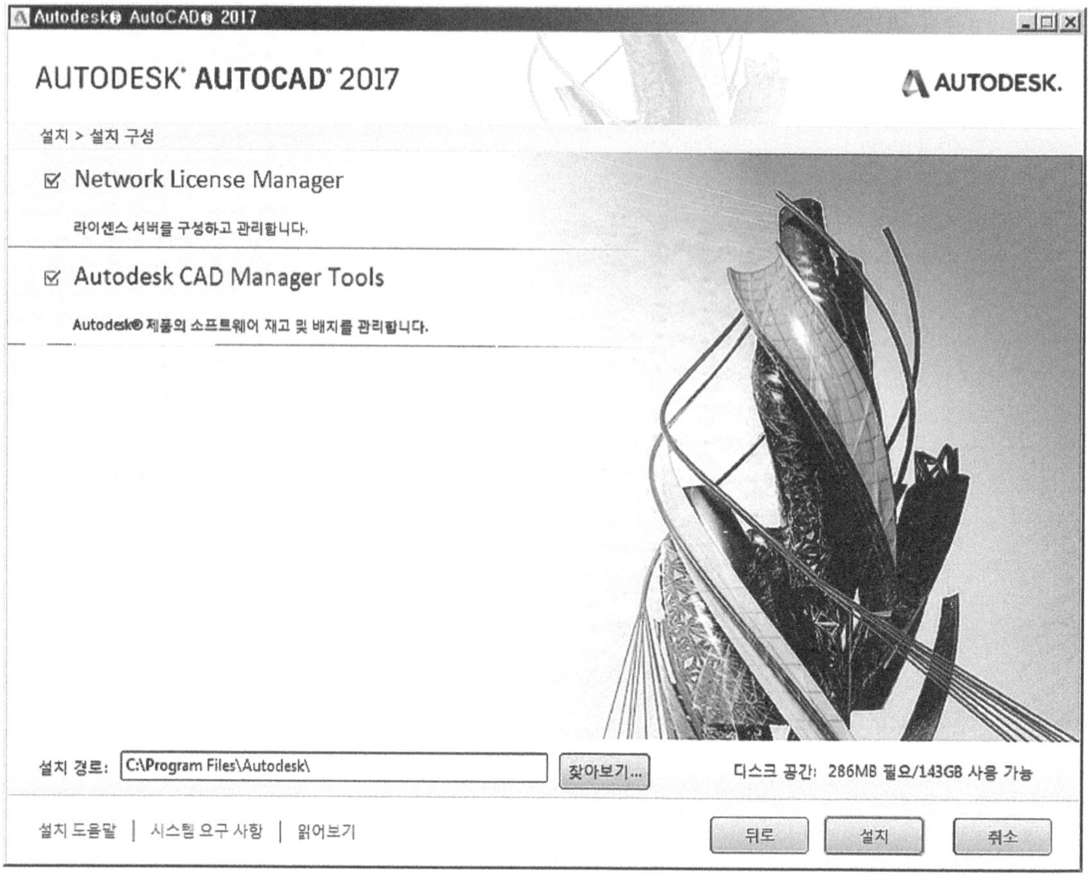

그림 1-3 AutoCAD 2017 도구 및 유틸리티 선택

- 네트워크 라이선스 관리자(Network License Manager)
  - Autodesk 제품의 사용을 위한 라이선스 서버를 설정하거나 라이선스를 관리하기 위한 프로그램이다.

- Autodesk CAD 관리자 도구(Autodesk CAD Manager Tools)
  - Autodesk가 제공하는 인터넷 기반의 정보와 프로그램 등의 설치 및 운용에 관한 기능을 제공하는 관리도구이다.

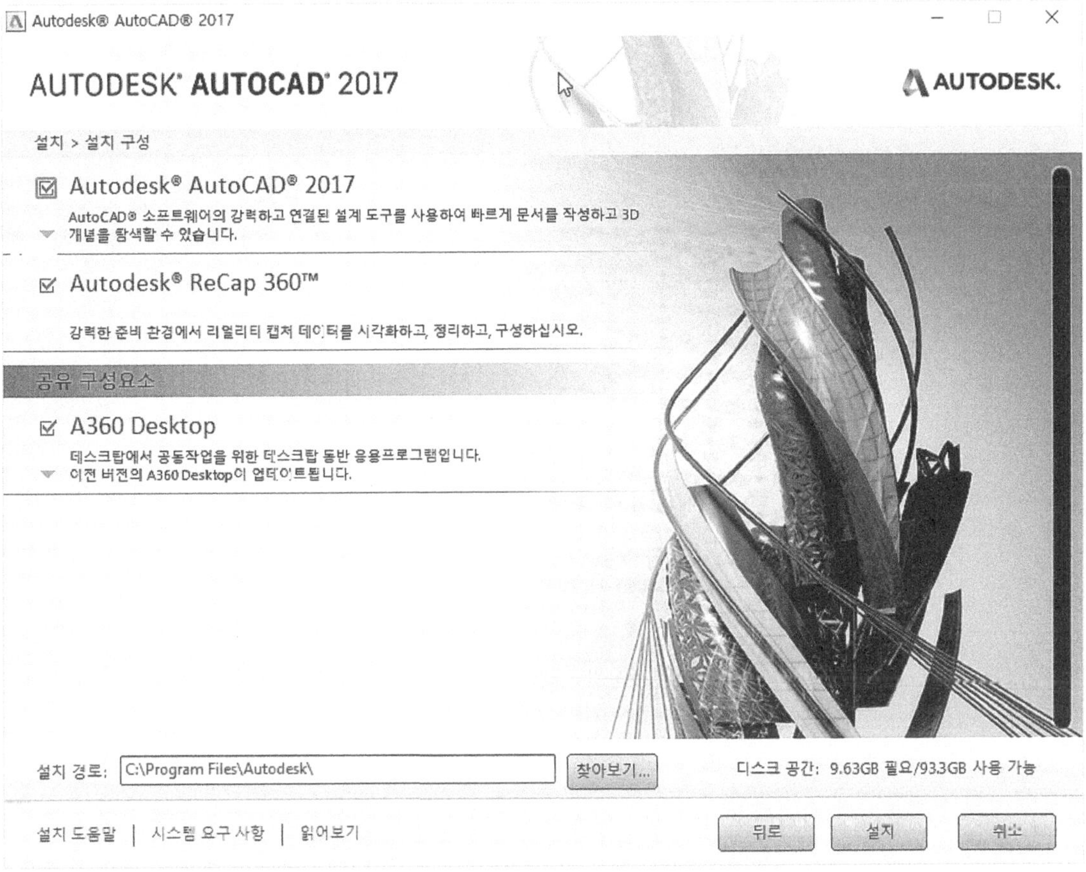

그림 1-4 AutoCAD 2017 설치 구성 화면

다음 설치를 진행하면 라이선스 및 기타 저작권 동의 화면이 나타난 이후, 동의 확인에 따라 기본 설치 항목에 대한 선택 화면이 나타난다. 현재 AutoCAD 2017 64-bit 버전의 화면에서는 AutoCAD 2017, Autodesk ReCap 360 그리고 A360 Desktop에 대한 선택 여부가 보여 지고 있다. 각 항목은 릴리즈나 버전에 따라 차이가 날 수 있다. 예로 AutoCAD 2017 32-bit 버전에서는 Autodesk ReCap 360이 포함되어 있지 않다.

각 항목 중 아래 화살표가 있는 부분을 클릭하면 세부 선택 항목에 대한 정보를 확인하고 개별 선택 여부를 변경할 수 있다. 해당 기능이 필요 없거나 설치 공간을 줄이고자 하는 경우 해당 프로그램 및 세부 항목을 개별적으로 선택하여 설치하지 않을 수 있다.

현재 설치하고자 하는 프로그램인 AutoCAD 2017 64-bit 버전의 경우 다음과 같은 여러 세부 항목을 하위 구성요소로서 선택할 수 있다.

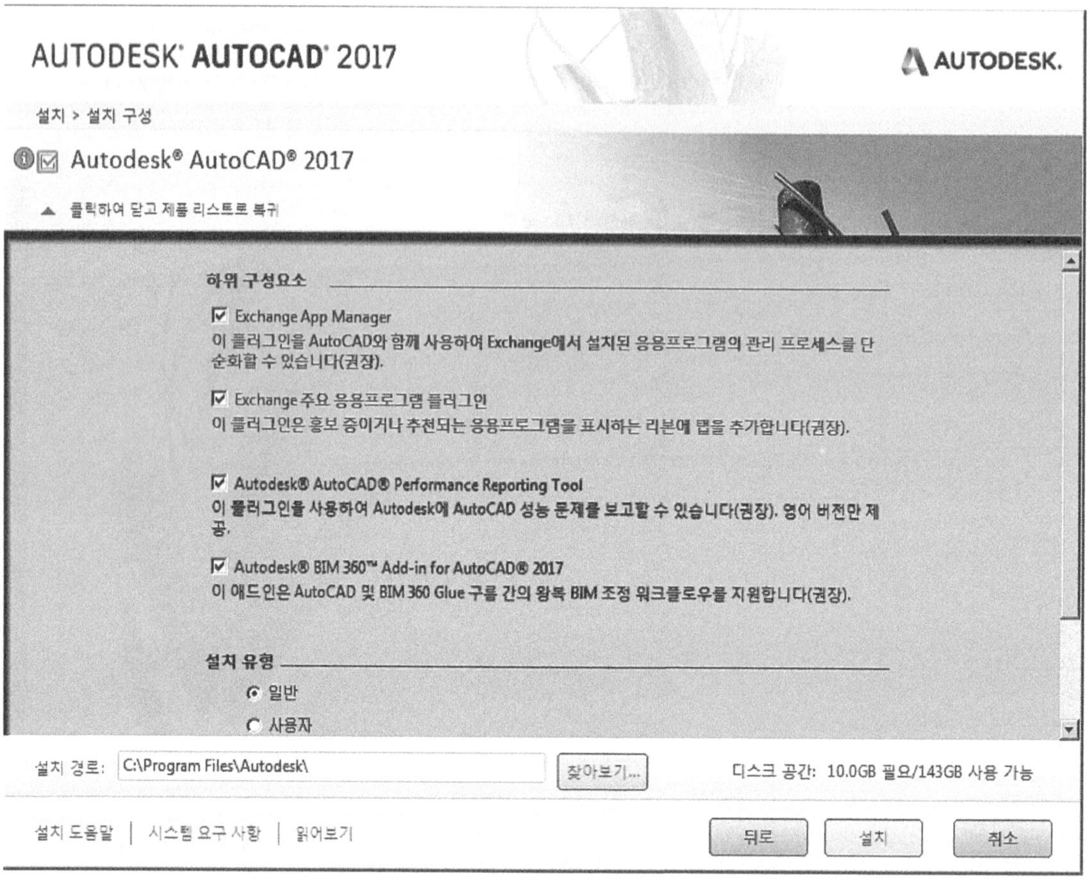

그림 1-5 AutoCAD 2017의 하위구성 요소 및 설치 유형

- Exchange App Manager(권장)

  - Autodesk의 Exchange Apps 웹 사이트에서 다운로드한 Autodesk Exchange Apps을 설치하거나 업데이트할 수 있는 기능이다.

- Exchange 주요 응용프로그램 플러그인(권장)

  - AutoCAD와 같은 Autodesk의 제품을 플랫폼으로 하는 여러 앱을 AutoCAD와 같은 프로그램에서 사용할 수 있도록 하는 기능이다.

- Autodesk AutoCAD Performance Reporting Tool

  - Autodesk의 제품 사용하는 도중 발생하는 여러 성능 및 기능적인 문제를 Autodesk로 알려주는 기능이다.

- Autodesk BIM 360 Add-in for AutoCAD 2017

  - Autodesk의 BIM 클라우드 서비스인 BIM 360 Glue의 기능을 AutoCAD 2017에서 사용할 수 있도록 지원해주는 기능이다.

또한 설치 유형에서 일반이나 사용자를 선택하여 몇몇 도구를 설치할 수 있다.

- Express Tools

  - AutoCAD 관련 프로그램의 기능을 확장하는 지원 프로그램을 별도로 모아 놓은 패키지이다.

- Autodesk Seek

  - AutoCAD 및 Revit 관련 프로그램을 위한 설계 자원 등을 검색하고 지원 웹 사이트에서 다운로드할 수 있도록 하는 기능이다.

- 라이선스 전송 유틸리티

  - 독립적 실행형 라이선스가 설치된 컴퓨터 환경에서 다른 컴퓨터로 영구 혹은 임시로 라이선스를 이전할 수 있도록 하는 기능이다. 예로 AutoCAD가 설치된 컴퓨터가 사용 불능 상태가 될 때 임시로 다른 컴퓨터로 라이선스를 옮겨 AutoCAD를 사용할 수 있도록 한다.

- 사용자 설정 마이그레이션

  - 현재 사용하고 있는 AutoCAD의 설정 변경 사항을 다른 컴퓨터로 이전하거나 동일 컴퓨터 시스템에 AutoCAD의 새로운 버전 설치 후 이전 버전을 설정을 가져오는 기능이다.

AutoCAD 2017과 함께 설치되는 다른 주요 프로그램으로 Autodesk ReCap 360은 카메라 장비나 3D 스캐너로 부터 실시간 이미지를 불러와서 활용할 수 있도록 해주는 기능을 제공한다. 64-bit 버전에서 사용할 수 있다. 건축 분야에서 건물 외관 정보를 입력 받아 도면에 합성하거나 드론 장비 등을 이용하여 건물 직접 스캐닝하여 도면 정보로 변환하는 등의 기능을 제공한다. A360의 Autodesk의 클라우드 기반 CAD 플랫폼 서비스로서 컴퓨터 시스템을 비롯한 웹 서비스 그리고 모바일 환경에서 CAD 프로그램을 운용하여 정보를 공유하기 위한 기능이다. AutoCAD나 Inventor와 같은 Autodesk의 제품을 클라우드 서비스로 제공하기 위한 기반이라고 할 수 있다.

컴퓨터 사용자는 컴퓨터와 클라우드 간의 작업 파일을 동기화하여 사용함으로써 장소나 환경에 제약 없이 설계 정보를 생성하고 공유할 수 있다는 점에 특히 원거리의 여러 설계자가 협업 환경을 구성하기에 적합하다.

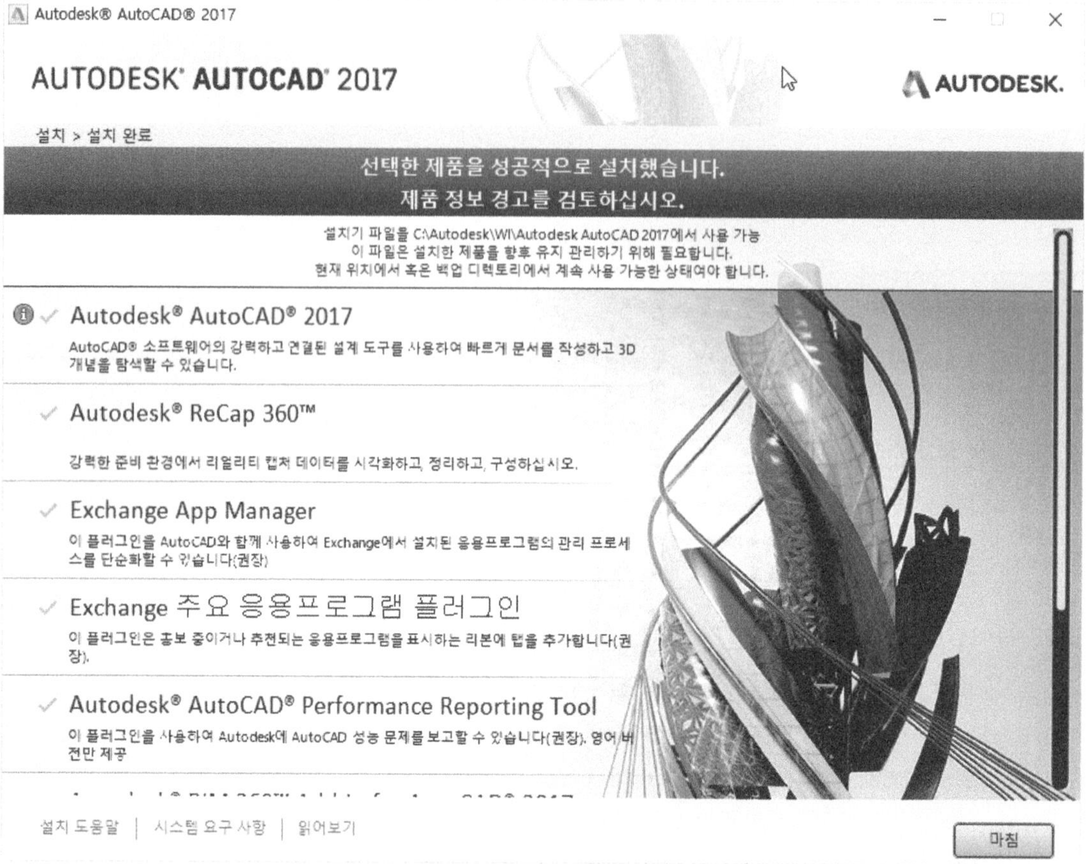

그림 1-6 AutoCAD 2017 기능별 설치 현황 정보

AutoCAD 2017의 파일 설치가 완료되면 설치 환경에 따라 시스템 재시작을 필요로 한다.

1.2.3 AutoCAD 2017 라이선스 설정

만일 컴퓨터 시스템에서 AutoCAD 2017 이전의 설치 버전이 별도로 삭제되지 않고 그대로 유지되고 있는 상황이라면 사용자 설정을 가져오기 위한 마이그레이션 기능이 실행될 수 있다.

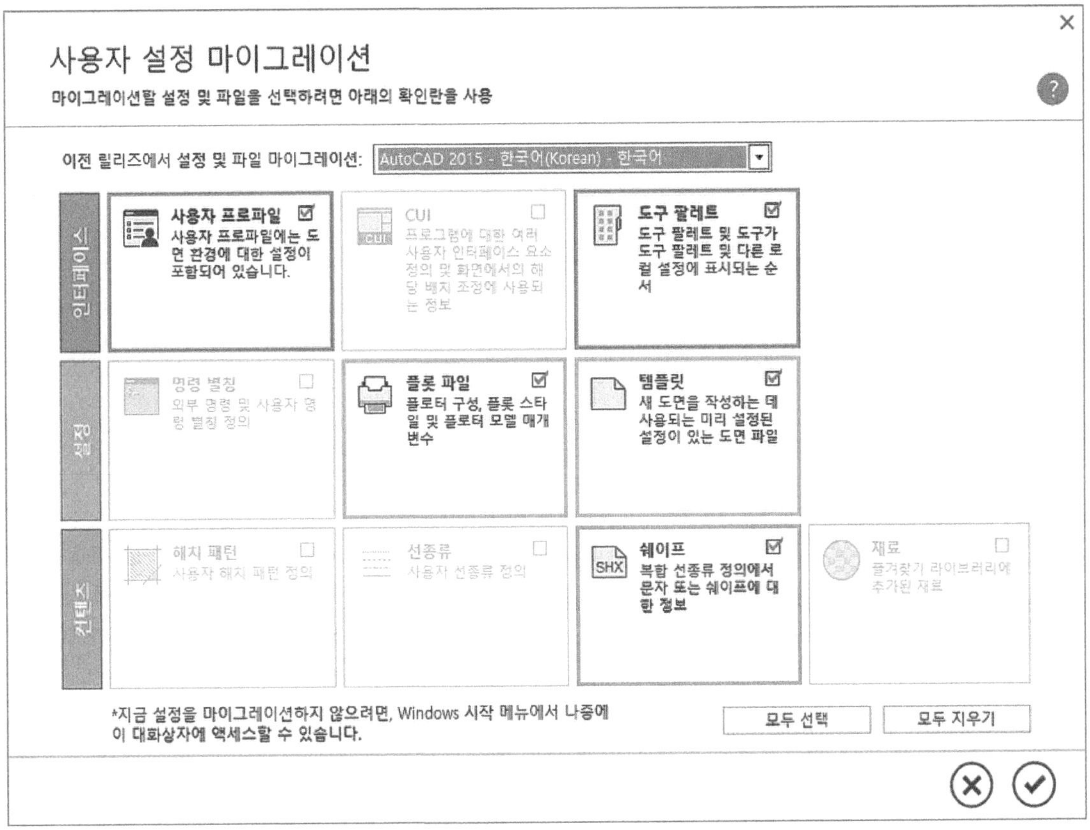

그림 1-7 사용자 설정 마이그레이션 선택 화면

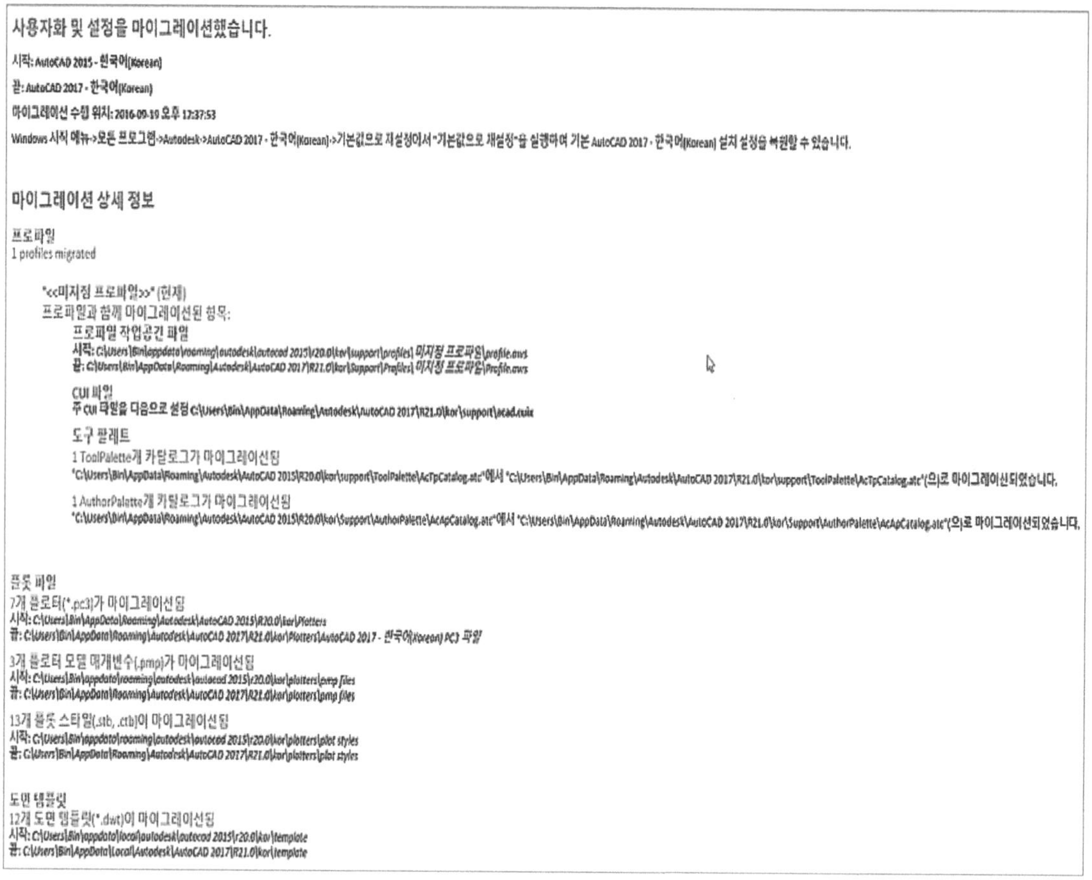

사용자화 및 설정을 마이그레이션했습니다.

시작: AutoCAD 2015 - 한국어(Korean)

끝: AutoCAD 2017 - 한국어(Korean)

마이그레이션 수행 위치: 2016-09-19 오후 12:37:53

Windows 시작 메뉴->모든 프로그램->Autodesk->AutoCAD 2017 - 한국어(Korean)->기본값으로 재설정에서 "기본값으로 재설정"을 실행하여 기본 AutoCAD 2017 - 한국어(Korean) 설치 설정을 복원할 수 있습니다.

마이그레이션 상세 정보

프로파일
1 profiles migrated

"<<미지정 프로파일>>" (현재)
프로파일과 함께 마이그레이션된 항목:
프로파일 작업공간 파일
시작: C:\Users\Bin\appdata\roaming\autodesk\autocad 2015\r20.0\kor\support\profiles\ 미지정 프로파일\profile.aws
끝: C:\Users\Bin\AppData\Roaming\Autodesk\AutoCAD 2017\R21.0\kor\Support\Profiles\ 미지정 프로파일\Profile.aws

CUI 파일
주 CUI 파일을 다음으로 설정 C:\Users\Bin\AppData\Roaming\Autodesk\AutoCAD 2017\R21.0\kor\support\acad.cuix

도구 팔레트
1 ToolPalette개 카탈로그가 마이그레이션됨
"C:\Users\Bin\AppData\Roaming\Autodesk\AutoCAD 2015\R20.0\kor\support\ToolPalette\AcTpCatalog.atc"에서 "C:\Users\Bin\AppData\Roaming\Autodesk\AutoCAD 2017\R21.0\kor\support\ToolPalette\AcTpCatalog.atc"(으)로 마이그레이션되었습니다.

1 AuthorPalette개 카탈로그가 마이그레이션됨
"C:\Users\Bin\AppData\Roaming\Autodesk\AutoCAD 2015\R20.0\kor\Support\AuthorPalette\AcApCatalog.atc"에서 "C:\Users\Bin\AppData\Roaming\Autodesk\AutoCAD 2017\R21.0\kor\Support\AuthorPalette\AcApCatalog.atc"(으)로 마이그레이션되었습니다.

플롯 파일
7개 플로터(*.pc3)가 마이그레이션됨
시작: C:\Users\Bin\AppData\Roaming\Autodesk\AutoCAD 2015\R20.0\kor\Plotters
끝: C:\Users\Bin\AppData\Roaming\Autodesk\AutoCAD 2017\R21.0\kor\Plotters\AutoCAD 2017 - 한국어(Korean) PC3 파일

3개 플로터 모델 매개변수(.pmp)가 마이그레이션됨
시작: C:\Users\Bin\appdata\roaming\autodesk\autocad 2015\r20.0\kor\plotters\pmp files
끝: C:\Users\Bin\AppData\Roaming\Autodesk\AutoCAD 2017\R21.0\kor\plotters\pmp files

13개 플롯 스타일(.stb, .ctb)이 마이그레이션됨
시작: C:\Users\Bin\appdata\roaming\autodesk\autocad 2015\r20.0\kor\plotters\plot styles
끝: C:\Users\Bin\AppData\Roaming\Autodesk\AutoCAD 2017\R21.0\kor\plotters\plot styles

도면 템플릿
12개 도면 템플릿(*.dwt)이 마이그레이션됨
시작: C:\Users\Bin\appdata\local\autodesk\autocad 2015\r20.0\kor\template
끝: C:\Users\Bin\AppData\Local\Autodesk\AutoCAD 2017\R21.0\kor\template

그림 1-8 마이그레이션 완료 정보

선택한 항목으로 진행된 마이그레이션이 정상적으로 완료되면 각 대상에 대한 이전 여부를 확인할 수 있는 화면이 나타난다.

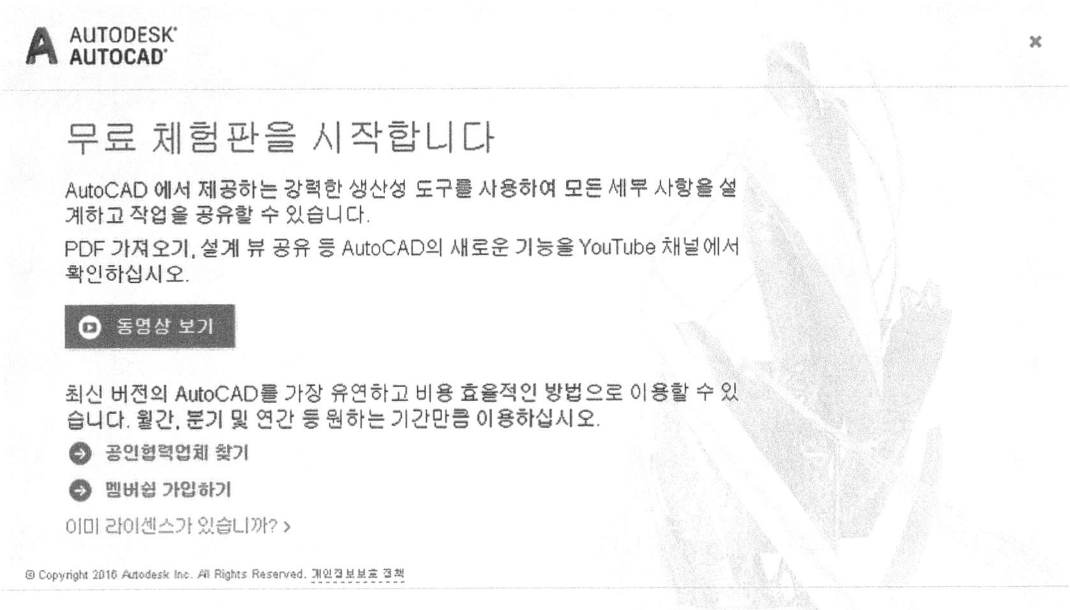

그림 1-9 AutoCAD 2017 설치 후 구동 시작 화면

그림 1-10 AutoCAD 2017 라이선스 선택 화면

프로그램 설치 이후 AutoCAD 2017의 구동을 위한 라이선스 설정 단계로 진행된다. 라이선스 설정 방법은 사용자가 라이선스 형식에 따라 설정 방법이 달라진다. 최초 Autodesk ID로 로그인하면 평가판으로 설정되어 있는 상태인데, 계속 평가판을 30일 기한 동안 사용하거나 라이선스 정보를 입력하여 정상 제품으로 활성화한다.

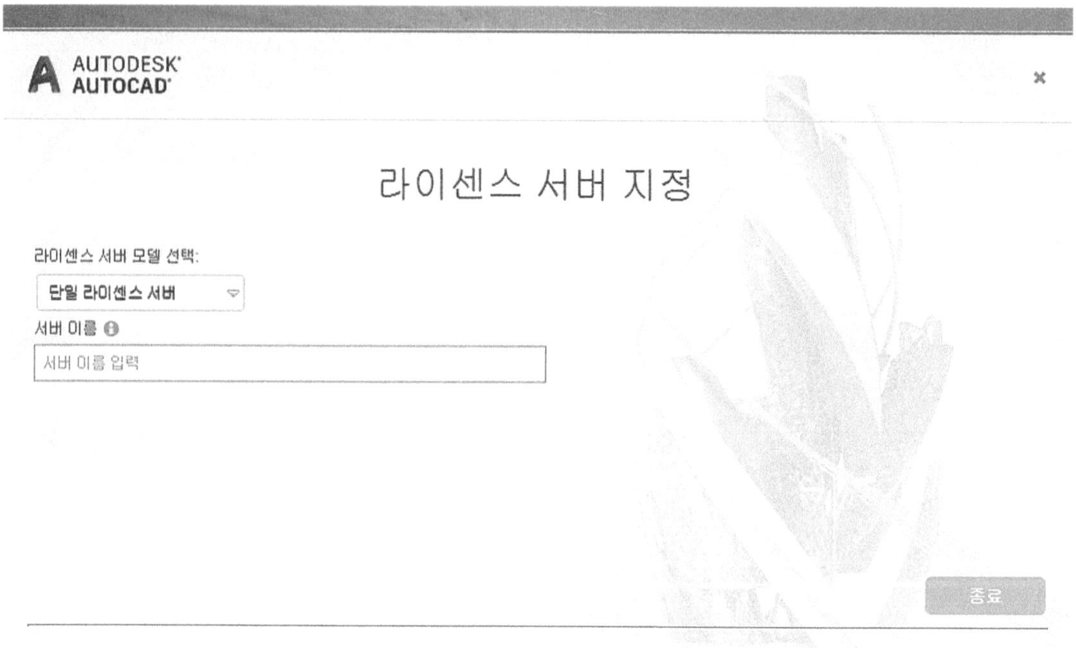

그림 1-11 네트워크 라이선스 서버 지정 화면

'네트워크 라이선스 사용'은 주로 기업 등에서 많이 사용하는 방식으로 별도의 라이선스 정보가 관리되는 서버의 종류를 선택하고 서버 이름을 입력한다. 서버 이름은 27000@server_name (포트번호@서버이름)과 같은 식으로 입력한다. 만일 서버 지정이 잘못되었거나 포트가 개방되어 있지 않거나 하는 등의 문제가 발생하면 라이선스 오류 정보 메시지를 내보내고 AutoCAD는 종료된다.

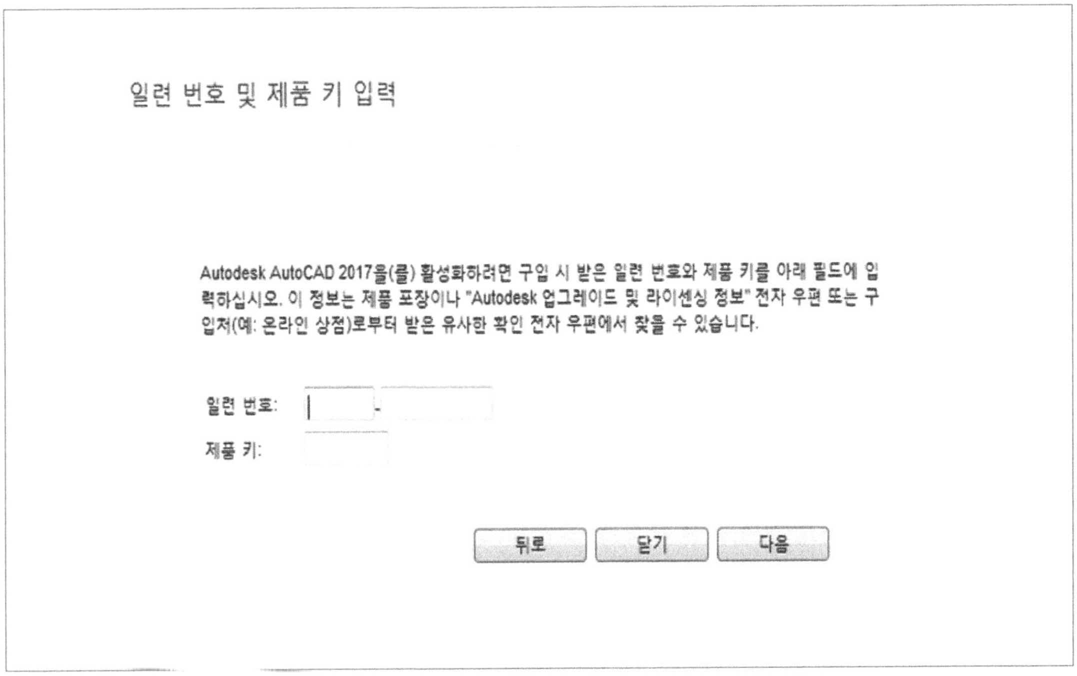

그림 1-12 일련번호 및 제품키 입력을 통한 라이선스 활성화

'일련 번호 입력'을 선택하면 개인보호 정책 내용에 대한 확인 후 구매 시 발급받은 일련번호와 제품 키를 입력한다. 일반적으로 독립실행형 라이선스를 가진 제품의 라이선스 활성화에 사용된다.

독립 실행형 라이선스는 특정 사용자가 특정 Autodesk의 제품 사용하는 경우에 해당되며 제품의 설치는 다수가 가능하지만 동시 사용자 수는 라이선스 권리에 따라 제한된다.

'로그인'은 Autodesk ID에 지정된 라이선스 정보를 기반으로 AutoCAD 2017을 활성화시킨다. 학교 등과 같이 교육 기관에서 주로 사용되는 지정 사용자 라이선스로서 특정 ID 사용자가 Autodesk의 특정 여러 제품들을 사용할 수 있는 권한을 부여받아 사용이 가능하다.

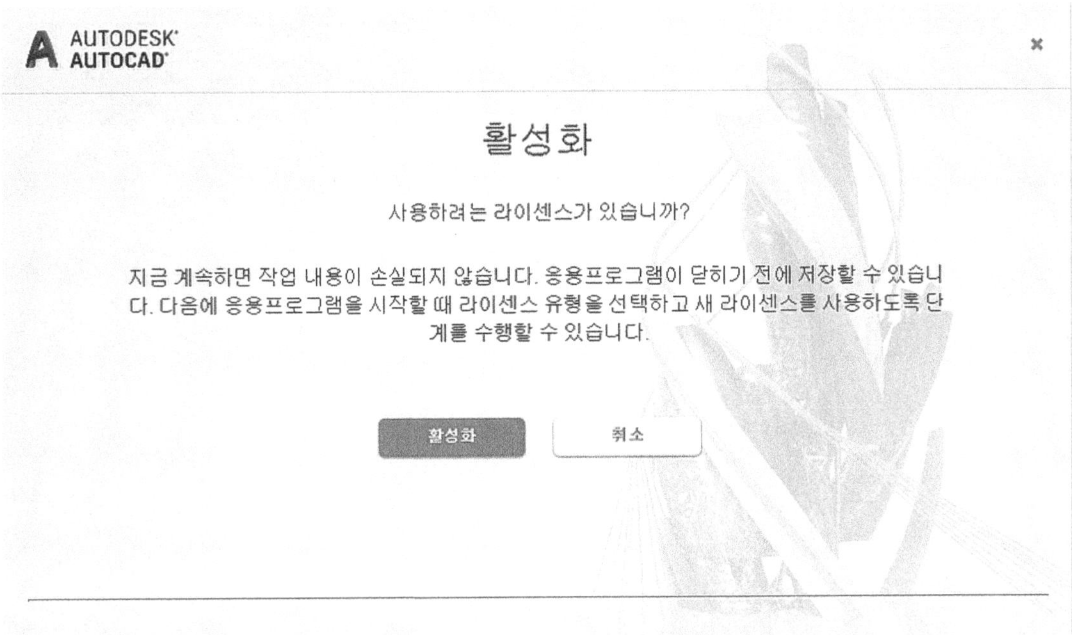

그림 1-14 라이선스 활성화 선택 화면

Autodesk ID를 이용하여 평가판으로 사용하는 경우 해당 ID에 정식 라이선스가 할당되어 있다면 라이선스 활성화 기능으로 재구동하여 정상적 등록 상태로 변경할 수 있다.

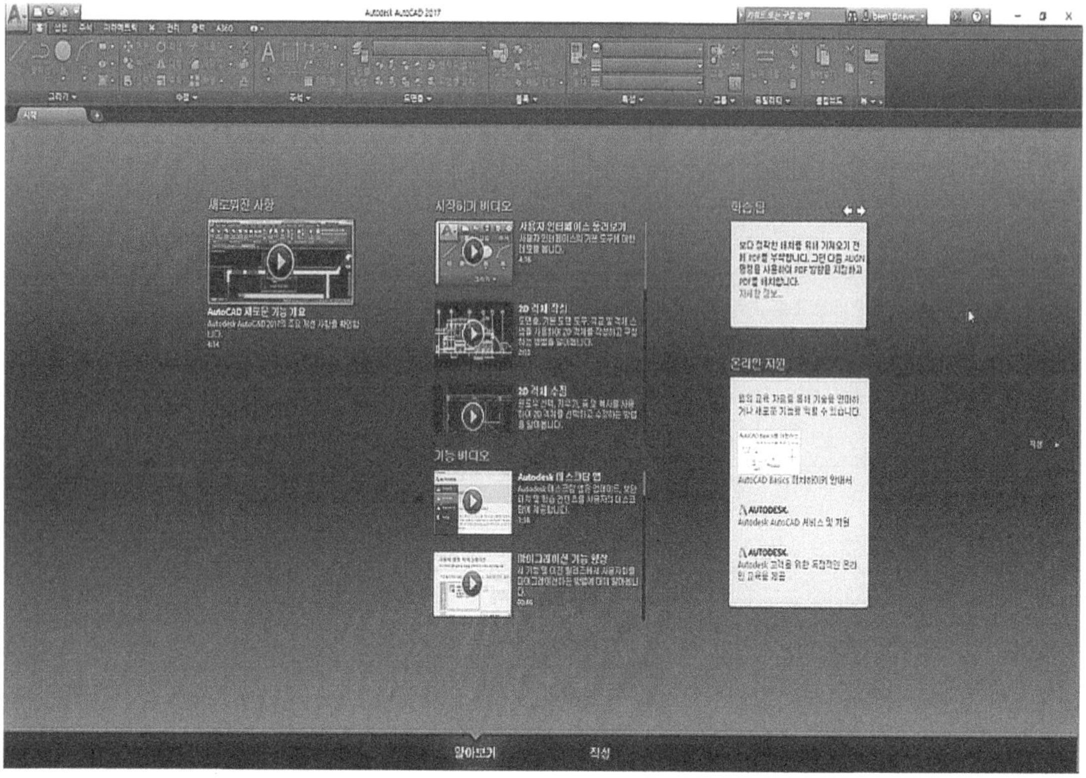

그림 1-15 라이선스 활성화 이후 AutoCAD 2017 시작 초기 화면

라이선스 활성화가 정상적으로 완료되면 AutoCAD 2017을 사용할 수 있다. 라이선스 활성화 이후 Autodesk로부터 전송되는 이-메일 메시지에는 해당 컴퓨터 시스템의 활성화 정보가 포함되어 있다.

1.2.4 AutoCAD 2017 업데이트 및 제거

AutoCAD 2017 설치 및 라이선스 활성화가 완료되고 나면 Autodesk가 제공하는 AutoCAD 2017 업데이트나 핫픽스 등에 설치를 진행한다. 별도로 Autodesk 사이트에서 해당 파일을 다운로드하여 설치할 수도 있으며, Autodesk 데스크탑 앱을 진행하면 필요한 업데이트 정보를 확인할 수 있다.

실제로 Windows 기반 AutoCAD는 사용자가 실질적으로 필요하지 않은 기능 중 많은 부분이 기본적으로 설치된다. 때문에 AutoCAD 프로그램의 전체 삭제는 물론 저장 공간 절약이나 시스템 부하 조절을 위해 불필요한 프로그램 요소를 제거하고자 할 때에는 AutoCAD를 제거할 때에는 운영체제의 프로그램 추가/제거 기능을 사용하여 개발 프로그램을 제거하거나 Autodesk 설치 폴더에 있는 Uninstall Tool 프로그램을 이용한다.

1.2.5 AutoCAD 2017 보조 프로그램

- A360 Desktop
  - Autodesk의 A360 서비스를 사용할 경우 해당 파일을 동기화할 수 있는 폴더를 제공한다.
- Uninstall Tool
  - 현재 설치된 AutoCAD 2017 및 관련 세부 항목에 대한 설치 제거를 진행할 수 있는 프로그램이다.
- 기본값으로 재설정
  - AutoCAD 설치 후 내부 변수나 기타 환경 등을 사용자가 변경한 이후 오류나 문제가 발생했을 때 설치 시점의 기본값으로 초기화하는 기능이다. 초기화하기 전에 현재 설정값을 백업 후 재설정하도록 할 수도 있다.
- 디지털 서명 부착
  - AutoCAD로 작성된 도면 파일에 디지털 서명을 부착하는 프로그램이다. 디지털 서명을 부착하면 도면을 함께 공유하거나 협업 관계에서 발송자의 신원을 명확하게 하고 허가 없이 도면이 수정되는 것을 막을 수 있다. 이를 통해 향후 도면 수정과 관련된 문제에 대응할 수 있는 목적으로 사용할 수도 있다.

디지털 서명은 공용인증서 기관에서 별도로 발급받아 사용할 수 있다.

- 라이선스 전송 유틸리티

  - AutoCAD에서 활성화된 라이선스 정보를 영구적으로 혹은 임시로 다른 컴퓨터 시스템으로 이전하는 기능이다. 이전하기 위해서는 현재 라이선스를 Autodesk 웹 사이트에 로그인한 후 온라인 서버로 내보내기한 후, 옮길 대상 컴퓨터에서 다시 Autodesk 웹 사이트에 로그인 한 후 온라인 서버에 전송된 라이선스를 가져오기한다.

- 배치 표준 검사기

  - AutoCAD는 도면 표준을 지정한 후 외부의 다른 도면과 비교하여 표준과 틀린 도면의 내용을 검사할 수 있다. 배치 표준 검사기는 여러 개의 도면을 검사하여 표준에 어긋나는 도면 요소를 파악할 수 있도록 해준다. 대규모 설계 프로젝트나 여러 업체나 관련자들이 함께 도면을 생성하거나 공유할 때 발생하는 비표준 문서 생성에 대응할 수 있도록 해준다.

- 참조 관리자

  - 도면에 블록 등을 비롯한 외부 참조가 요소가 많은 경우 혹은 외부 참조 요소의 변경이 있는 경우 해당 모든 도면의 외부 참조 현황과 상태를 파악할 수 있도록 해주는 관리 프로그램이다.

- 사용자 설정값 마이그레이션

  - 현재 AutoCAD 환경의 사용자 설정 정보를 내보내거나 가져오기 위한 개별 프로그램이다. 또한 이전 버전에 설치되어 있는 경우 해당 사용자 설정 정보를 이전하는 프로그램로 포함하고 있다.

- Autodesk 데스크탑 앱

  - 현재 설치된 Autodesk의 제품 관리를 위한 앱으로 업데이트나 학습 자료 개정 등에 대한 정보를 제공해준다.

1.3 AutoCAD Mechanical 2017

1.3.1 AutoCAD 2017 Mechanical의 설치

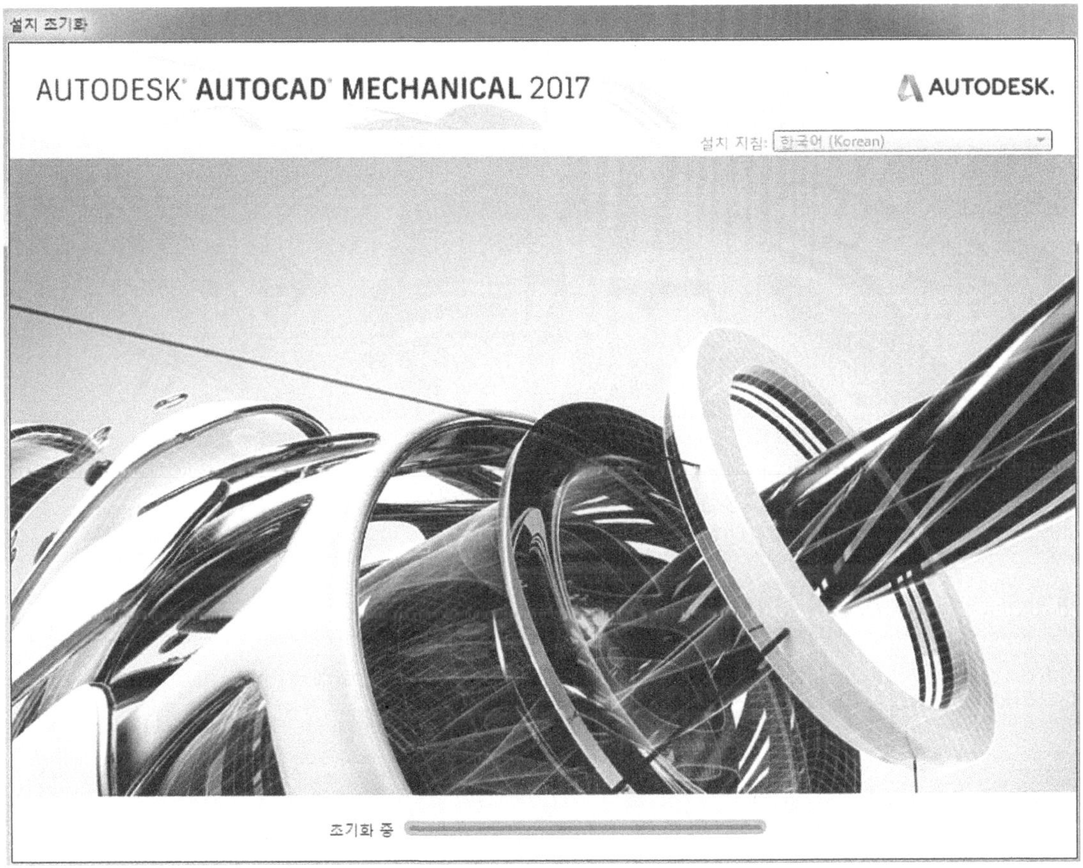

그림 1-16 AutoCAD Mechanical 2017 설치 시작 화면

AutoCAD Mechanical 2017의 설치와 라이선스 활성화는 AutoCAD 2017과 거의 동일하다. 설치 전 '도구 및 유틸리티 설치' 선택 항목은 동일하다. 그리고 AutoCAD 2017에 없는 배치 항목이 추가되어 있다.

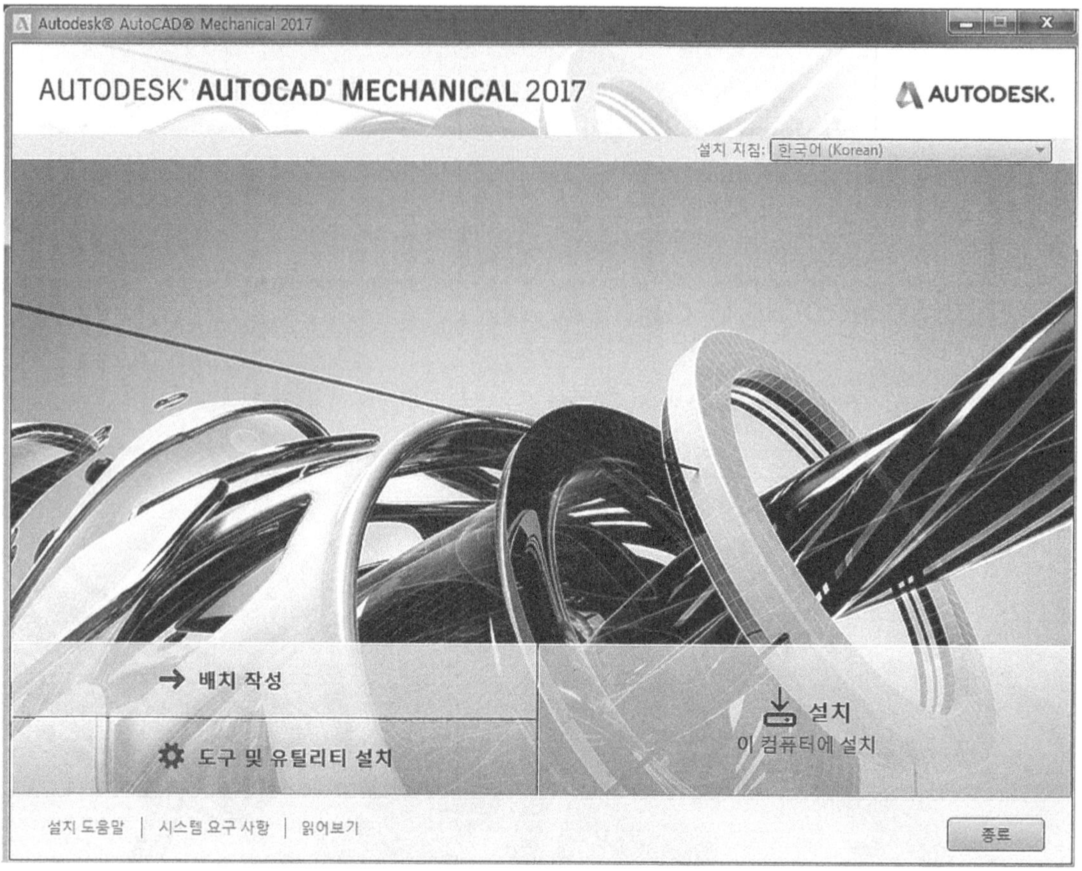

그림 1-17 AutoCAD Mechanical 2017 설치 설정 화면

AutoCAD Mechanical 2017의 배치 기능은 여러 대의 컴퓨터에 AutoCAD Mechanical를 설치하고자 할 때 각 컴퓨터 시스템에서 설치 프로그램을 사용하여 설치 과정을 진행할 필요 없이 또한 설치 후 여러 선택 사항에 대한 설정 필요 없이 동일한 설정으로 네트워크 기반에서 설치가 가능하도록 해주는 기능이다.

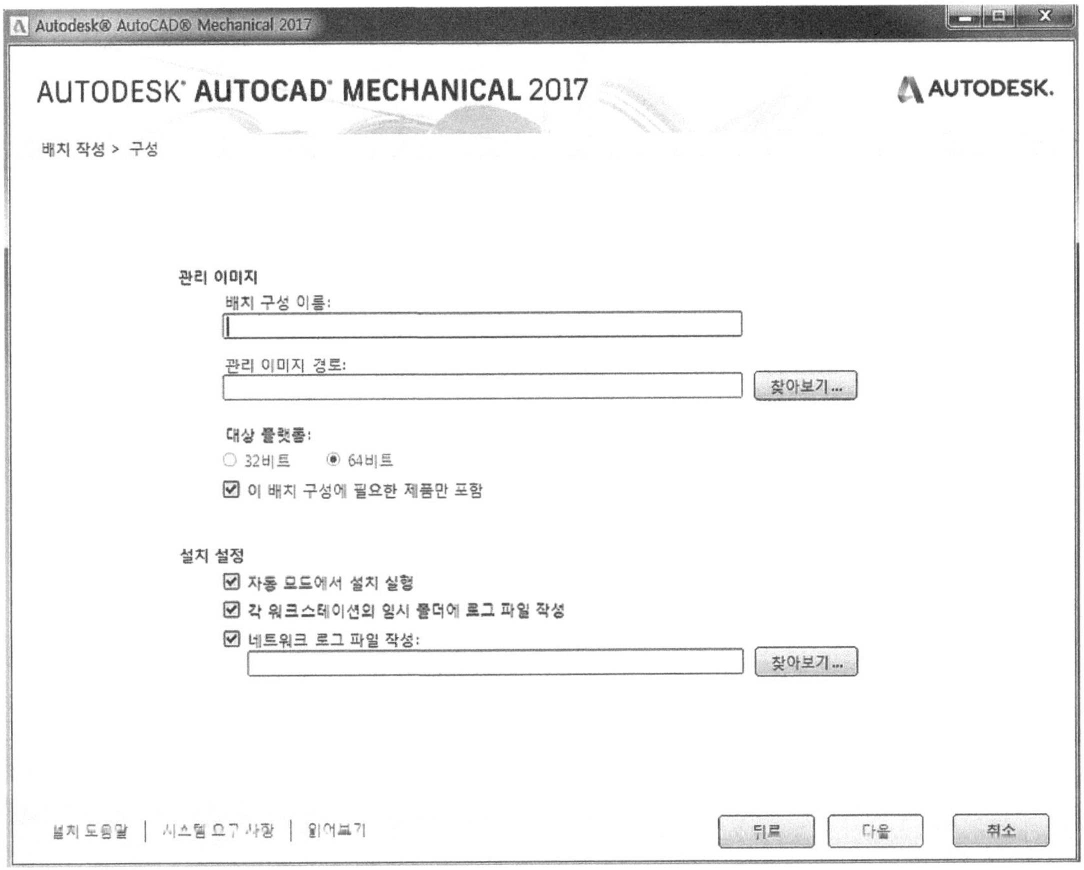

그림 1-18 배치 기능 구성

배치를 위해 네트워크 환경에서 배치 서버의 공유 폴더에 필요한 기능에 대한 프로그램의 설치, 관리 이미지 파일을 생성한 후 각 컴퓨터에서 이를 이용하면 자동 혹은 수동으로 설치를 진행한다.

- 관리 이미지 배치 구성 이름
  - 배치 구성의 이름을 지정한다. 여러 용도와 환경에 맞춰진 다수의 설치 이미지를 설정할 수 있다.
- 관리 이미지 경로
  - 설치 이미지 파일이 저장되는 공유 폴더 경로를 지정한다.
- 설치 설정

- 자동 모드에서 실행: 사용자 입력 없이 자동으로 수행된다. 설치 과정에서 시스템 리부팅이 있을 수 있기 때문에 다른 작업 수행은 하지 않는 것이 좋다.
- 각 워크스테이션의 임시 폴더에 로그 파일 작성: 클라이언트에 설치 과정에 대한 로그 파일을 저장한다.
- 네트워크 로그 파일 작성: 특정 네트워크 서버의 공유 폴더에 로그 파일을 저장한다.

그림 1-19 AutoCAD Mechanical 설치 구성 화면

배치나 유틸리티에 대한 설정 후 설치를 진행하면 AutoCAD 2017에서와 같이 표준 설치 대상의 프로그램 목록이 나타난다. 하지만 AutoCAD 2017에서 다소 차이가 나는데 AutoCAD Mechanical 2017이 기계 분야 설계 플랫폼으로 구성되었기 때문에 건축 분야의 프로그램인 Autodesk Recap 360은 표준 설치 항목에서 제외되어 있고 Autodesk Vault Basic 2017 Client 항목이 있다. 현재 Autodesk Vault Basic 2017 Client는 설치 미디어나 다운로드 파일이 아닌 링크와 같은 Autodesk 사이트에서 직접 다운로드하여 설치해야 한다.

AutoCAD Mechanical 2017은 Autodesk의 PDM 플랫폼인 Autodesk Vault Basic 2017 Server를 별도의 비용 없이 운용이 가능하다. 링크를 통해 바로 다운로드할 수 있는 Vault Basic Client와 달리 Vault Basic Server는 라이선스를 가진 사용자만 다운로드가 가능하다. Vault Basic Server는 기업용 Vault Office나 Professional 버전과 달리 AutoCAD Mechanical 2017이 설치된 해당 컴퓨터에서 설치되어 자체적인 PDM 기능을 수행하는 간이 PDM 프로그램이라 할 수 있다.

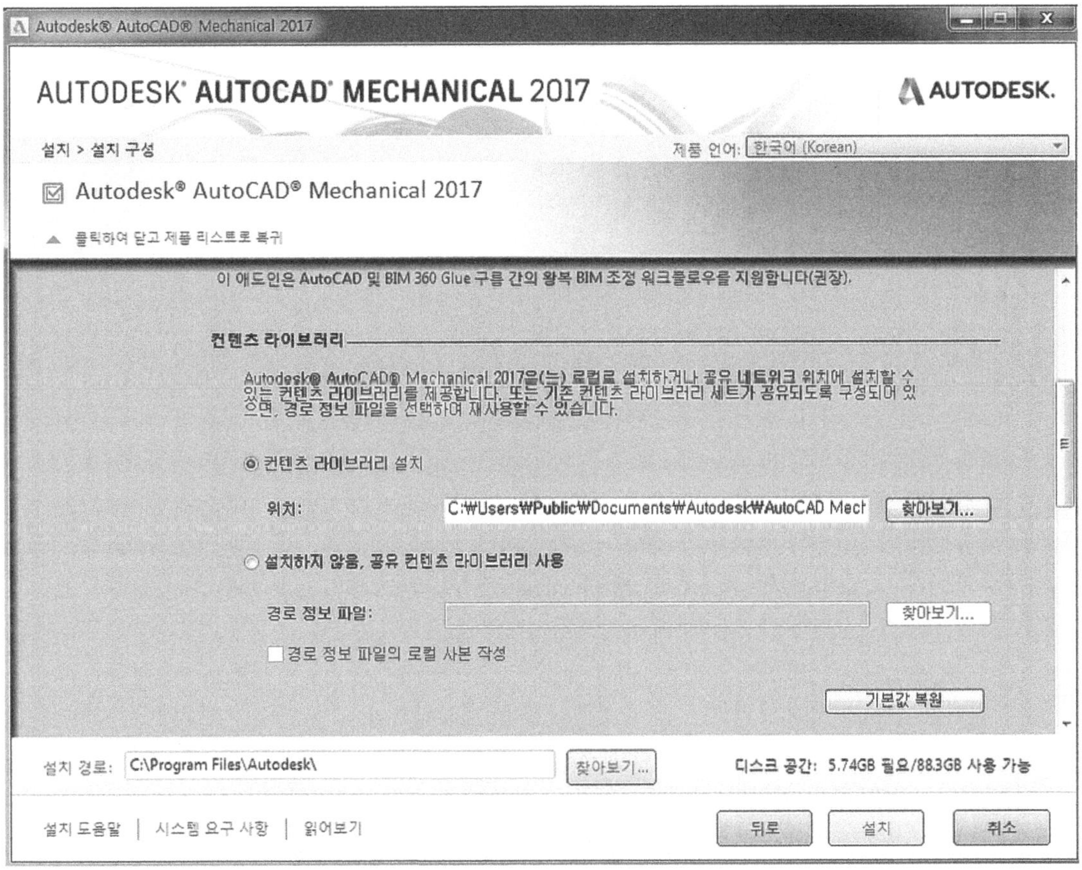

그림 1-20 AutoCAD Mechanical 2017 컨텐츠 라이브러리 구성 화면

AutoCAD Mechanical 2017의 세부 설치 항목은 AutoCAD 2017과 동일하다. 하지만 추가적으로 컨텐츠 라이브러리를 설치할 수 있다. 표준 컨텐츠 라이브러리에는 KS 표준을 비롯한 미국, 독일, 일본 등 여러 국가의 표준과 ISO 표준이 포함되어 있어 필요한 항목만 설치가 가능하다.

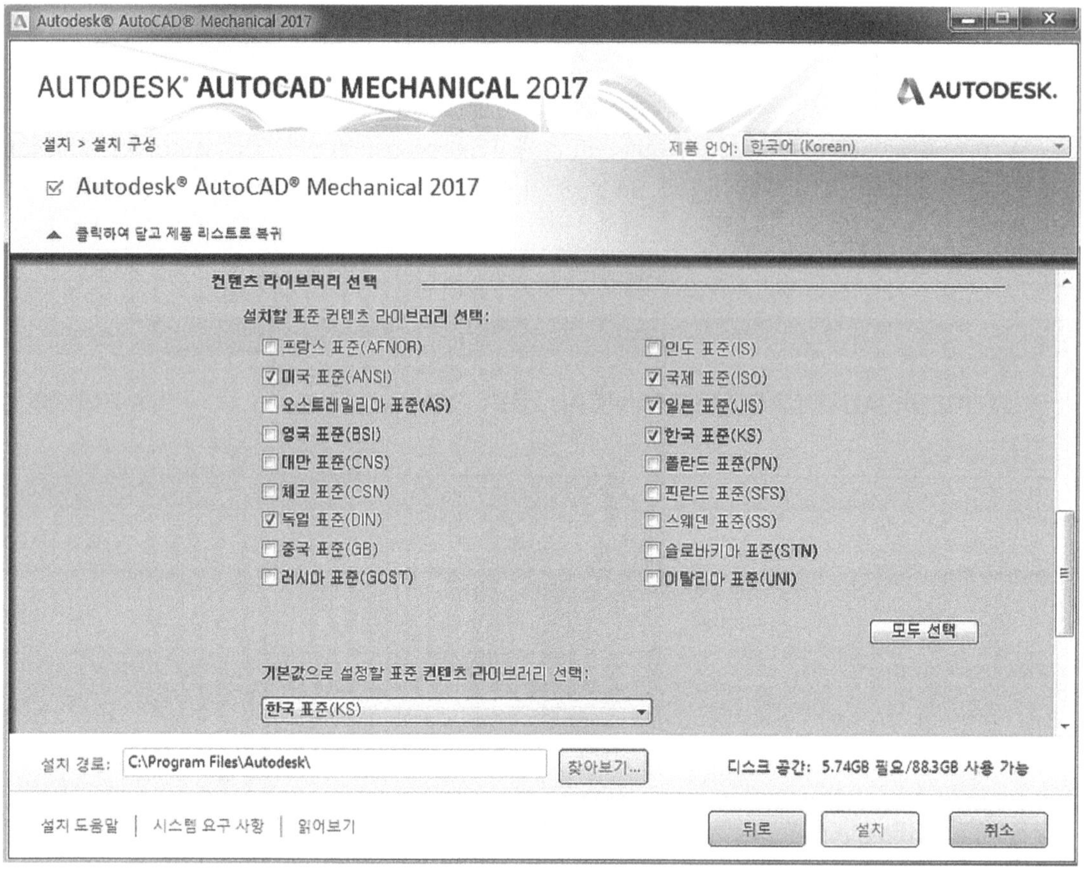

그림 1-21 AutoCAD Mechanical 컨텐츠 라이브러리 선택 화면

선택한 컨텐츠 라이브러리는 로컬 폴더 혹은 네트워크의 공유 폴더 경로에 설치할 수 있다. 또한 이미 네트워크 공유 폴더에 다른 컨텐츠 라이브러리가 설치되어 있다면 추가적으로 로컬에 설치하지 않고 이미 설치된 라이브러리를 지정하여 사용할 수도 있다.

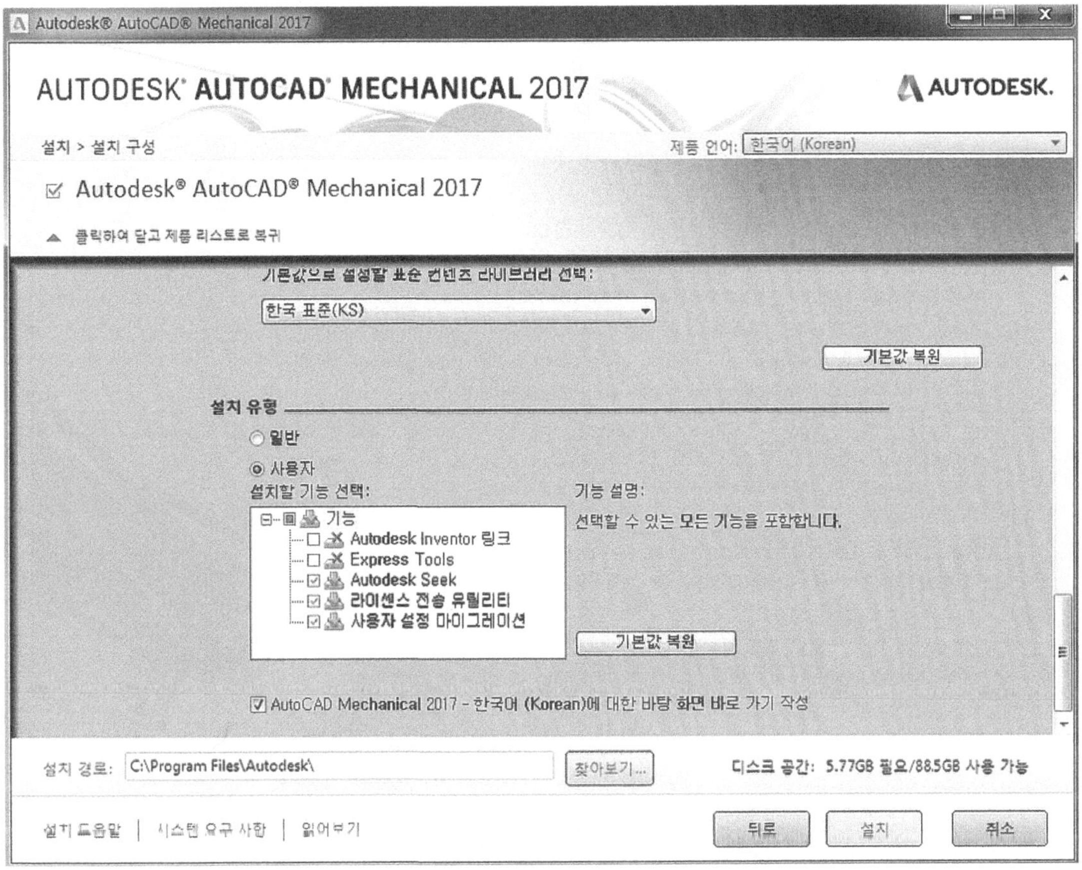

그림 1-22 AutoCAD Mechanical 2017의 설치 유형 선택 화면

AutoCAD 2017과 마찬가지로 설치 유형을 지정할 수 있는데 동일한 항목을 사용자 선택에서 설정할 수 있다. 추가적으로 AutoCAD Mechanical 2017에서 Autodesk Inventor의 부품 및 조립품의 3D 모델 파일을 도면에 링크할 수 있는 Autodesk Inventor 링크를 설치할 수 있다.

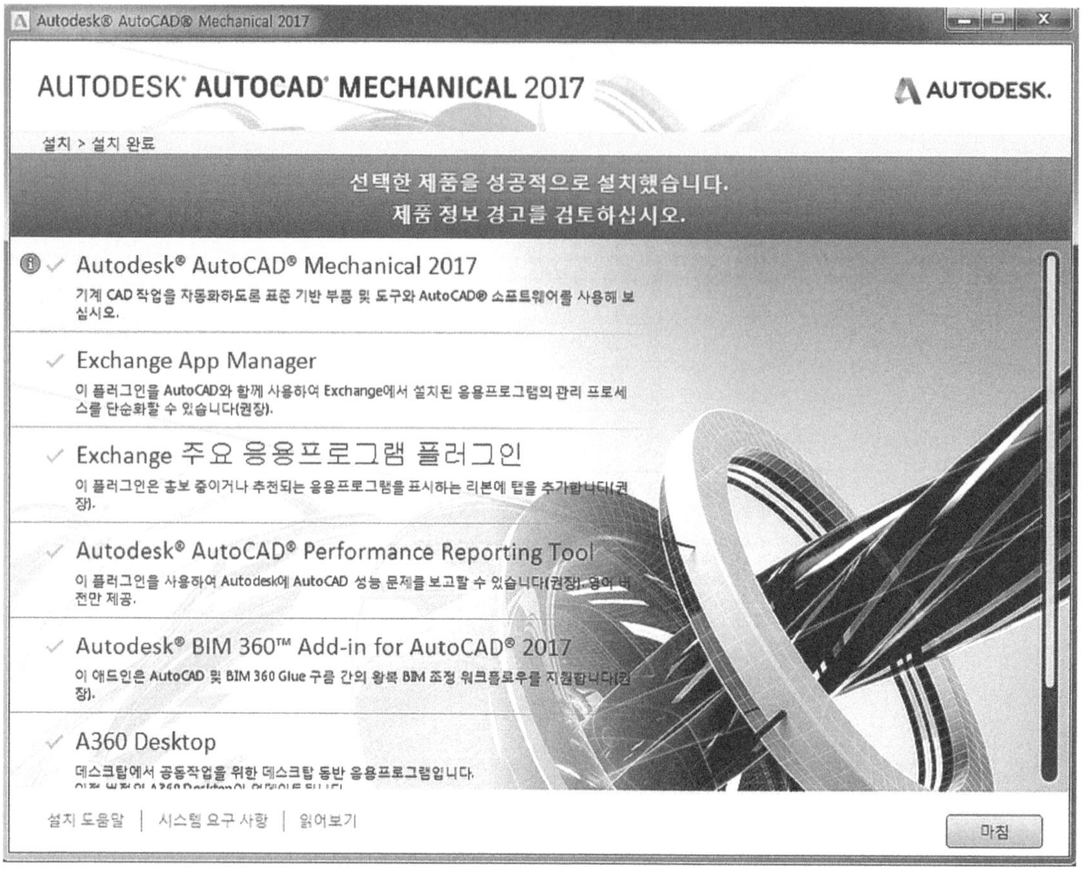

그림 1-23 AutoCAD Mechanical 2017 프로그램 설치 완료 화면

이후 설치를 진행하여 성공적 프로그램 설치가 완료되면 시스템 환경에 따라 시스템 리부팅을 진행할 수도 있다. 리부팅된 컴퓨터 시스템에서 AutoCAD Mecanical 2017의 라이선스 설치 절차는 AutoCAD 2017과 동일하게 진행된다.

AutoCAD Mechanical 패키지는 도면 생성을 위한 제도 기능에서는 AutoCAD와 동일하지만 기계 분야 설계 작업의 생산성 향상을 위해 독자적인 인터페이스 구성을 가지고 있으며, 또한 3차원 모델링 기능을 제공하므로 써 기본적인 3D CAD 시스템의 역할로서도 활용이 가능하도록 구성되었다.

무엇보다도 AutoCAD Mechanical은 개별 표준 부품을 일일이 작성하는 수고를 덜어 줄 수 있는 표준 부품 라이브러리를 구성할 수 있으며 이를 네트워크 환경에서 공유할 수 있기 때문에 협업 환경에서의 설계 작업이 AutoCAD에 비해 보다 효율적이라 할 수 있다.

1.3.2 AutoCAD 2017 Mechanical 보조 유틸리티

- AutoCAD Mechanical 파일 마이그레이션 유틸리티
  - 이전 버전의 AutoCAD Mechanical에 의해 생성된 파일을 현재 버전으로 이전하는 유틸리티 프로그램이다. 이전 파일을 대치하기 때문에 별도 복사 후 진행하는 것이 좋다.

1.4 Autodesk Vault PDM 환경에서의 AutoCAD 운용

AutoCAD(AutoCAD LT 및 AutoCAD Mechanical 포함)를 PDM 환경에서 운영하기 위해서는 PDM 시스템에서의 지원 여부를 확인해야 한다. 하지만 2D CAD 시스템의 표준이라는 산업 환경에서 AutoCAD는 현재 모든 PDM 시스템에서 지원되고 있다. 구분하자면 직접적으로(CAD 플랫폼 내에서 직접 연결되어) 지원되는 경우와 별도의 입출력 프로그램을 사용해야 하는 경우도 나눌 수 있다. 일반적으로 CAD 플랫폼을 제공하는 회사의 메인 플랫폼의 경우 자사의 PDM/PLM 시스템과 직접적 연결을 지원하지만 그 외에는 통상 별도의 외부 프로그램을 통해 연결하는 방식을 사용한다. 본 절에서는 AutoCAD 2017을 지원하는 Autodesk의 PDM 시스템인 Vault 2017 환경에서 AutoCAD 운용을 위한 Vault Server 및 Vault Client 설치에 대해 다룬다.

Vault PDM 시스템은 AutoCAD뿐만 아니라 Autodesk Inventor를 비롯한 주요 3 CAD 시스템을 지원하며, 별도의 Add-in 프로그램을 사용하여 PTC의 Creo를 지원한다. 또한 CAD 프로그램 이외 Microsoft Office 프로그램에 대한 지원도 가능하다.

Autodesk Vault 제품의 가장 큰 단점은 AutoCAD 버전과 Vault 버전이 일치해야만 사용이 가능하다는 점이다. 때문에 AutoCAD와 Vault 간의 기능 문제로 인해 업데이트가 발생하면 두 플랫폼을 모두 변경해야 한다.

1.4.1 Autodesk Vault PDM 제품 구성

Vault PDM Server는 서버 운영체제, 데이터베이스 그리고 PDM 서버 프로그램으로 구성되어 있다. Vault PDM 시스템은 대규모 관리 체계가 아닌 이상 Vault Server/Client에 필요한 프로그램이 모두 포함되어 있다.

현재 Autodesk의 Vault 2017 PDM 시스템은 세 가지 종류로 구분된다. 설계자의 로컬 시스템에서 구동되는 Vault Basic, 소규모 워크그룹 단위에서 운용을 위한 Vault Workgroup 그리고 중소기업 수준에서 운용을 위한 Vault Professional로 제품이 구성되어 있다.

Vault Basic은 AutoCAD Mechanical 및 Autodesk Inventor 사용자가 별도 비용 없이 로컬 환경에 Server와 Client를 설치하여 운용할 수 있는 PDM 시스템이다. 이에 반해 Vault Workgroup과 Vault Professional은 PDM 사용자 수에 맞도록 라이선스 비용을 지불하고 구축해야 하는 프로그램이다.

Vault Server 연결을 위한 Vault Cient 플러그-인은 설치된 AutoCAD에 생성되기 때문에 Vault Client를 설치하기 전에 AutoCAD나 AutoCAD Mechanical이 먼저 설치되어 있어야 한

다. 현재 Mac을 위한 AutoCAD 2017 for Mac에서는 Vault Client를 사용할 수 없다.

설치 과정에서 Vault Professional 2017과 Vault Basic 2017의 경우는 라이선스 설치 및 라이선스 서버 연결 과정을 제외한 설치 세부 사항은 거의 유사하기 때문에 본 절에서는 Vault Professional 2017에 대한 상세 설명 후 Vault Basic 2017에 대해서는 차이나는 진행 사항에 대해서는 간략히 기술한다.

1.4.2 Autodesk Vault Professional PDM 설치

Vault Professional Server와 Client의 설치 사양은 크게 다르지 않다. 하지만 Vault Basic과 달리 Vault Professional은 로컬 컴퓨터 시스템이 아닌 별도의 서버를 구성한 후 Vault Server를 설치해야 한다. Vault Professional Client는 개별 설계자의 로컬 시스템에 설치한다.

1) Microsoft Windows Server 설치

- Windows Server 2012/2012 R2 서버 설치 후 시스템 방화벽에서 네트워크 설정 및 서버/클라이언트 연결을 위한 포트를 개방되도록 설정한다. 방화벽 허용 프로그램 목록에 라이선스 연결을 관리하는 프로그램인 lmgrd.exe를 추가한 후, Inbound 항목에 새 규칙을 추가하여 2080 포트를 허용한다.

2) Microsoft SQL Server 설치

- 단일 서버인 경우 Microsoft SQL Server Express 2012/2014 버전 이상에서 설치가 가능하다. Vault Professional 2017에는 Microsoft SQL Server Express가 포함되어 있기 때문에 별도의 SQL Server를 설치하지 않아도 된다.
- 복제 서버인 경우 Microsoft SQL Server Standard 2012/2014 이상을 설치해야 한다. Vault Server를 단일 서버가 아닌 두 개 이상의 복제 서버로 구성할 경우 SQL Server Standard 버전 이상을 별도로 설치해야 한다.

또한 대용량 설계 정보를 다룰 예정이라면 별도의 Microsoft SQL Server Standard 2012/2014 버전 이상을 직접 설치하는 것이 필요하다.

3) Autodesk Vault Professional Server 설치

Autodesk Vault Professional 설치 파일을 구동하면 주요 프로그램 설치에 앞서 Vault Server 구동 조건에 필요한 파일 설치 여부를 확인 후 해당되는 파일을 설치한다. 이후 시스템 조건에 따라 재시동할 수도 있다.

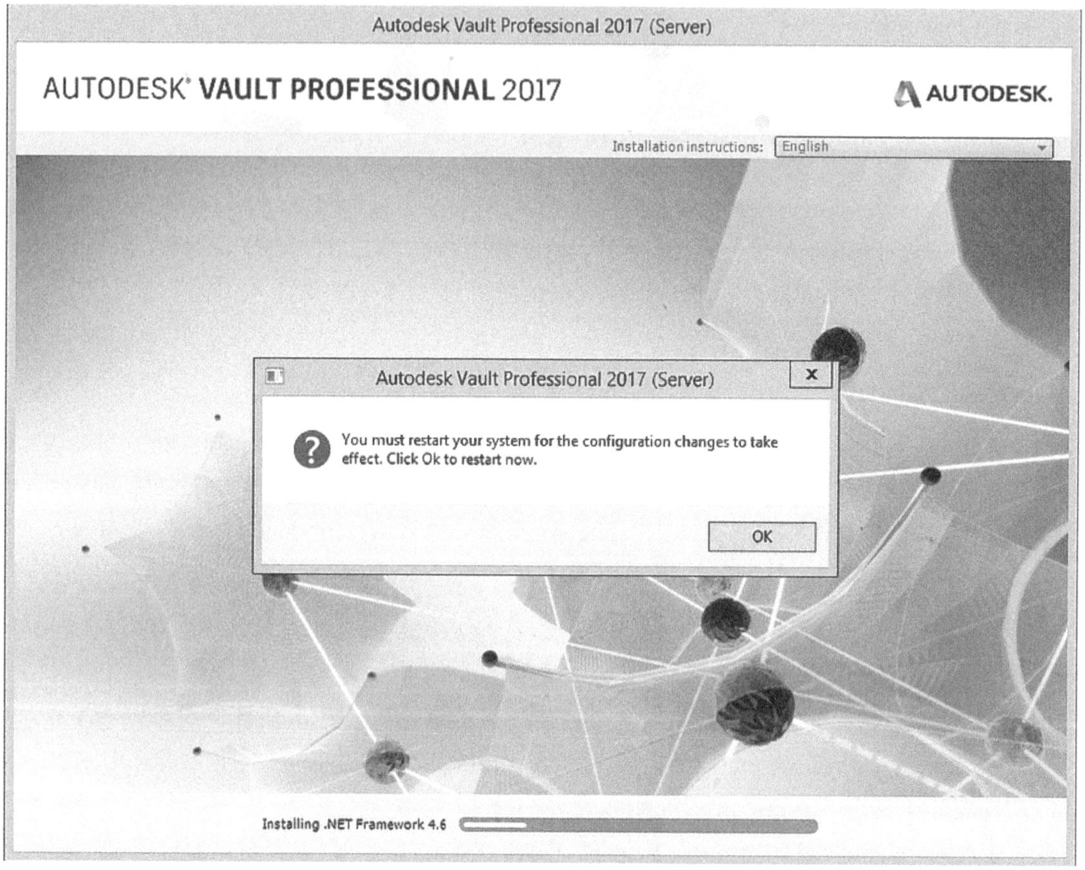

그림 1-24 시스템 요구 파일 설치 후 리부팅 진행 화면

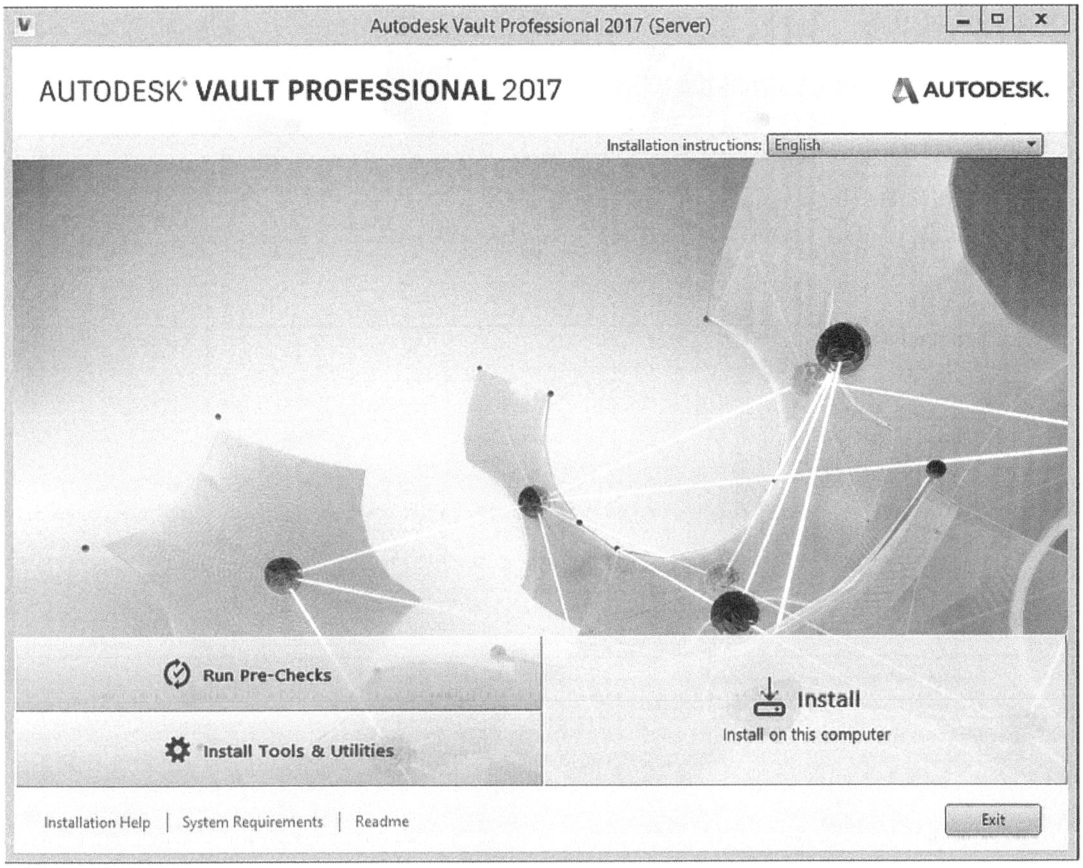

그림 1-25 Autodesk Vault Server 설치 화면

다음 화면에서는(시스템 재시동 후 설치 프로그램 재시작) Autodesk의 여타 전문 프로그램과 같이 설치 화면이 나타난다. Autodesk Vault Server의 경우에는 Vault Server 구동에 적합한 환경을 점검하기 위한 Run Pre-Checks 항목이 추가되어 있다.

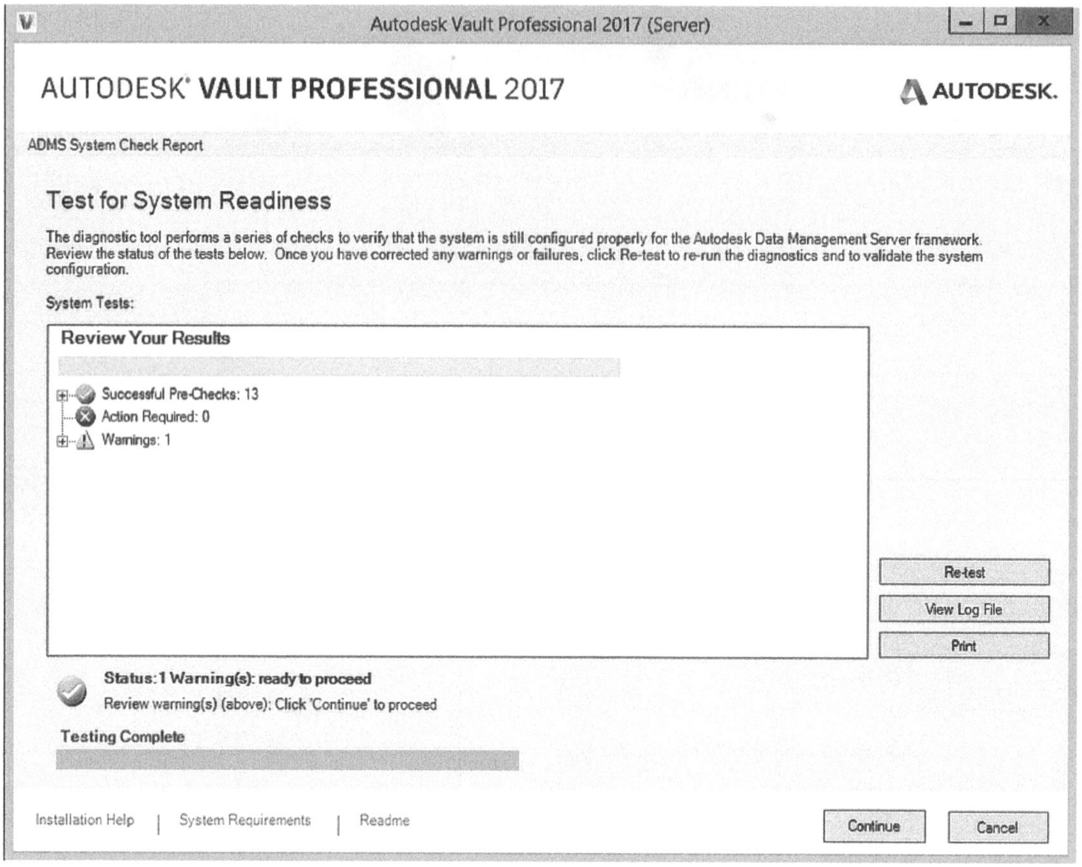

그림 1-26 Vault Professional 2017 Server 설치 조건 검사 화면

Run Pre-Checks를 선택하면 현재 서버 환경에서의 Vault Server 구동 가능 여부를 확인하는 과정을 진행하면서 성공(Successful), 조치(Action required) 및 경고(Warnings) 등의 내용을 표시한다. 경고의 설치 자체에는 문제가 없지만 정상적 구동을 위한 이후 점검해봐야 할 사안이다. 조치의 경우는 프로그램 설치에 문제를 일으킬 수 있기 때문에 문제 사안을 해소한 후 다시 진행해야 한다. 만일 Run Pre-Checks의 조치 사안을 무시하고 Vault Server를 강제로 설치하는 경우 오류가 발생할 수 있다.

Run Pre-Checks 과정에 빈번하게 발생하는 조치 중 하나가 'Reboot-Needed' 경고로서, 이러한 경우에 발생하면 Windows Server의 레지스트리 편집기를 구동하여 아래 조치를 진행한다.

- 관리자 권한으로 Rededit 구동 후,
- Computer\HKEY_LOCAL_MACHINE\SYSTEM\CurrentControlSet\Control\SessionManager 폴더로 이동
- PendingFileRenameOperations 항목 삭제

이후 재설치 과정에서 동일한 조치 사안으로 나타나면 같은 조치를 반복해 준다. 점검 단계에 문제가 없으면 Continue 버튼으로 다음 설치 과정을 진행한다.

그림 1-27 Vault Server 운용을 위한 네트워크 라이선스 관리자 선택택

이어서 Vault Server 운용을 위해 라이선스 관리자 설치를 진행한다. Autodesk Vault Server는 네트워크 환경에서 사용자 관리를 위해 Flexlm 프로그램을 사용한다. 라이선스 관리자 프로그램은 Install Tools & Utilities에서 선택할 수 있다. 다른 보조 유틸리티의 선택 없이 Network License Manager를 선택 후 설치를 진행한다.

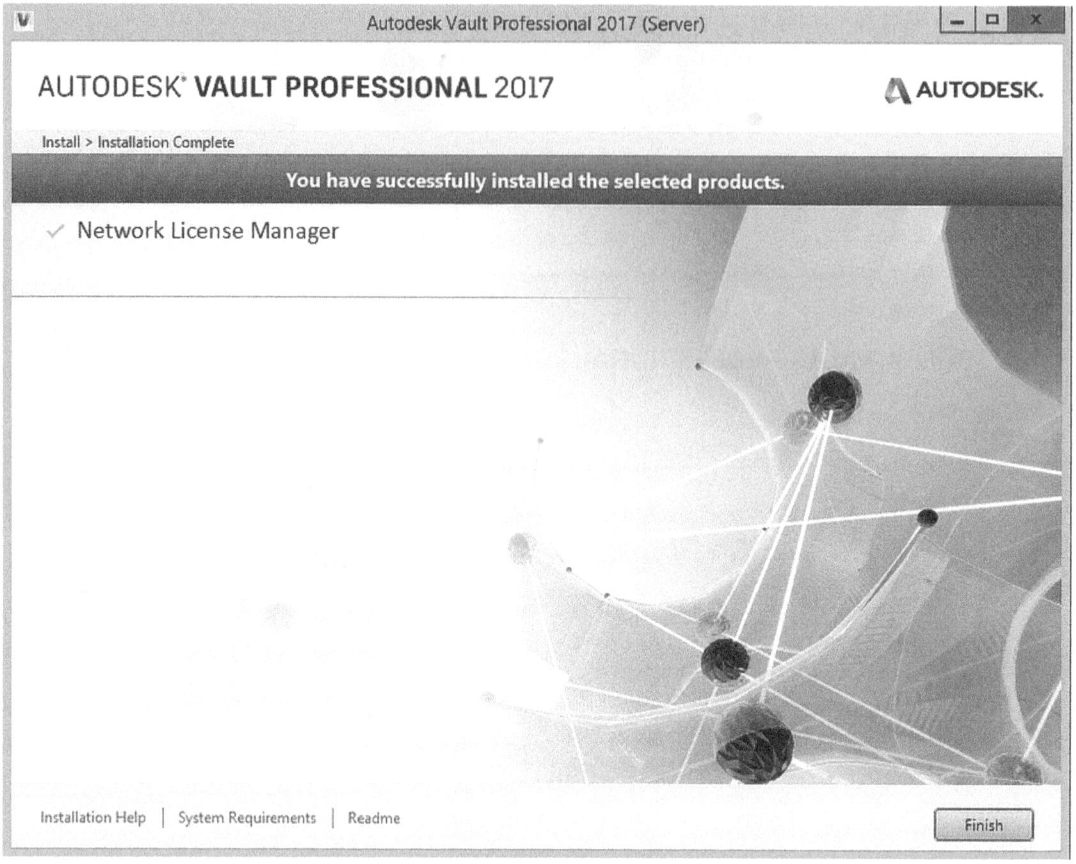

그림 1-28 네트워크 라이선스 관리자 설치 완료

네트워크 라이선스 관리자 설치가 정상적으로 완료되면 설치 프로그램을 종료하고 Windows Server 데스크탑 화면에 LMTOOLS Utility 아이콘이 생성되고 이 프로그램을 이용하여 라이선스 활성화를 진행할 수 있다. 라이선스 활성화를 위해서는 제품 구입처나 Autodesk 웹 사이트에서 직접 구성하여 다운로드해야 한다. 라이선스 활성화 자체는 Autodesk Vault Server의 설치 여부와 상관없이 설정이 가능하다.

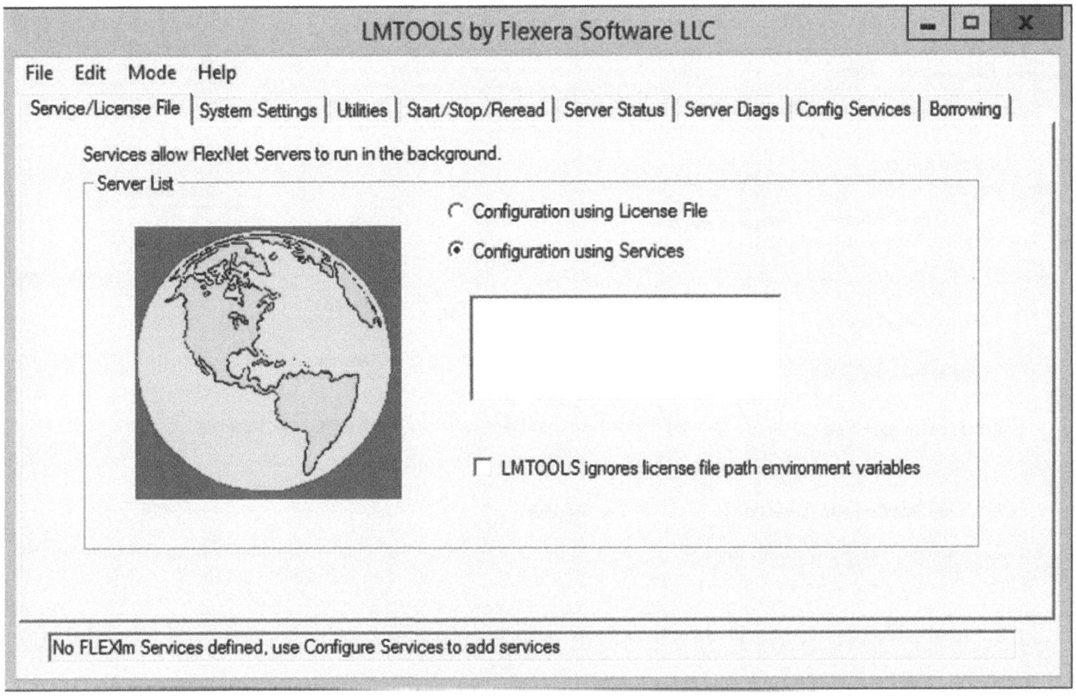

그림 1-29 LMTOOLS 라이선스 관리자 프로그램 시작 화면

LMTOOLS Utility 프로그램을 시작하면 첫 화면에서 현재 아무런 라이선스가 구동되어 있지 않은 상황이 나타난다. 만일 Windows Server에서 다른 어플리케이션의 라이선스가 구동되는 경우 해당 라이선스 서비스가 화면이 나타나 있을 수 있다.

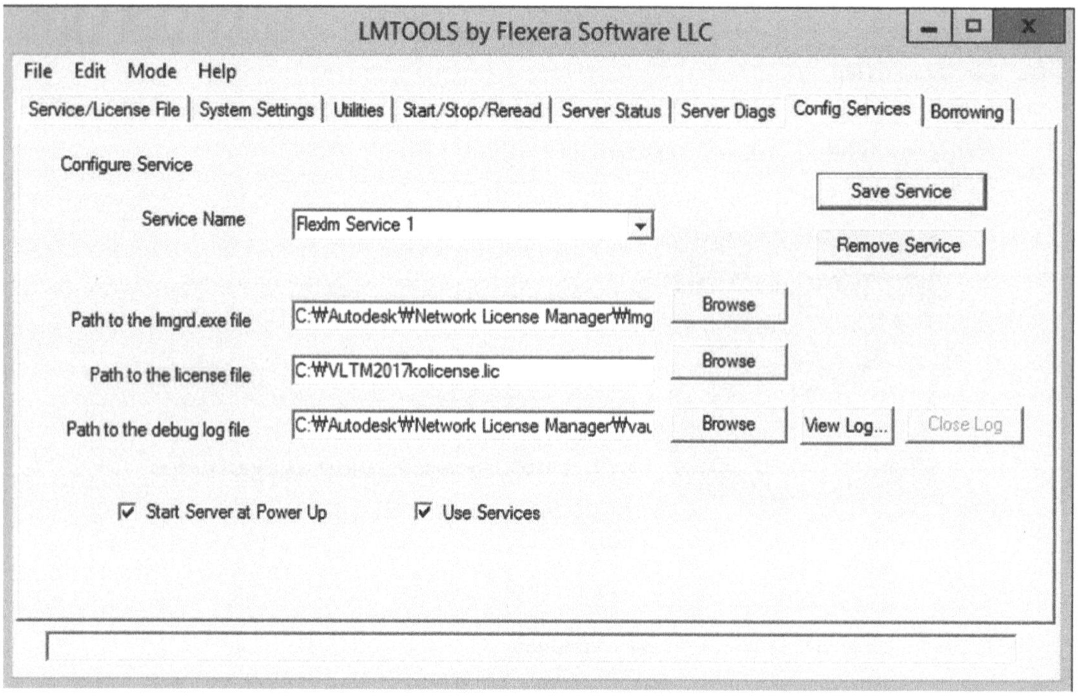

그림 1-30 Vault Server의 네트워크 라이선스 설정

LMTOOLS의 Autodesk Vault Professional 2017 Server의 라이선스 서버를 구동하기 위해 Config Services 항목 탭으로 이동한다.

- Service Name
  - 현재 Autodesk Vault Server Professional을 위한 라이선스 서비스 이름을 지정한다. 표준 서비스 이름을 그대로 사용해도 되면 사용자가 직접 입력하거나 수정 가능하다.

- Path to the lmgrd.exe file
  - 현재 사용 중인 Network License Manager 프로그램 lmgrd.exe의 경로를 지정한다.

- Path to the license file
  - 보유한 라이선스 파일이 위치한 경로를 지정한다.

- Path to the debug log file
  - 로그 파일이 작성되는 경로와 파일명을 지정한다.

- Start service at power up
  - 시스템 시작 시 라이선스 서비스 시작 여부 선택
- Use services
  - 라이선스 서비스를 개별 프로그램이 아닌 Windows Server의 서비스로 사용

각 항목을 지정한 후 Save Service 버튼을 눌러 저장한다. 이후 시스템이 재시작 되거나 서비스를 시작하면 라이선스 관리가 활성화된다. 현재 라이선스 관리자가 정상적으로 라이선스 구동을 진행하고 있는 지를 점검하기 위해서는 View log 버튼으로 현재 상태를 확인할 수 있다.

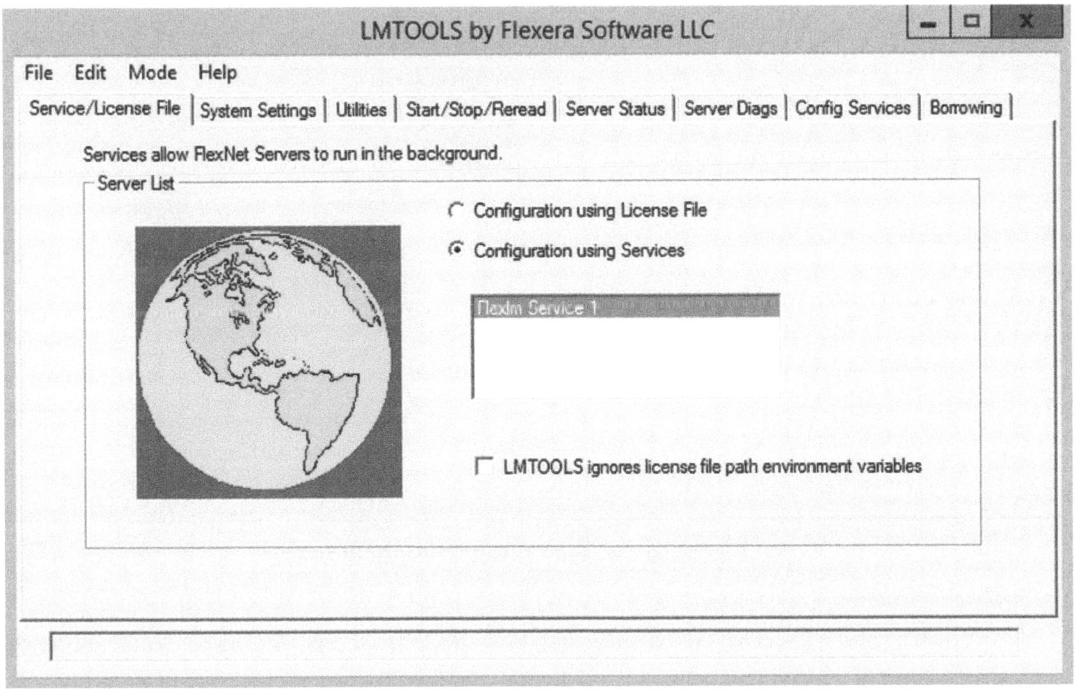

그림 1-31 네트워크 라이선스 서비스 구동

첫 번째 Service/License file 탭으로 돌아오면 라이선스 구동 서비스가 설정되어 있는 것을 확인할 수 있다. 만약 라이선스 서비스가 아직 구동되지 않는다면 Start/Stop/Reread 탭으로 이동하여 Start Service를 강제로 시작할 수 있다.

라이선스 관리자 설치 후 다시 Vault Server 설치 화면으로 돌아와서(혹은 설치 프로그램 재구동 후) Autodesk Vault Professional 2017 Server을 설치를 진행한다. 우선 실제 설치전에 Vault Professional 2017 Server의 라이선스 및 라이선스 서버와의 연결을 설정하다.

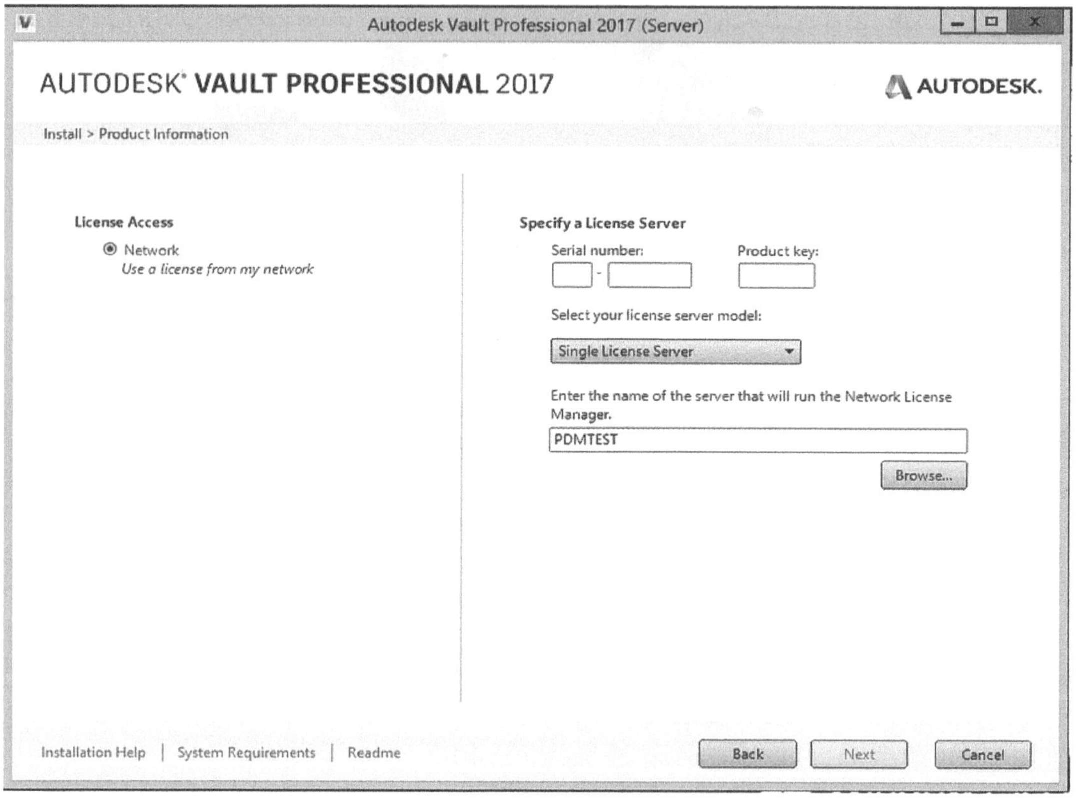

그림 1-32 Vault Server 네트워크 라이선스 구동 확인

라이선스 연결 방식으로 Network를 설정되어 있으며, 보유한 Autodesk Vault Professional Server 2017의 일련번호와 제품키를 입력한다. 이어서 사용할 라이선스 서버의 형태를 지정한다. 현재는 네트워크 환경에서 단일 서버로 구동하기 때문에 Single License Server로 지정된다.

그리고 라이선스 서버의 이름을 지정하거나 검색하여 지정한다. 만일 Vault Professional 2017 Server와 라이선스 서버가 별개로 설치되어 있다면 라이선스 서버의 이름을 입력한다. 라이선스 서버와 Vault Server가 동일 시스템에서 구동되고 있다면 현재 시스템의 이름을 지정한다. 예에서의 PDMTEST는 Vault Server가 설치되고 라이선스 서버가 구동 중인 현재의 시스템 이름이다.

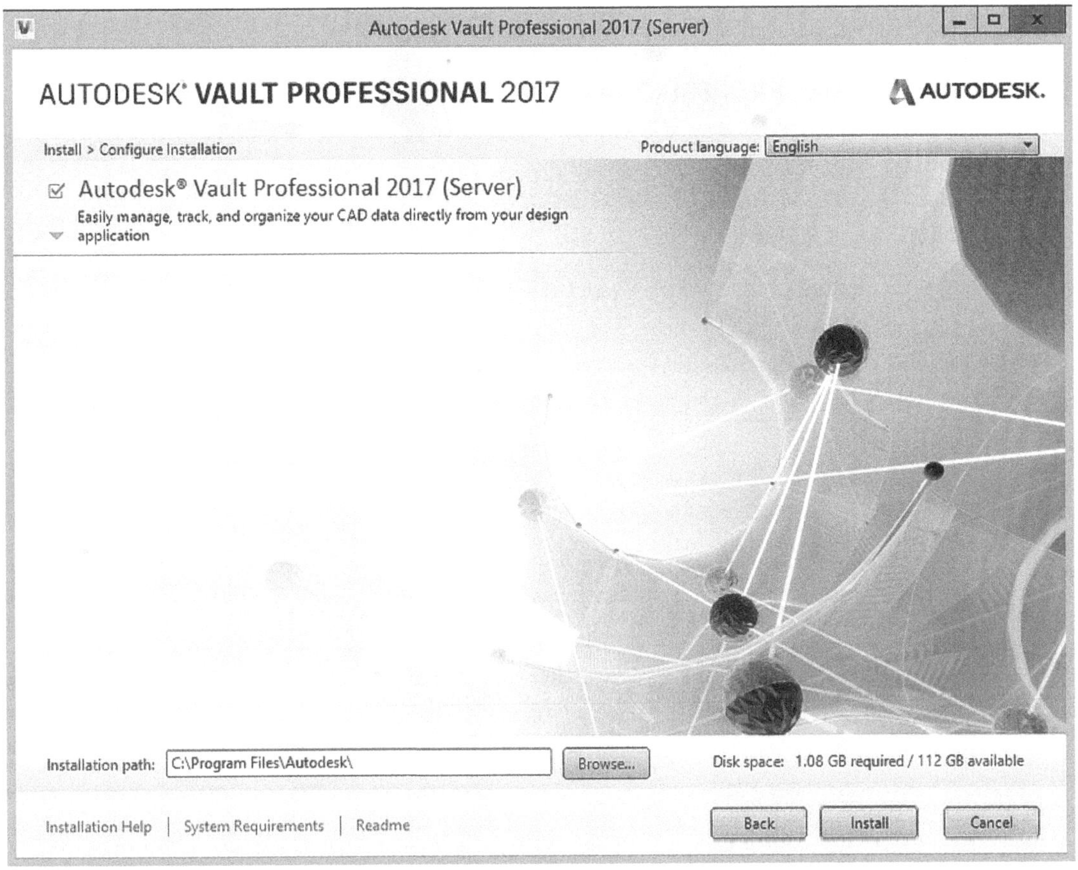

그림 1-33 Autodek Vault Professional 2017 Server 설치 화면

Vault Server와 라이선스 서버 연결 사항이 완료되면 Vault Professional Server 2017의 설치 확인 화면이 나타나고 확인 후 설치가 진행된다.

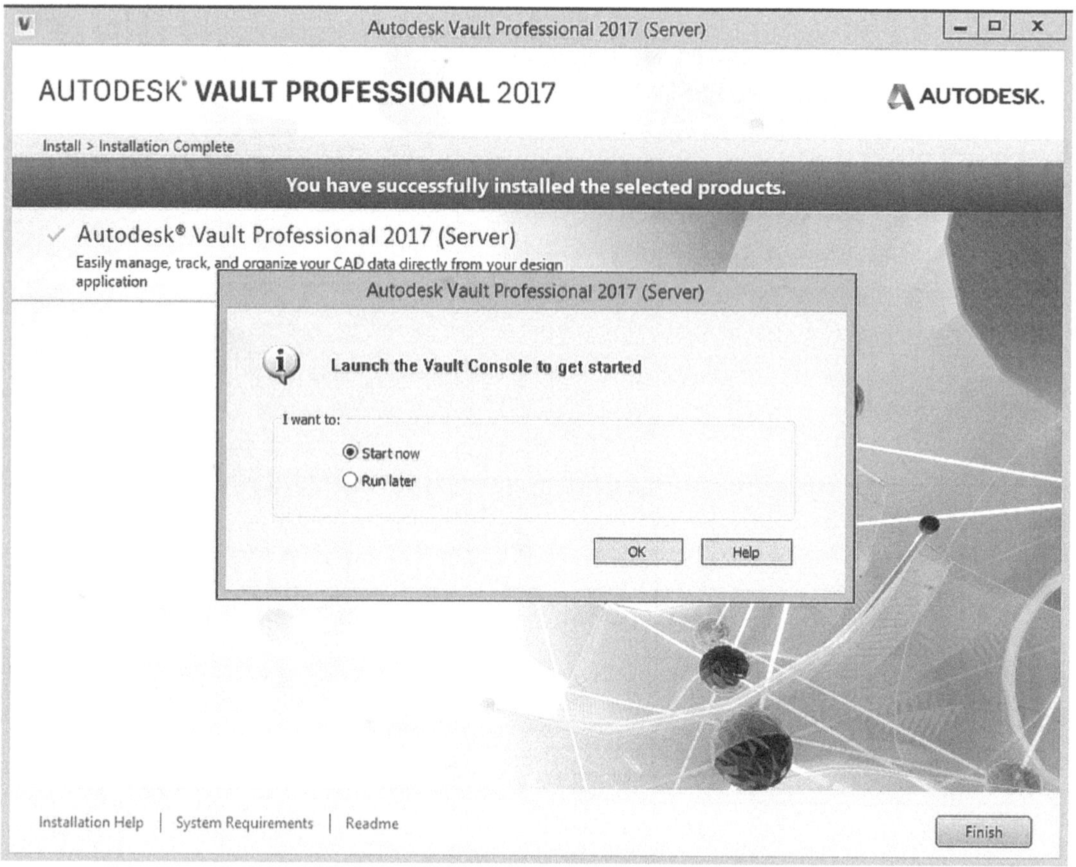

그림 1-34 Vault Server 콘솔 설정 진행 확인 화면

설치가 진행되면 Vault Server를 위한 데이터 관리 서버, SQL Server Express 그리고 Vault Server Professional의 설치 상황을 보이며 정상적으로 과정이 끝나면 완료 화면이 나타난다. 이어 Vault Server 설정을 위한 콘솔 프로그램이 진행된다. Vault Server 설정은 별도로 진행할 수 있다.

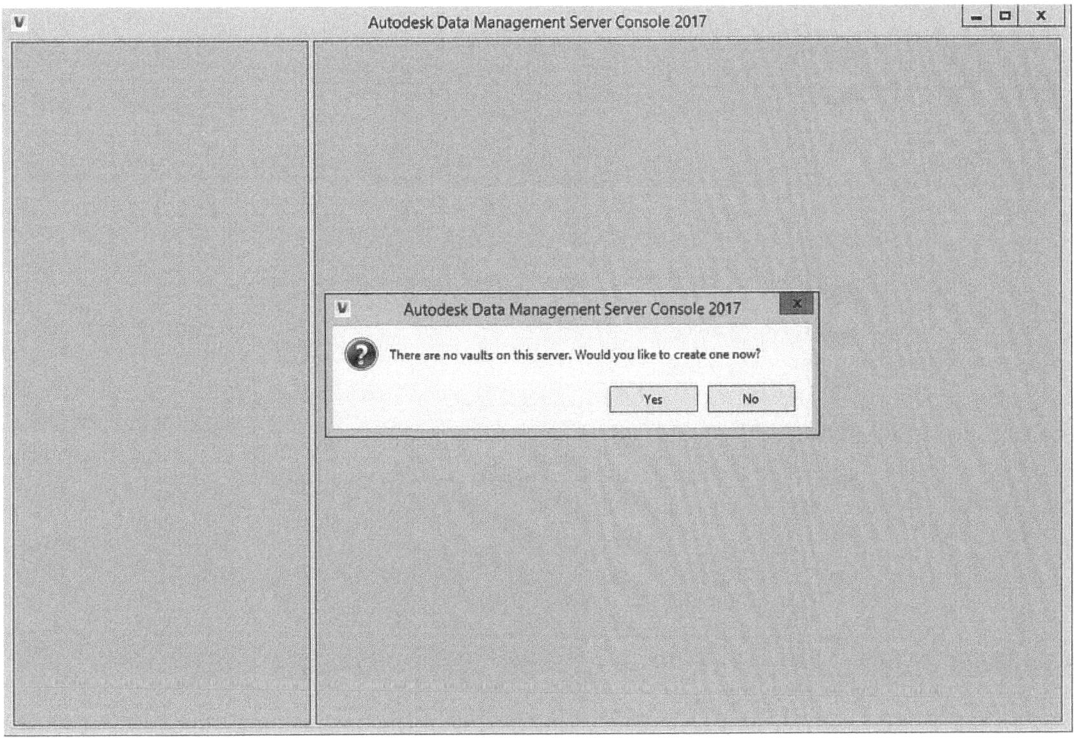

그림 1-35 신규 데이터베이스 설정 시작

ADMS(Autodesk Data Management Server)의 콘솔이 시작되면 현재 Vault Server에서 새로운 데이터베이스, Vault 생성을 시작한다.

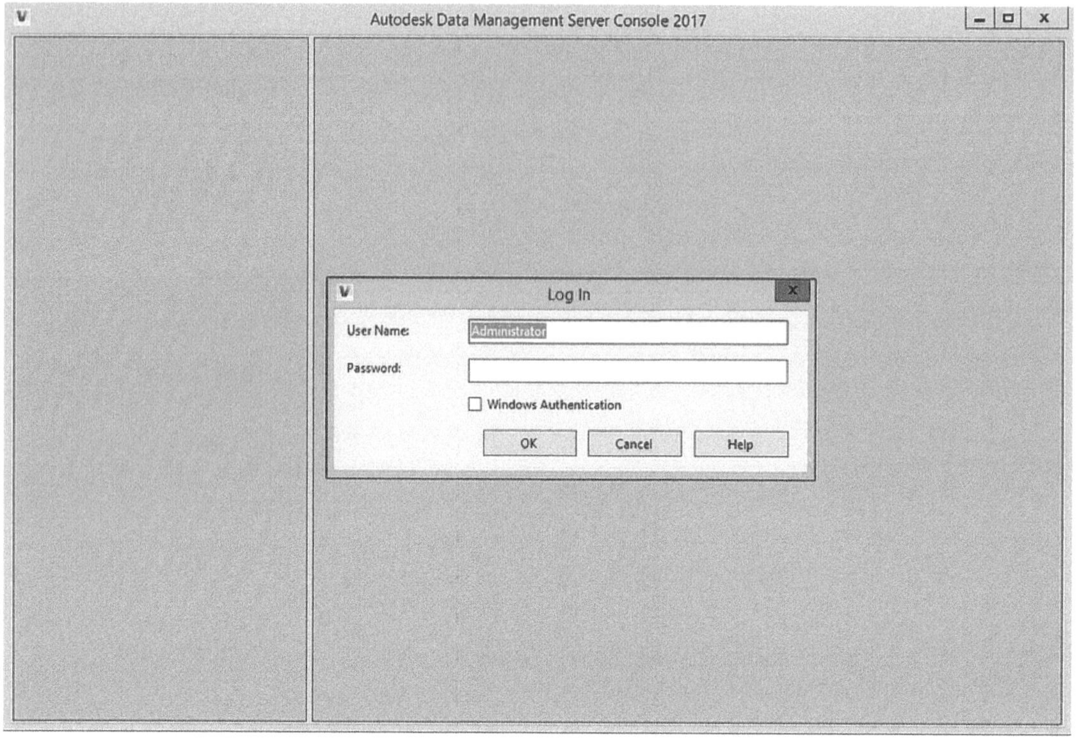

그림 1-36 Vault Professional Server 2017의 ADMS에 로그인

Vault Server에서의 새로운 작업을 위해서는 데이터베이스 서버로의 로그인이 필요하다. 기본적으로 설치된 SQL Server Express의 로그인에 사용되는 계정과 동일하다. 예에서는 시스템 관리자 계정인 Administrator를 그대로 사용한다.

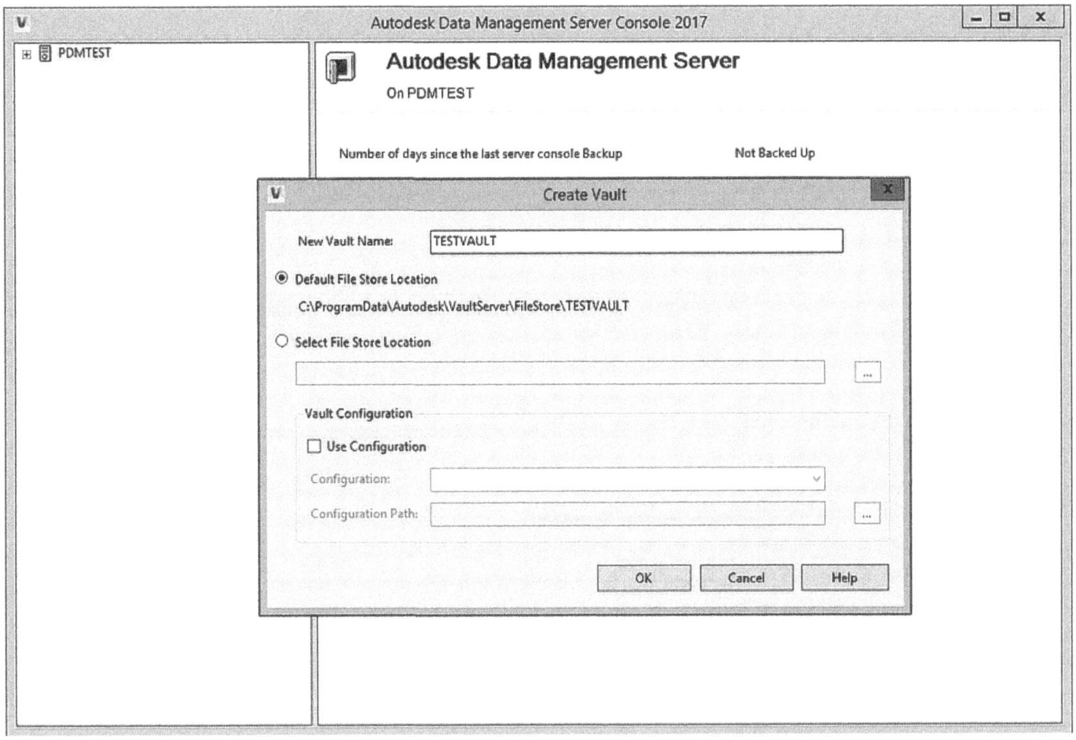

그림 1-37 신규 Vault 데이터베이스 생성 화면

ADMS에 로그인 후 새로운 데이터베이스, Vault 생성이 진행된다. 예에서는 TESTVAULT라는 이름으로 시스템의 기본 저장 위치에 저장된다. Vault Server Professional에서는 용도에 따라 여러 개의 데이터베이스 생성이 가능하다.

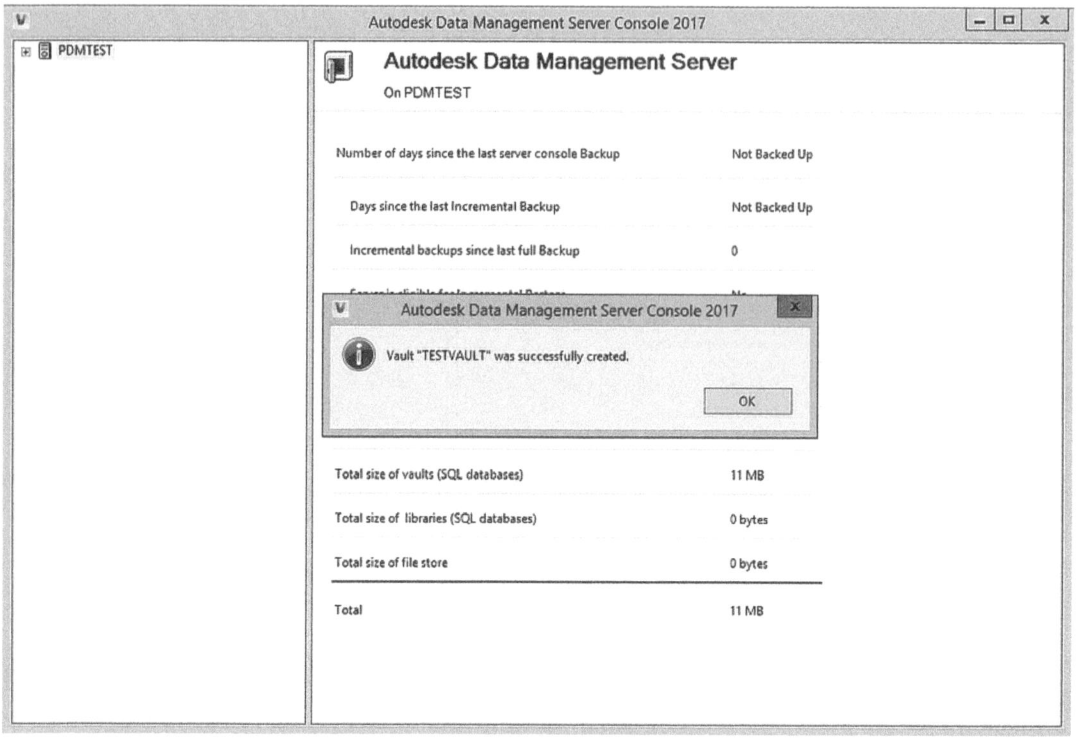

그림 1-38 신규 Vault 데이터베이스 생성 완료

데이터베이스 생성이 완료되면 성공 메시지와 함께 사용 권한에 대한 화면이 나타나므로 써 Vault 생성 과정이 종료된다.

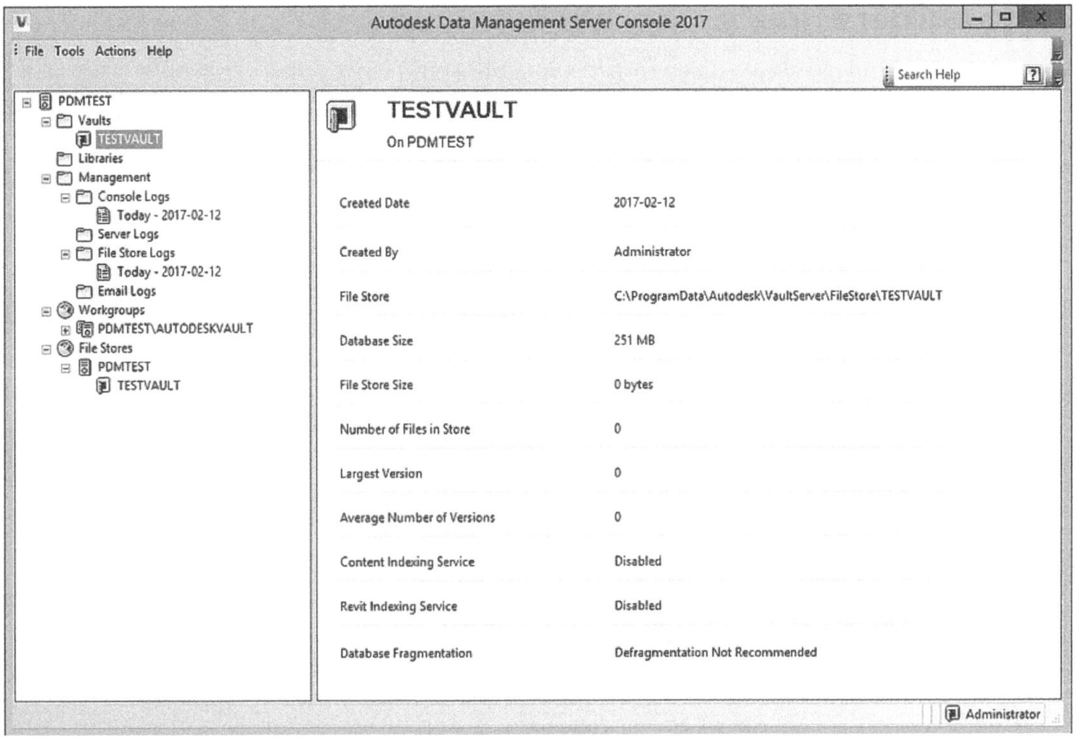

그림 1-39 Vault 데이터베이스 정보 확인

생성된 완료된 데이터베이스의 정보가 ADMS의 좌표 화면에 나타나고 각 구성 디렉토리에 대한 내용을 확인할 수 있다.

이후 ADMS에 로그인하여 설계 및 관련 정보를 효율적으로 관리하기 위해 여러 설정이나 규정을 생성 및 수정할 수 있다.

Vault Professional 2017 Server에 대한 설치와 데이터베이스 생성이 완료된 후 개별 클라이언트 컴퓨터에 대한 Vault Professional 2017 Client에 대한 설치를 진행한다.

설치에 앞서 Vault Server와 Client 간의 연결에 문제가 발생하지 않도록 시스템 네트워크 관리자 등과 함께 네트워크 및 서버에 대한 방화벽 설정 등의 사안을 확인할 수 있도록 한다.

4) Autodesk Vault Professional Client 설치

Autodesk Vault Professional 2017 Server가 설치된 이후, 개별 클라이언트 컴퓨터를 위한 Autodesk Vault Professional 2017 Client을 실행한다. 여타 Autodesk 프로그램 설치 설정과 같이 배포 작성(Create Deployment)과 도구 및 유틸리티 설치(Install Tools &Utilities) 항목이 있다.

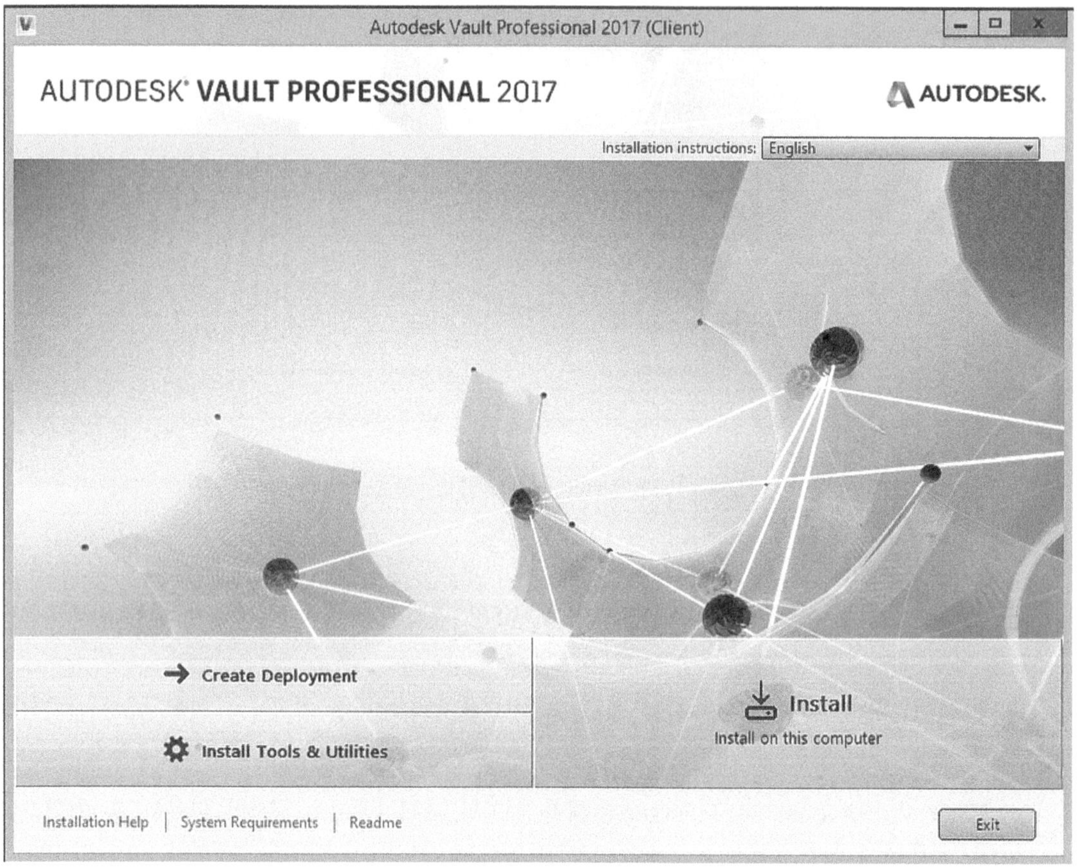

그림 1-40 Autodesk Vault Professional 2017 Client 설치 설정 화면

배포 작성은 Autodesk Vault Client를 네트워크 환경에서 각 개별 컴퓨터에서 네트워크 기반으로 설치가 가능한 배포판을 작성할 수 있도록 만들어 주는 기능이다.

현재 Vault Professional 2017 Client의 Install Tools & Utilities에는 Microsoft Office 2017을 Vault Server 환경에서 사용할 수 있도록 해주는 Add-in 프로그램의 설치 항목이 있지만 설정 여부를 따로 지정할 필요는 없다.

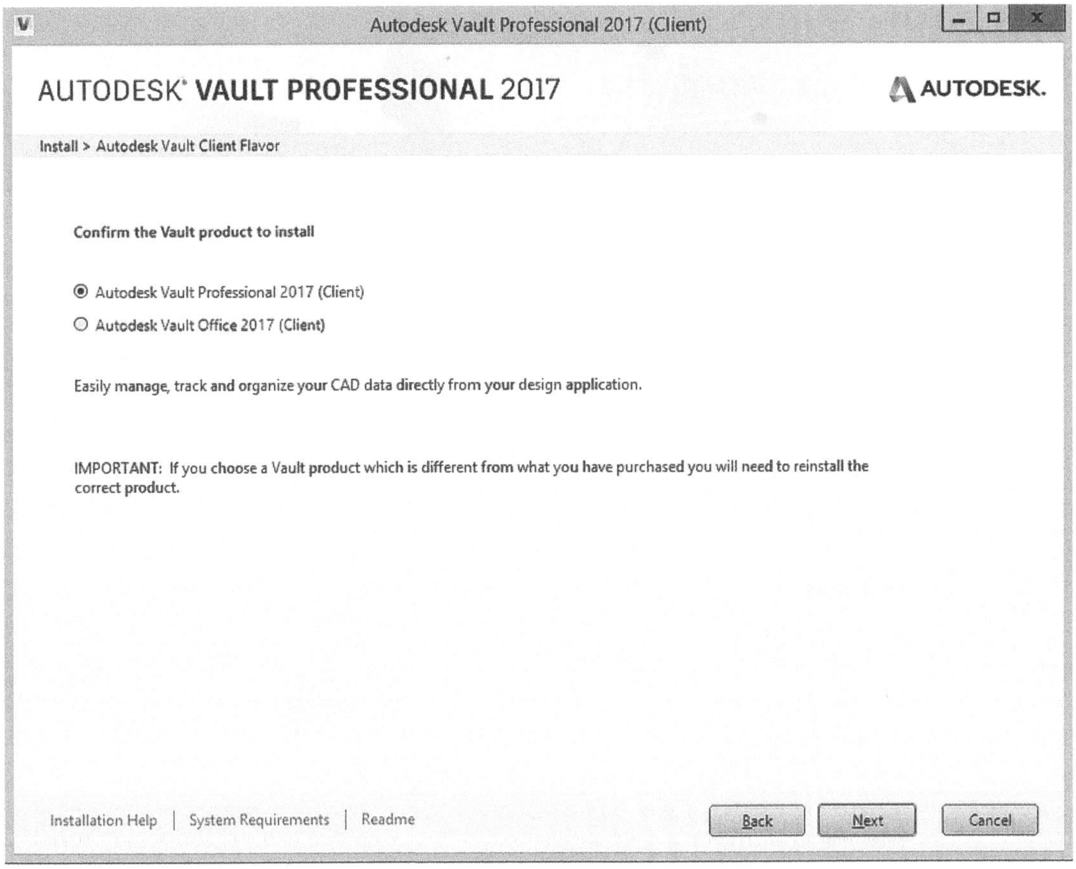

그림 1-41 Vault Client 형식 선택 화면

Vault Professional 2017 Client의 설치를 선택하면 Vault Client의 버전을 선택하는 화면이 다시 나타난다. Vault Professional Client가 아닌 Vault Office Client 만을 설치하고자 할 때에는 다시 선택할 수 있다.

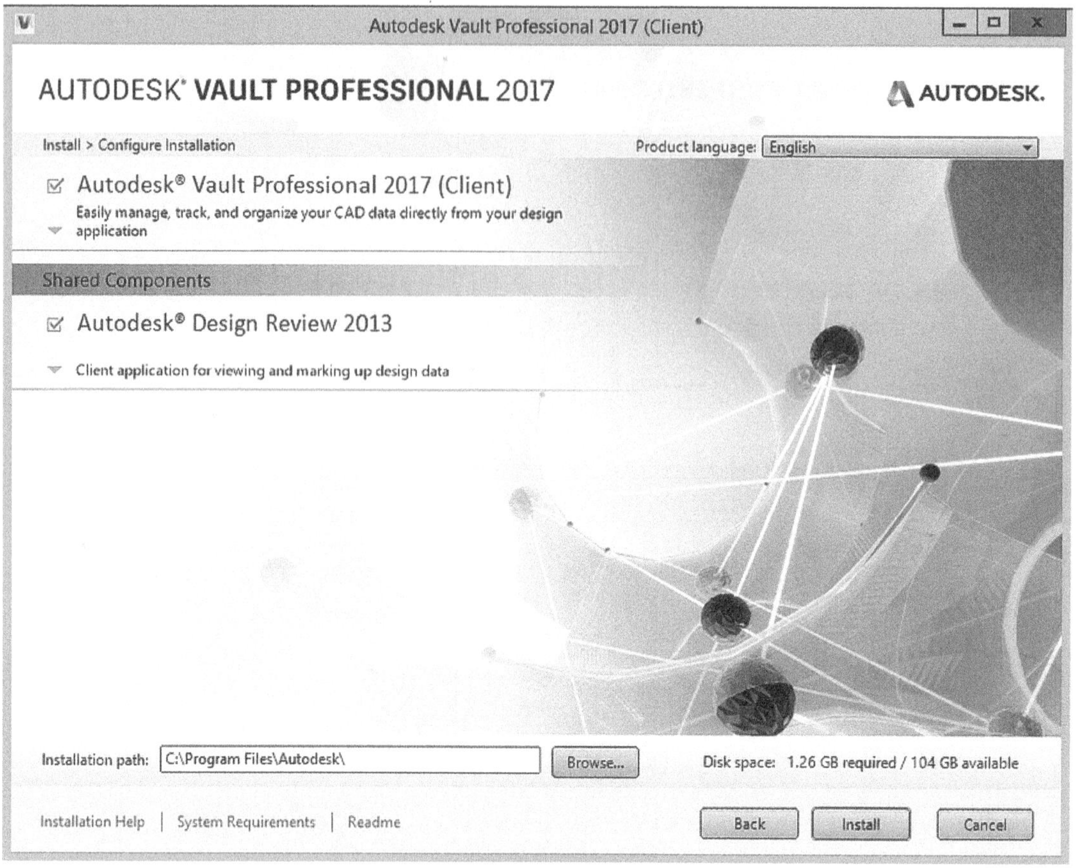

그림 1-42 Vault Professional 2017 Client 설치 구성 화면

이어서 Vault Professional 2017 Client의 설치 항목이 나타난다. 세부 항목에 대한 별도의 선택 없이 표준 설정으로 설치를 진행한다.

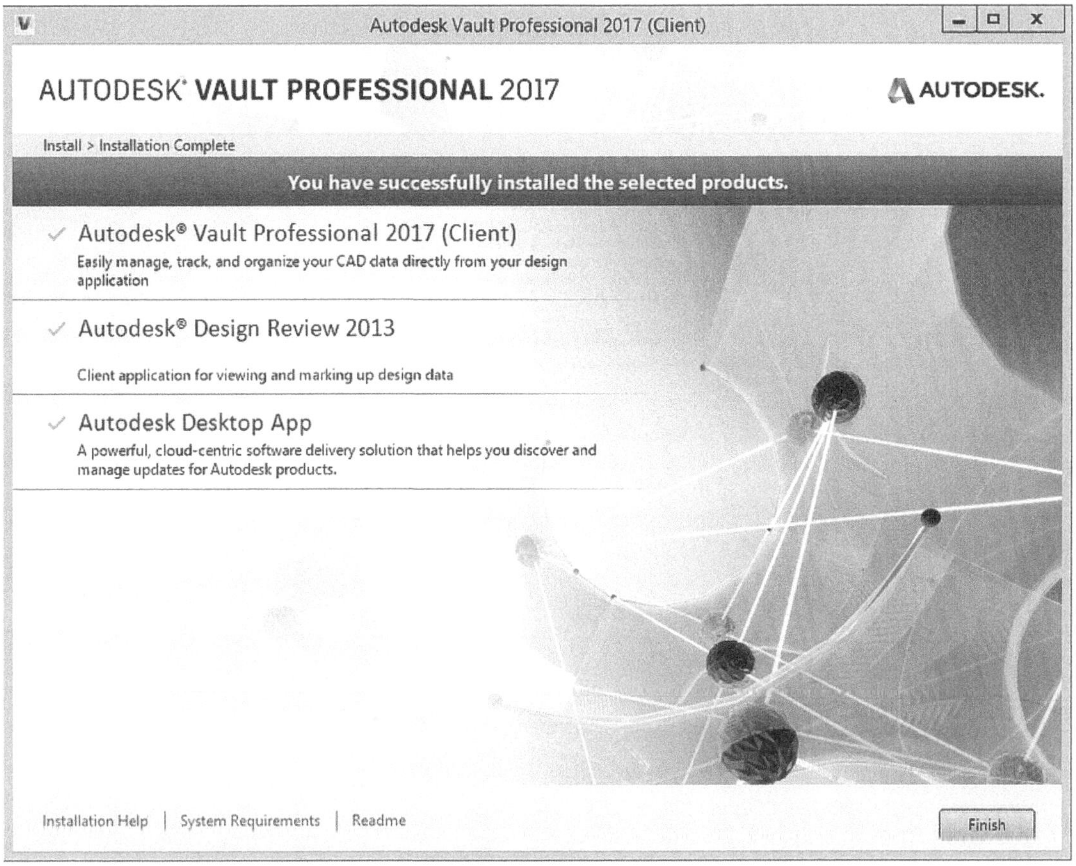

그림 1-43 Vault Professional 2017 Client 설치 완료

Vault Professional 2017 Client의 설치가 완료되면 현재 클라이언트 컴퓨터에 추가로 설치된 프로그램 항목이 나타난다.

- Autodesk Design Review 2013
  - Vault PDM 환경에서 서버에 올려진 설계 및 문서 파일을 볼 수 있는 뷰어 프로그램으로서 DWF, DWG, DXF 및 PDF 파일과 대부분의 이미지 파일을 지원한다.

- Autodesk Desktop App
  - AutoCAD의 데스크탑 앱과 동일.

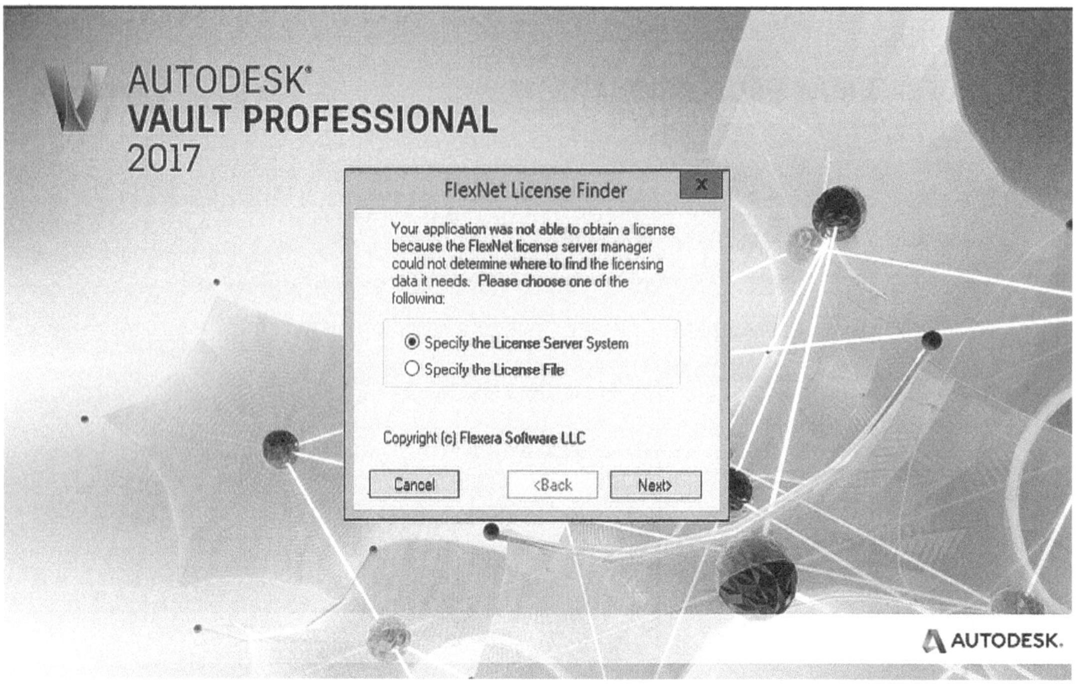

그림 1-44 라이선스 형식 지정(라이선스 서버 선택)

Vault Professional 2017 Client의 설치가 완료된 이후, Vault Professional 2017 Server에 대한 연결 설정이 진행된다. 우선 라이선스 확인 여부를 네트워크 서버 기반으로 할 것인지 파일로 할 것인지를 선택할 수 있다. 현재의 예에서는 네트워크 서버를 기반으로 진행한다.

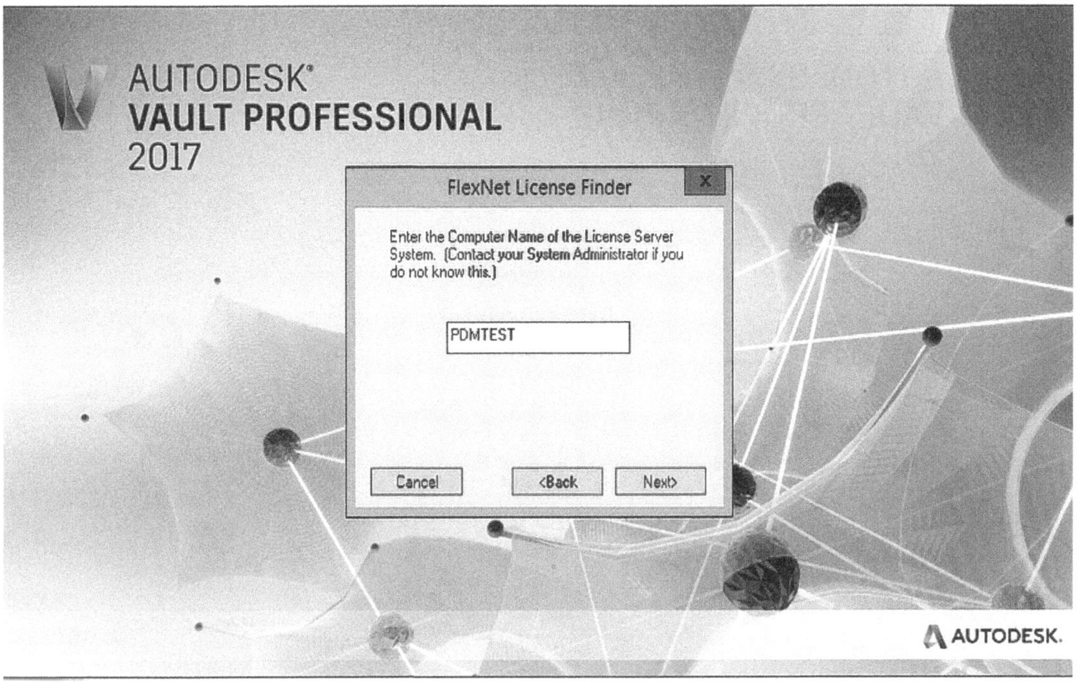

그림 1-45 네트워크 라이선스 서버 이름 지정

라이선스 서버 지정을 선택하면 Vault Professional 2017 Server가 사용하는 라이선스 서버의 이름을 입력한다. 일반적으로 Vault Server와 라이선스 서버를 동일하게 사용한다고 할 때, 앞서 Vault Server 설정에서 사용하는 서버의 이름인 PDMTEST를 예와 같이 지정한다.

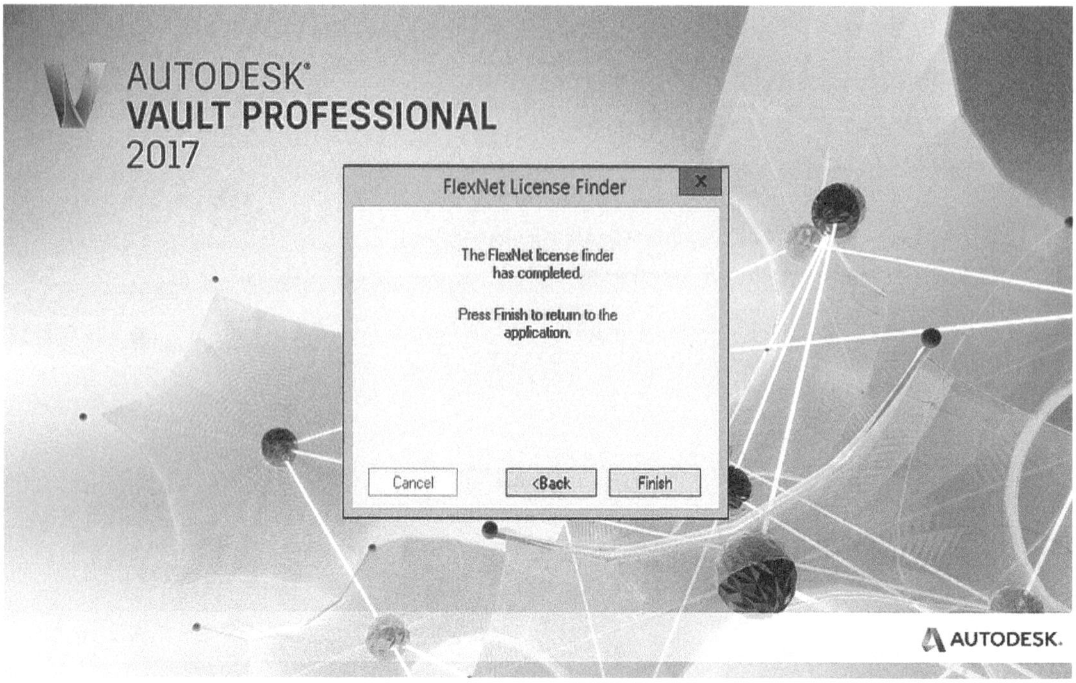

그림 1-46 라이선스 연결 사항 확인 화면

서버의 이름을 지정하면 서버와의 연결 상태와 라이선스의 정상적 사용이 가능한 지에 대한 검토를 확인한 후 메시지가 출력되면서, 라이선스 지정 과정이 완료된다.

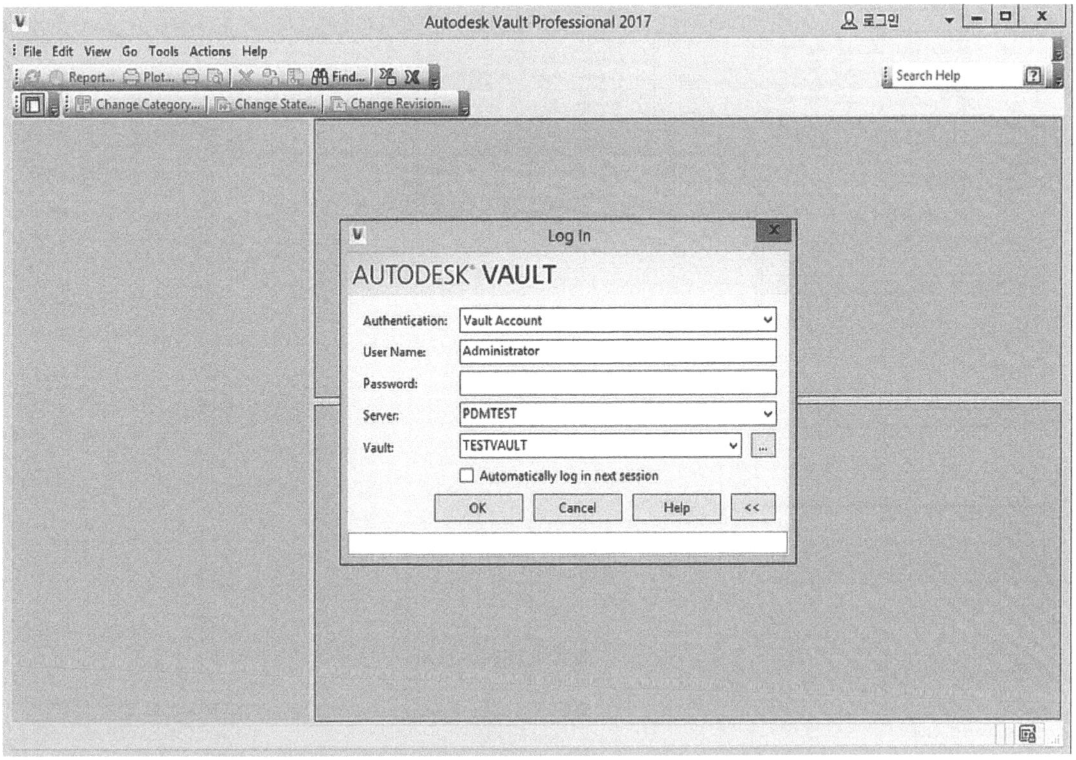

그림 1-47 Vault Professional 2017 Client의 서버 연결 정보 입력

라이선스 서버 연결에 문제가 없으면 Vault Professional 2017 Client가 작동한다. 우선 클라이언트 프로그램은 서버에 연결하기 위한 로그인 화면에서 시작한다.

- Authentication
  - 서버 및 데이터베이스 연결 인증 방식
- User name & Password
  - 사용자 이름 및 암호
- Server
  - Vault Professional 2017 Server 이름
- Vault
  - Vault Professional 2017 Client에서 현재 사용할 데이터베이스 이름, 직접 입력하거나 서버 이름이 지정된 이후 탐색을 선택하면 연결 가능한 데이터베이스 목록이 나타난다.

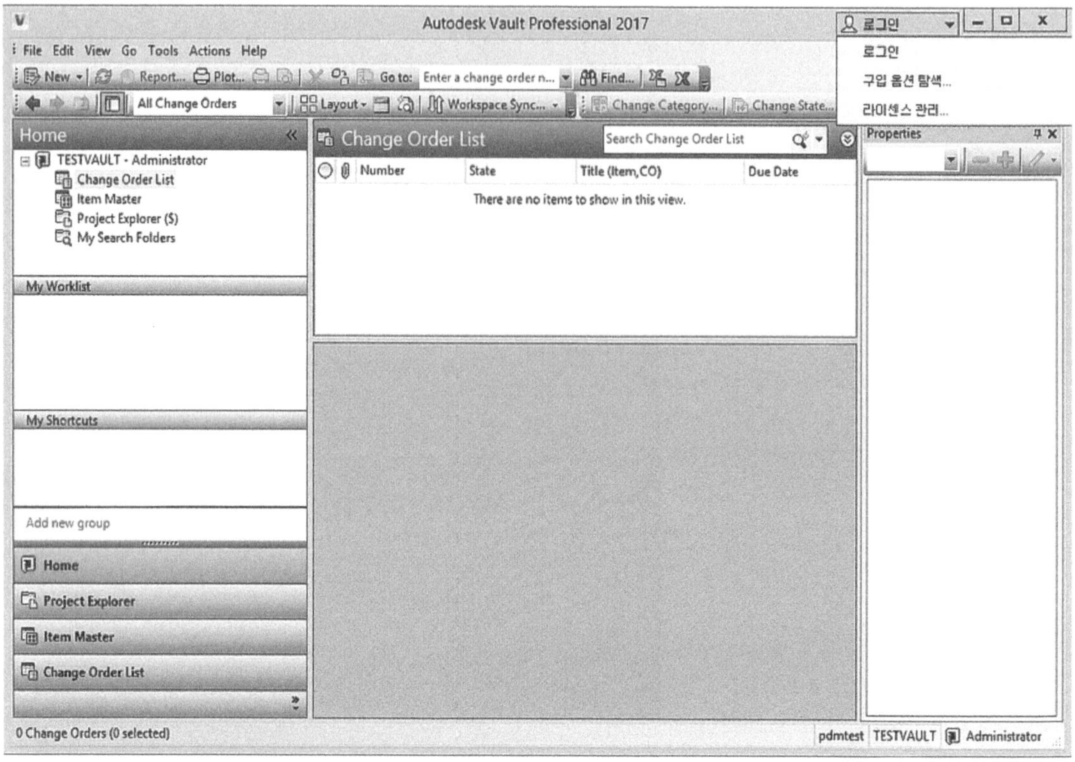

그림 1-48 Vault Professional Client에서 Vault Server 연결

모든 정보가 입력된 후 연결을 진행하면 정상적으로 서버에 연결된 경우 Vault Server의 데이터베이스 정보가 Vault Client의 화면에 나타난다.

이후 Vault Professional Server에서 지원하는 개별 어플리케이션을 사용하여 서버로 설계 및 관련 문서 정보를 업로드하거나 확인할 수 있다.

1.4.3 Autodesk Vault Basic PDM 설치

Vault Professional 제품과 달리 Vault Basic 제품은 서버와 클라이언트를 하나의 로컬 시스템에 설치한다.

이전에는 Vault Basic 제품군은 AutoCAD Mechanical이나 Autodesk Invnetor 제품이 포함되어 있었으나 현재는 Vault Basic Server와 Client 프로그램을 AutoCAD Mechanical 정식 사용 권한이 있는 경우에 웹 사이트에서 다운로드가 가능하다(교육용 라이선스 권한에서는 지원되지 않는다). Vault Basic Server 구축에 필요한 요소는 설치 프로그램에 모두 포함되어 있기 때문에 별도 Server를 구성하기 위해 준비할 사항은 없다.

1) Vault Basic Server 설치

Vault Basic 2017 Server는 네트워크 환경이 아닌 로컬 환경에서 구동되기 때문에 별도의 서버 운영체제가 아닌 Windows 7 Professional 이상의 클라이언트 운영체제에 설치가 가능하다. 단, Vault Basic 2017 Server의 경우 Windows 8은 지원하지 않는다.

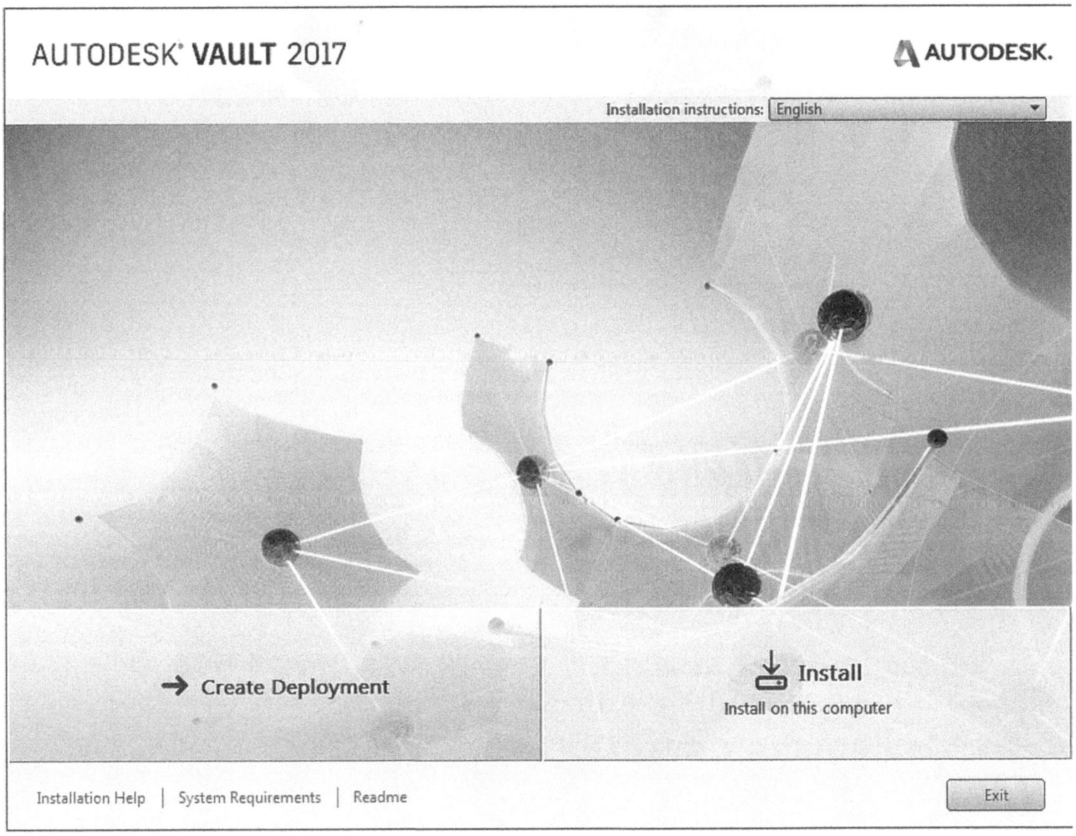

그림 1-49 Vault Basic 2017 Server 설치 화면

Vault Basic 2017 Server의 설치 과정은 Vault Professional 2017 Server의 설치 과정과 동일하다.

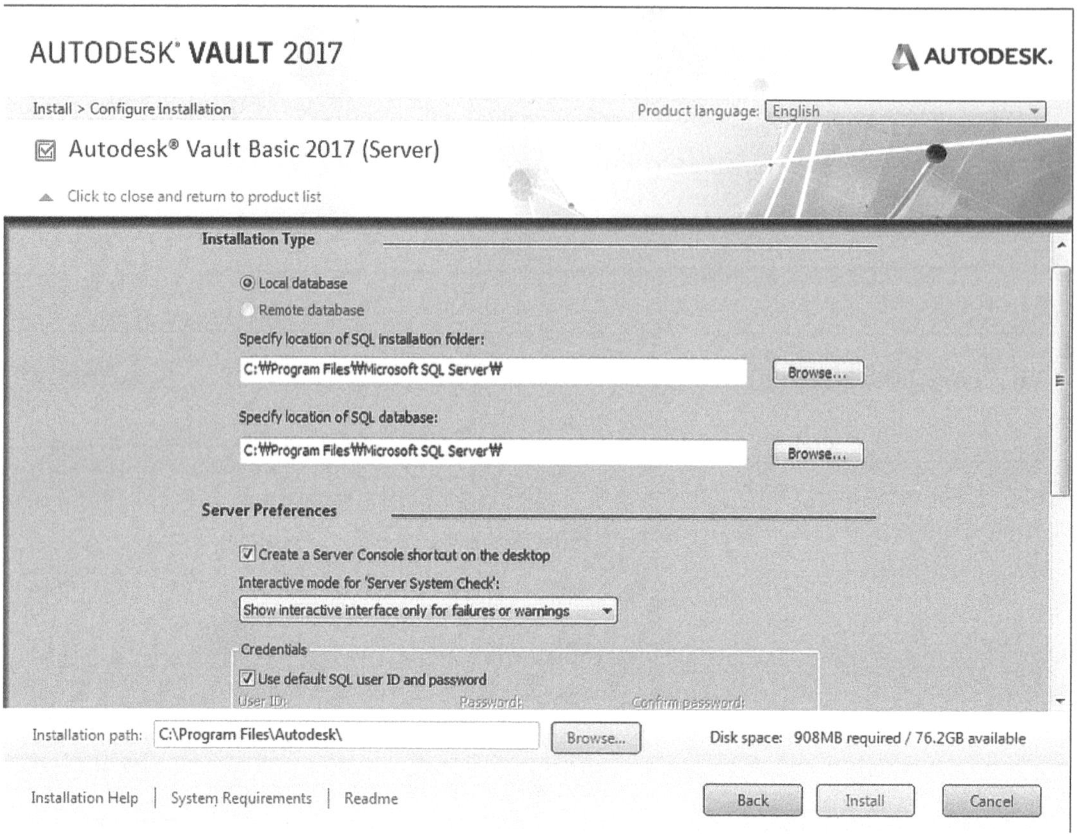

그림 1-50 Vault Basic 2017 Server의 세부 설치 설정 사항

또한 Vault Basic 2017 Server는 로컬 시스템에서 구동되기 때문에 별도의 라이선스 서버 구축이나 설정 없이 서버 프로그램 설치로 간단히 완료된다. 세부 설정 역시 특별한 경우가 아니라면 기본 설정을 그대로 유지해서 설치하도록 한다.

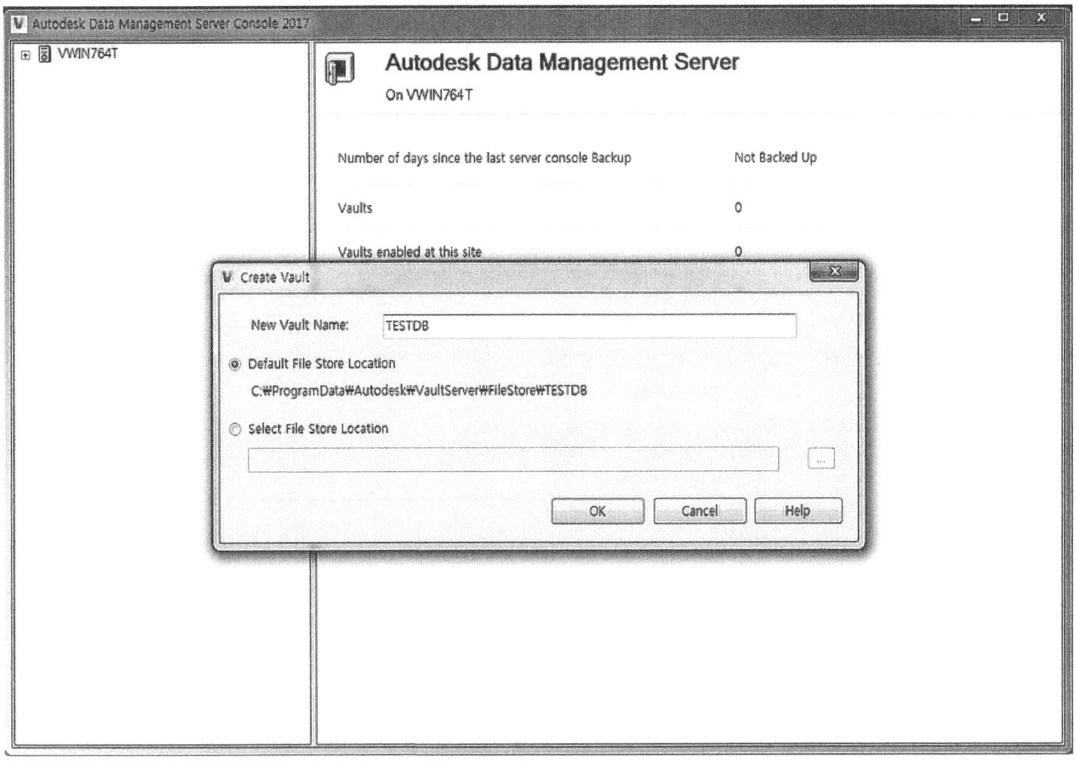

그림 1-51 Vault Basic 2017 Server에서의 Vault 데이터베이스 생성

간단한 설정으로 설치가 완료되면 다른 추가적인 서버에 대한 설정 없이 Vault Server의 데이터베이스 생성화면으로 진행한다. 예에서는 TESTDB라는 이름으로 새로운 데이터베이스를 생성한다.

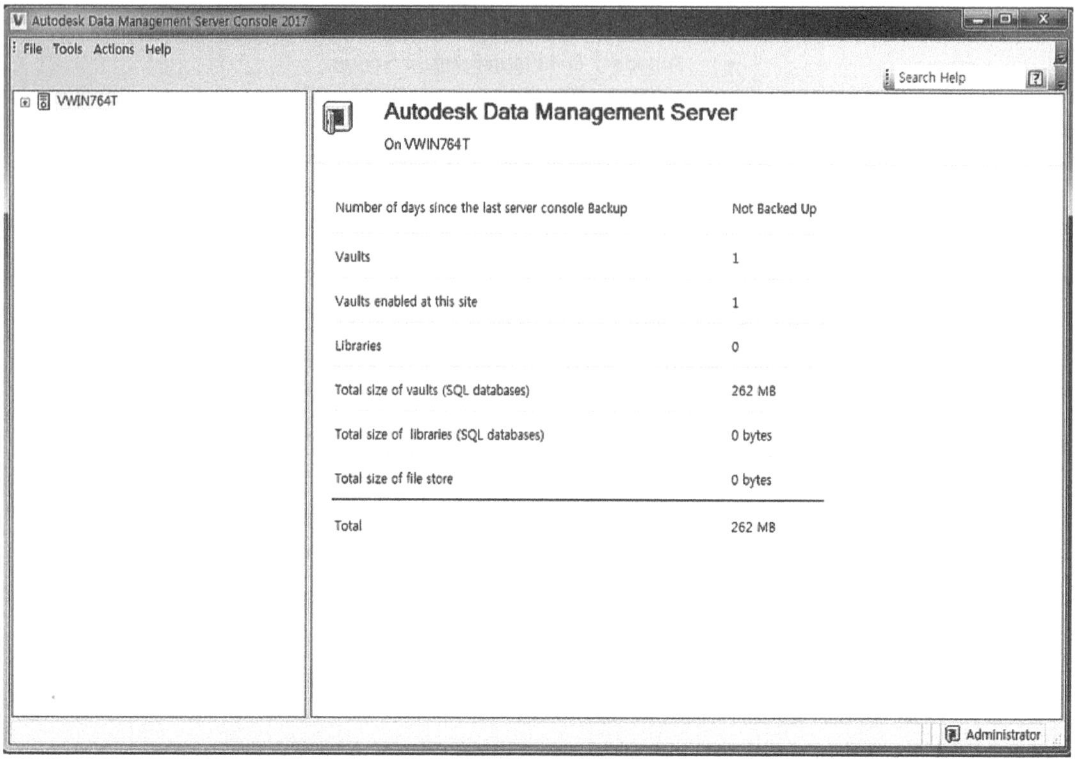

그림 1-52 Vault Basic Server의 Vault 데이터베이스 정보 확인

데이터베이스가 생성된 ADMS 콘솔로 Vault Server에 연결되어 생성된 데이터베이스, Vault의 정보를 확인할 수 있다.

Vault Basic 2017 Server의 설치 및 설정이 완료된 이후 Vault Basic Client 프로그램 설치를 진행한다.

2) Vault Basic Client 설치

Vault Basic 2017 Client는 클라이언트 컴퓨터 시스템의 Windows 7, 8.1 및 10 데스크탑 운영체제에서 운용이 가능하며, Windows 10 이상부터는 64-bit에서만 가능하다. 그리고 Vault PDM 시스템 환경에서 사용할 어플리케이션을 반드시 먼저 설치한 이후 Vault Basic 2017 Client를 설치하도록 한다.

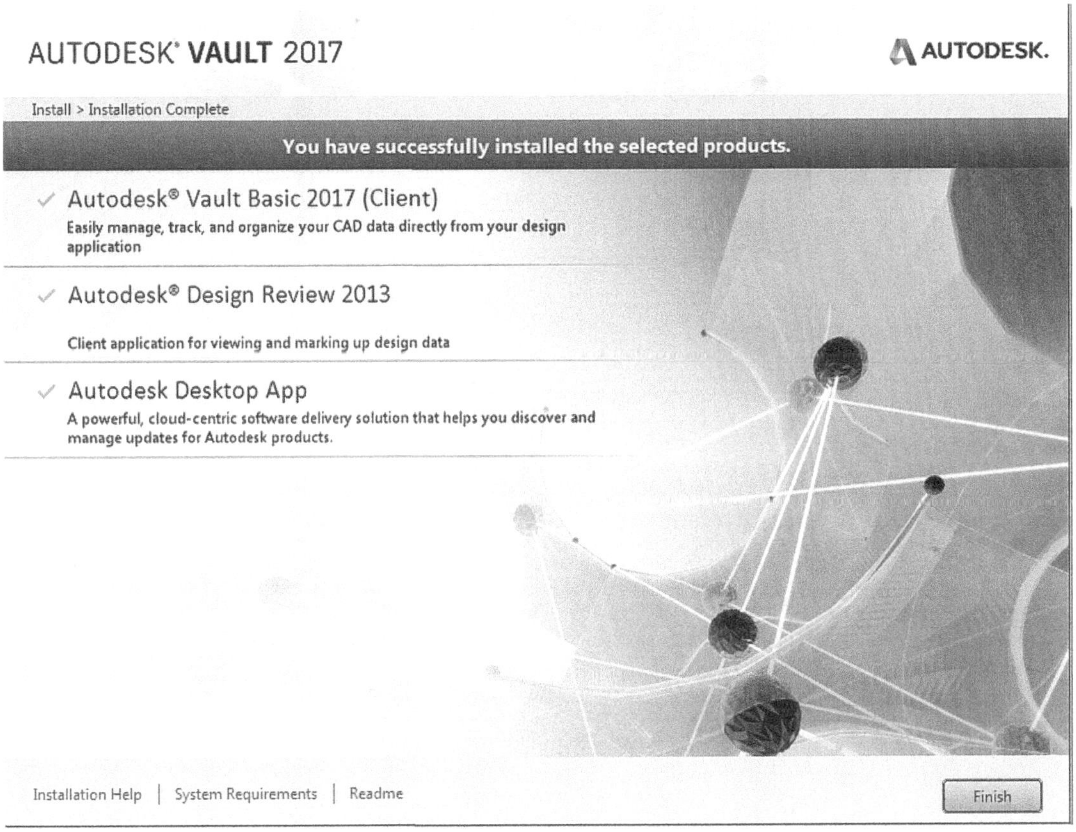

그림 1-53 Vault Basic 2017 Client 설치 완료 화면

Vault Basic 2017 Client 프로그램의 설치와 설정은 앞서 Vault Professional 2017 Client의 경우와 동일하다.

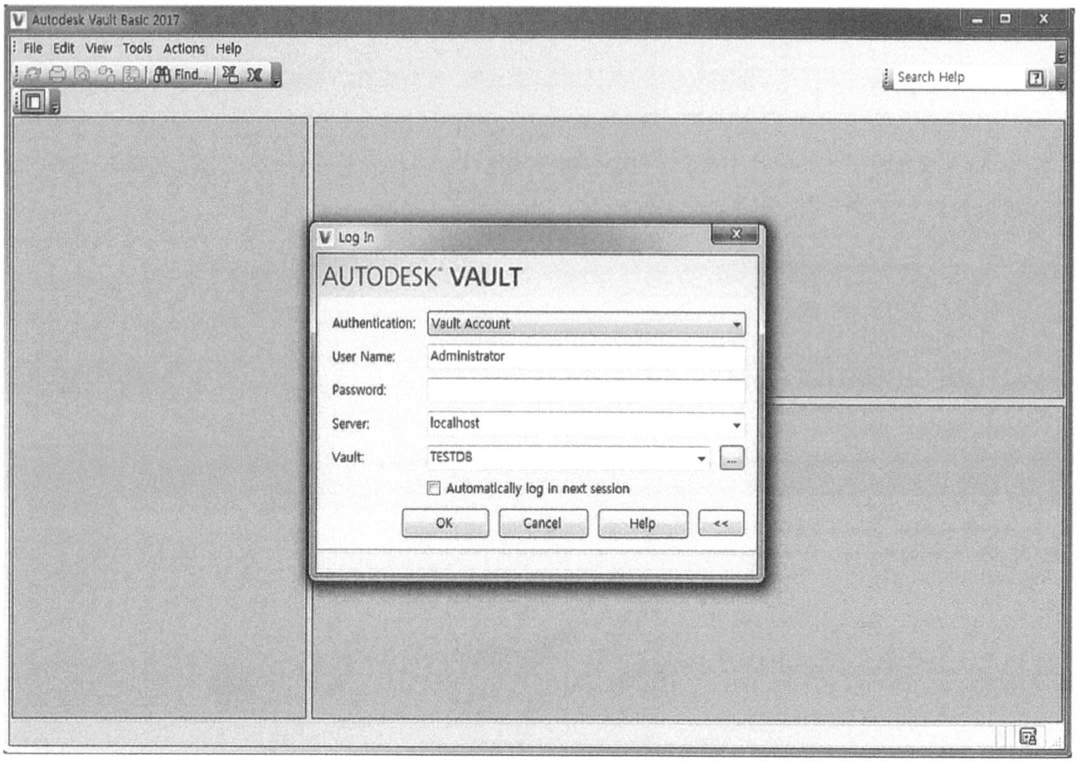

그림 1-54 Vault Basic 2017 Server로의 연결 화면

Vault Basic 2017 Client가 설치되고 난 후, Vault Basic 2017 Server로의 연결을 진행할 수 있다. Vault Professional 2017 Client의 경우와 Vault Basic은 로컬 시스템의 데이터베이스로 접속하기 때문에 별도의 서버 이름을 지정할 필요가 없다.

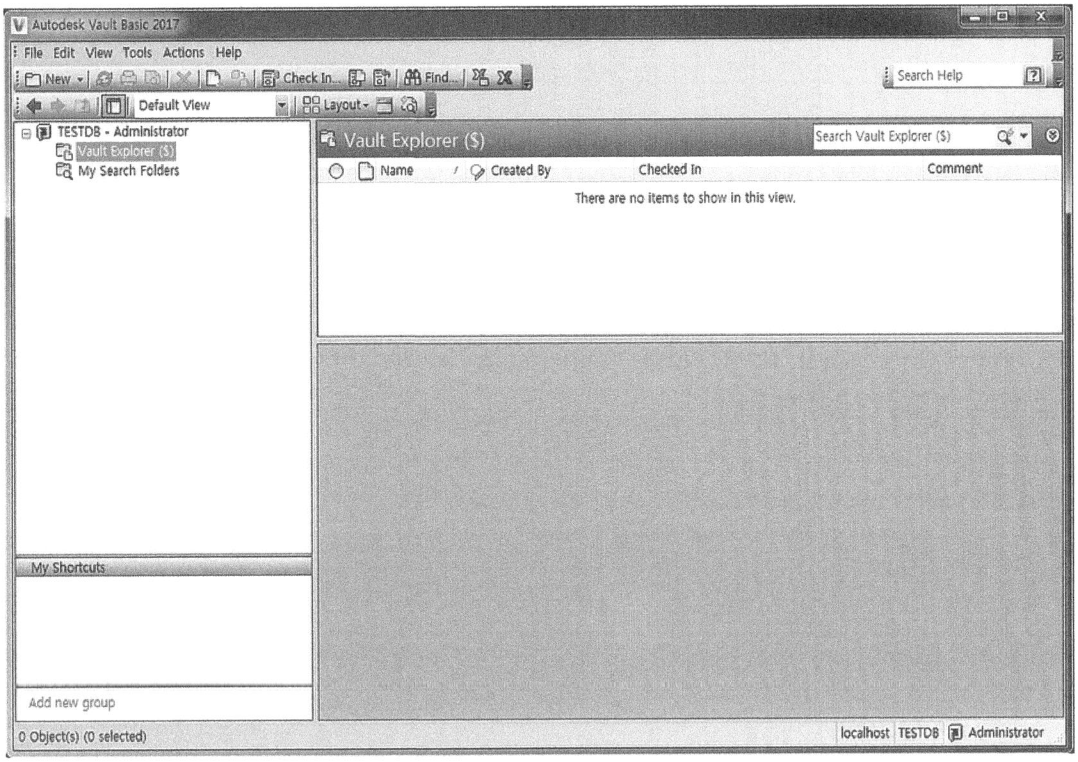

그림 1-55 Vault Basic 2017 Server의 데이터베이스 구조

하지만 연결된 서버의 구성은 Vault Professional 2017의 경우와 달리 간략한 구조로 되어 있다.

1.4.4 AutoCAD에서의 Vault PDM 서버 연결

Vault Server와 Vault Client의 설치와 설정이 완료되었다면, AutoCAD나 AutoCAD Mechanical 등의 Autodesk의 제품군을 Vault 환경에서 사용할 수 있다. 하지만 앞서 언급했던 바와 같이 추가적인 조치나 설정 없이 AutoCAD를 Vault Server 환경에 연결하기 위해서는 AutoCAD가 먼저 설치된 이후 Vault Client가 설치되어야 한다.

Vault Client는 설치된 AutoCAD를 검색하여 Vault Server에 연결에 필요한 기능을 설치하기 때문에 Vault Client 설치 후에 따라 AutoCAD를 설치하면 사용자가 직접 Vault Server 연결을 위한 조치를 수행해야 한다.

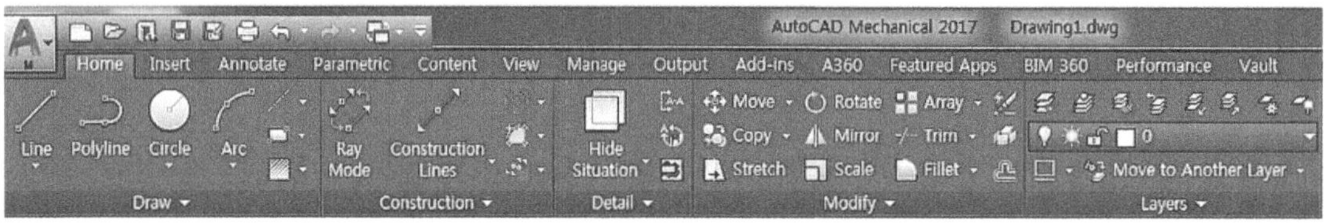

그림 1-56 AutoCAD Mechanical 2017의 Vault 기능 활성화

Vault Client가 설치된 이후 AutoCAD 프로그램을 시작하고 작업을 진행하면 리본 메뉴 바에 Vault라는 이름의 그룹이 생성된 것을 확인할 수 있다.

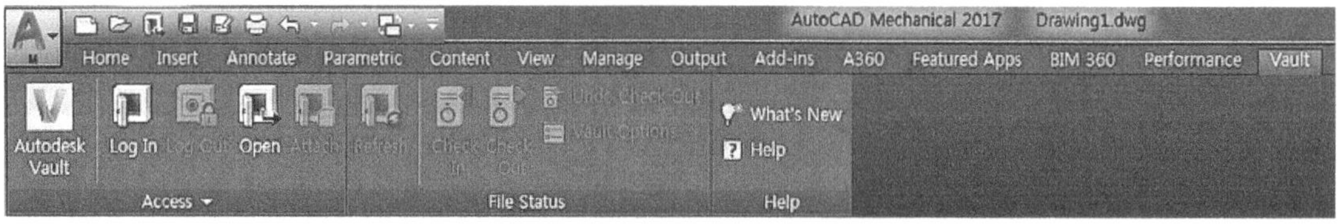

그림 1-57 AutoCAD Mechanical 2017의 Vault Client 아이콘

Vault 리본 그룹 안에는 화면과 같이 Vault Server 연결을 위한 아이콘이 설치되어 있다. 좌측의 Autodesk Vault 아이콘은 AutoCAD와 별개로 개별적인 Vault Professional Client를 구동하는 기능이며, AutoCAD 내에서의 Vault Server 연결은 그 외 내부 아이콘을 사용한다.

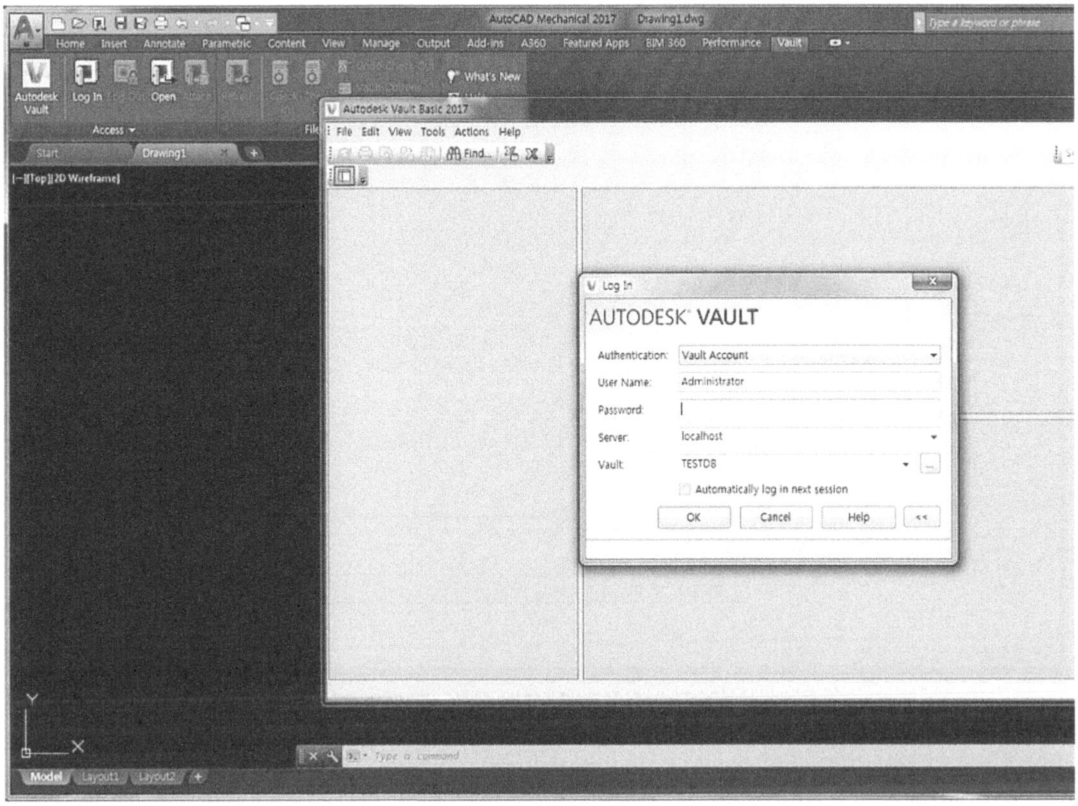

그림 1-58 AutoCAD 내에서의 Vault Server 연결 화면

Log In 아이콘을 사용하여 AutoCAD 내에서 Vault Server로 연결을 진행한다. 연결을 위한 정보는 Vault Professional Client에서와 동일한 정보를 입력한다. 예에서는 네트워크 서버가 아닌 자체 서버의 이름과 데이터베이스 이름을 지정한다.

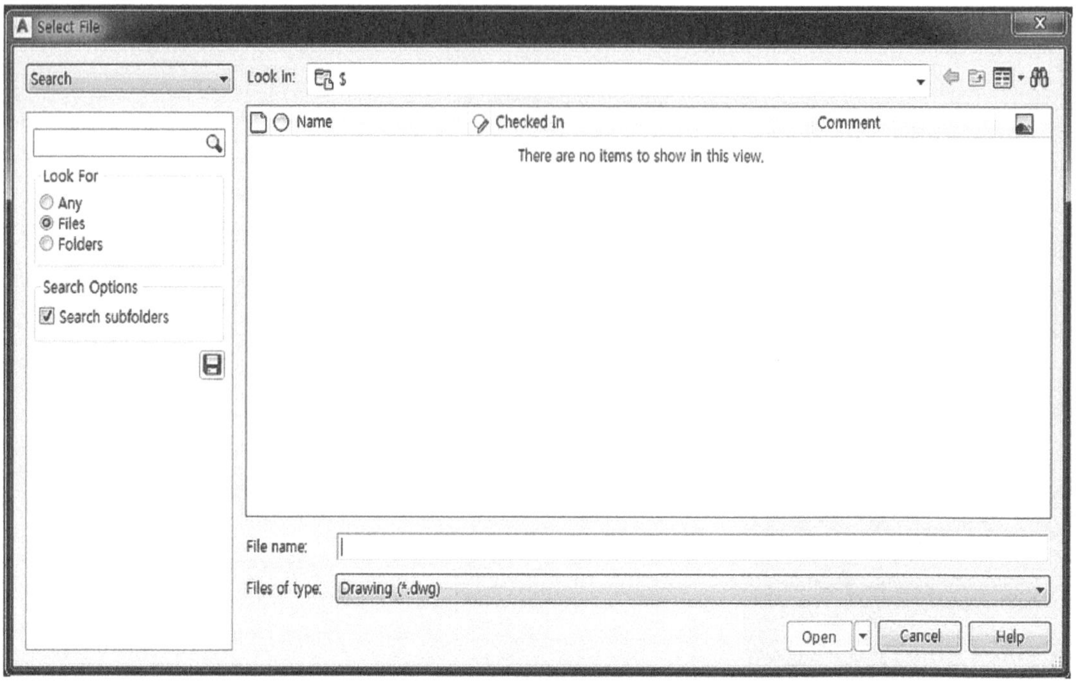

그림 1-59 Vault Server에서의 파일 선택 화면

AutoCAD 내에서의 Vault Server 연결이 완료되면 서버의 파일을 선택할 수 있는 탐색기 화면이 나타나며, 리본 바의 다른 Vault Client 기능 아이콘도 활성화된다.

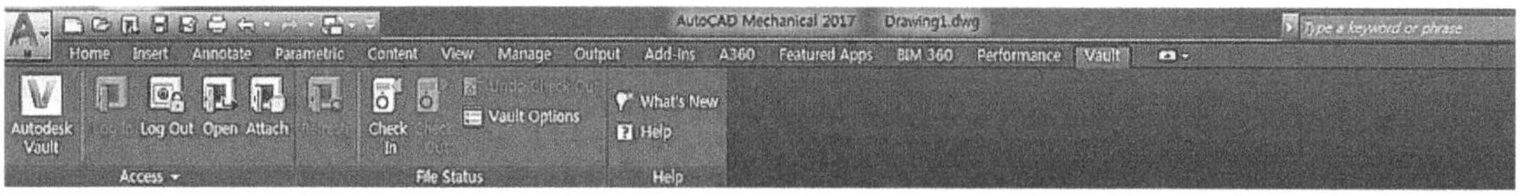

그림 1-67 AutoCAD에서의 Vault Client 기능 활성화 메뉴

AutoCAD나 AutoCAD Mechanical 혹은 AutoCAD LT에서 Vault Server 환경에 연결되었을 경우 설계 정보를 서버에서 가져오거나 올리는 과정은 네트워크 연결 상태에 따라 시간이 지연되거나 연결이 끊기는 경우가 발생할 수 있다. 이러한 점에서 PDM 시스템 환경에서의 설계 작업을 원활하게 유지하기 위해서는 서버의 성능이나 설정은 물론 네트워크 연결 품질에 대한 점검을 지속적으로 수행할 필요가 있다.

또한 PDM 시스템 환경에서는 기본적으로 모든 설계 정보가 PDM 서버에 저장되어 있다는 점에서 각 클라이언트 입장에서는 도면 등의 설계 정보 소실 문제의 위험이 없으나 서버의 상태에 따라 설계 정보가 큰 위험에 처할 수 있다는 점에서 서버의 점검이나 백업 그리고 이중화 등에 대한 대비도 반드시 염두에 둘 필요가 있다.

1.5 AutoCAD 2017 for Mac의 설치

Apple의 Mac 시스템 사용층이 증가하면서 Autodesk에서도 2012년 버전부터 Mac을 위한 AutoCAD를 다시 공급하고 있다. Microsoft Windows 운영체제와 다른 환경 그리고 하드웨어 장치로 인해 기존 AutoCAD 사용자로서는 적응이 쉽지 않을 수도 있겠지만 기능적으로 두 시스템 간의 운영에 별 다른 문제는 없는 상황이 되었다고 볼 수 있다.

Mac에서의 AutoCAD 2017을 운용하기 위해서는 기본적으로 Autodesk가 제안한 하드웨어 및 운영체제 환경에 제한되어 있으나 Windows 기반 PC와 마찬가지로 거의 모든 Mac 시스템에서 설치가 가능하므로 사용에 큰 제약은 없다고 할 수 있다. 단 현재 Mac 환경에서는 AutoCAD 및 AutoCAD LT만을 사용할 수 있고 AutoCAD Mechanical 등은 지원되지 않고 있다.

Mac에서의 설치는 Windows에 비해 단순하며 간편하다. 기본적으로 Mac의 하드웨어 및 소프트웨어 환경이 Apple에 의해 규정되고 관리되고 있기 때문에 설치를 위한 주변 환경의 설정이 특별히 필요 없다. 하지만 이는 또는 Windows 기반 AutoCAD의 다양한 주변 기능 등이 포함되어 있지 않다는 의미이기도 하며, 현재 Autodesk의 PDM 시스템인 Vault에 대한 지원이 제공되지 않고 있다.

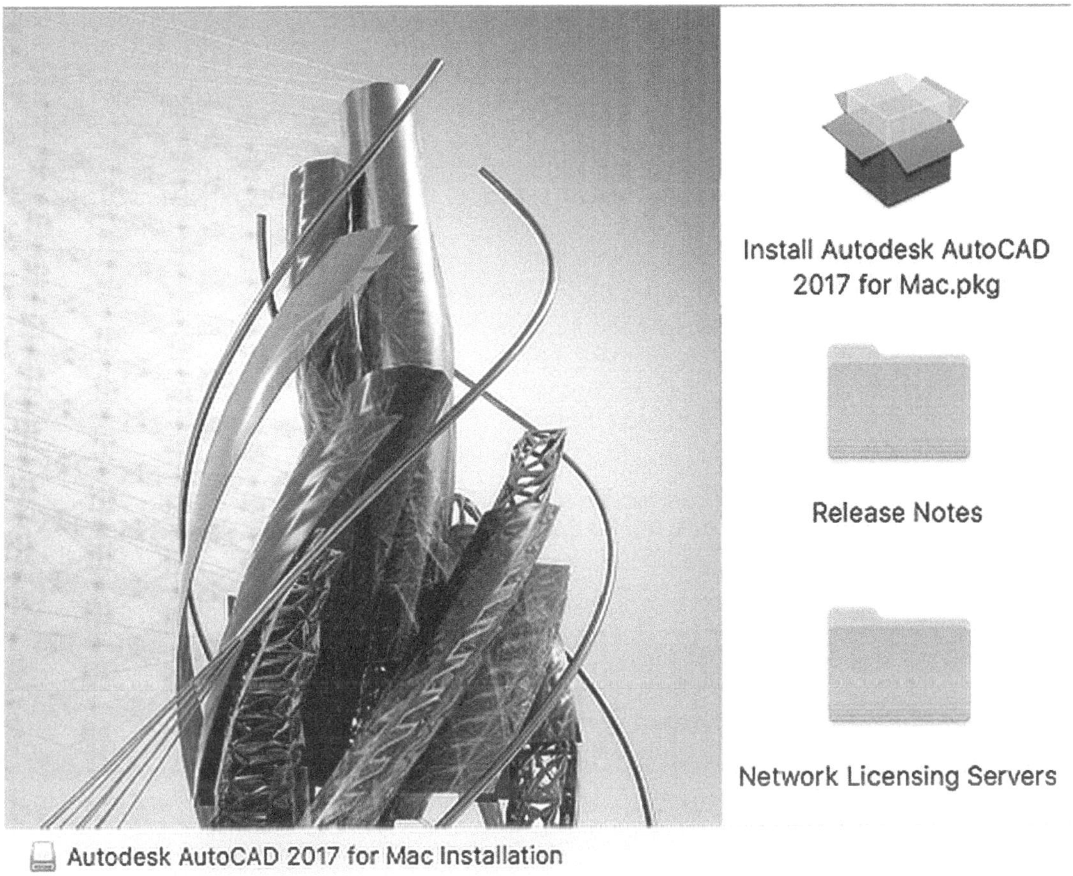

그림 1-61 AutoCAD 2017 for Mac 설치 프로그램

Autodesk 웹 사이트로부터 AutoCAD 2017 설치판 미디어 이미지를 다운로드하여 설치 프로그램을 볼 수 있다. 설치 프로그램을 시작하면 설치 여부를 확인하기 위한 메시지 화면이 나타나고 이어 설치를 위한 각 단계가 차례로 진행한다. Mac에서의 어플리케이션 설치는 설치 프로그램 왼쪽에 각 단계별 진행 사항이 나타나기 때문에 현재 진행 상황을 쉽게 파악할 수 있다. 다음으로 사용 권한에 관련 정보 화면을 확인하고 나면 설치 유형을 선택하는 화면이 나타난다.

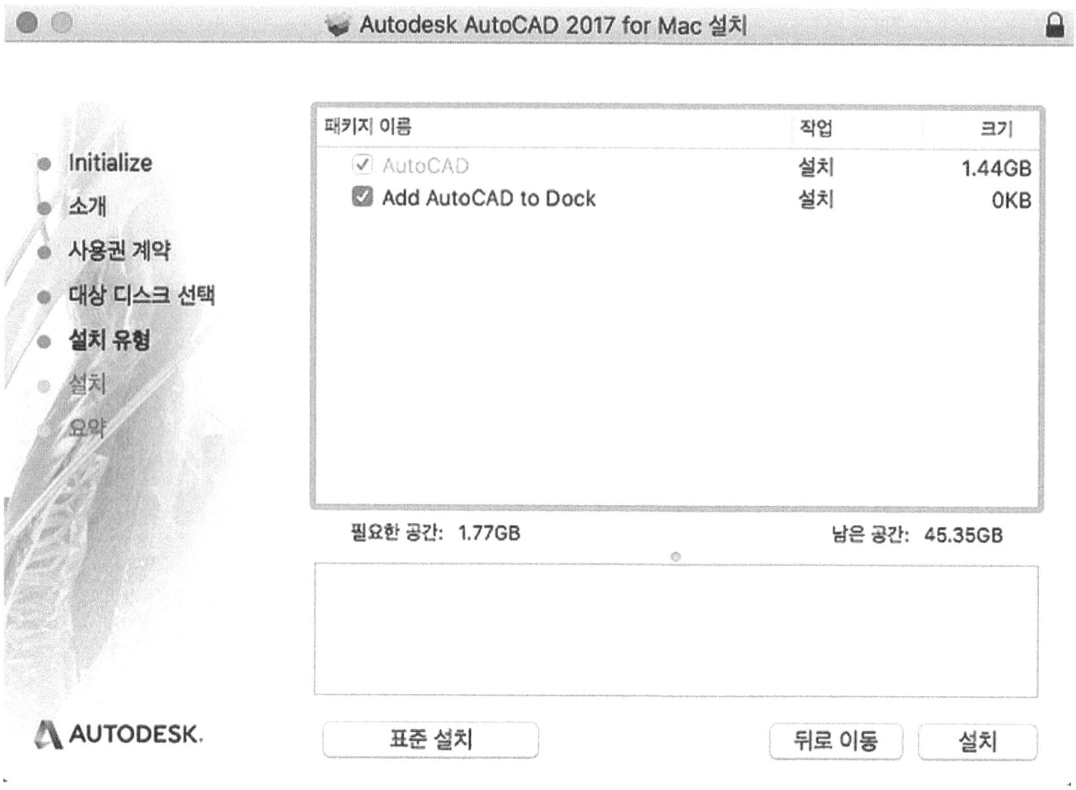

그림 1-62 AutoCAD 2017 for Mac 설치 유형 선택 화면

표준 설치 유형에서 사용자 설치를 선택하여 개별 설치 항목에 대한 선택이 가능한데, AutoCAD 2017 for Mac의 경우 Windows 기반 AutoCAD 2017과 달리 아이콘을 Dock에 설치하는 이외 선택 대상이 없다. 그러므로 AutoCAD 2017 for Mac은 특별한 선택 사항 없이 표준 상태로 설치를 지속하면 어려움 없이 설치가 완료된다.

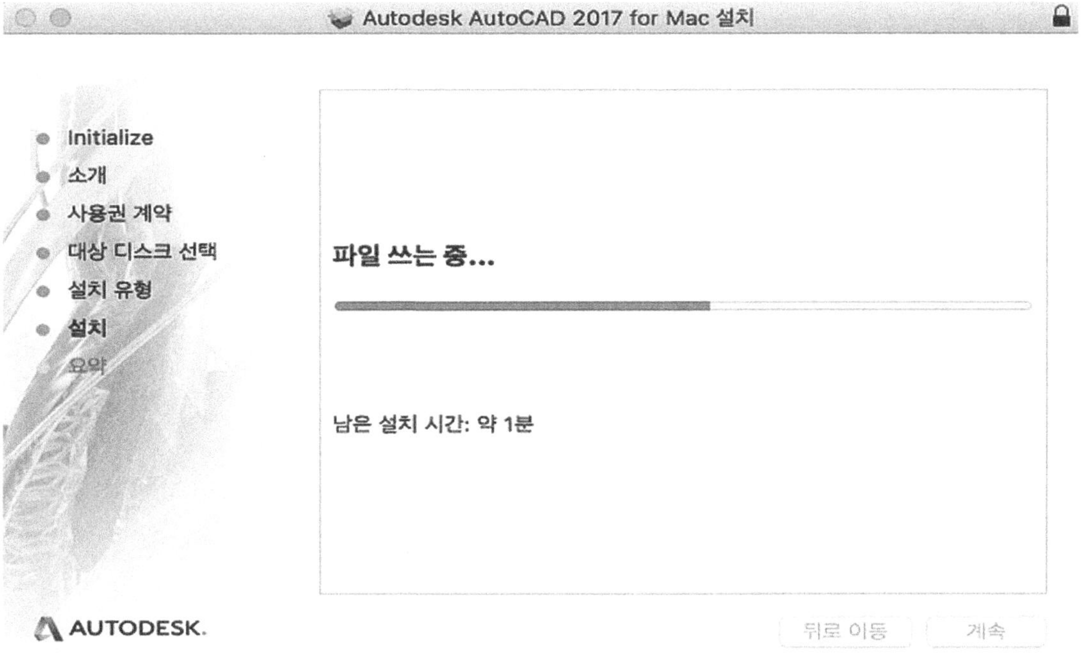

그림 1-63 AutoCAD 2017 for Mac 설치 진행 화면

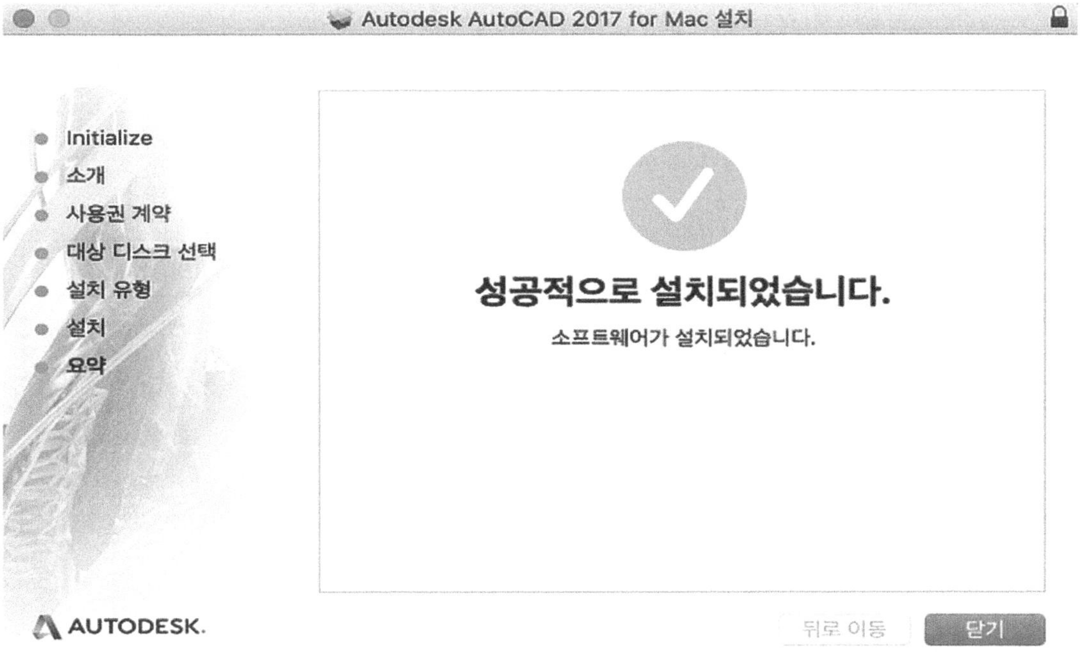

그림 1-64 AutoCAD 2017 for Mac 설치 완료 화면

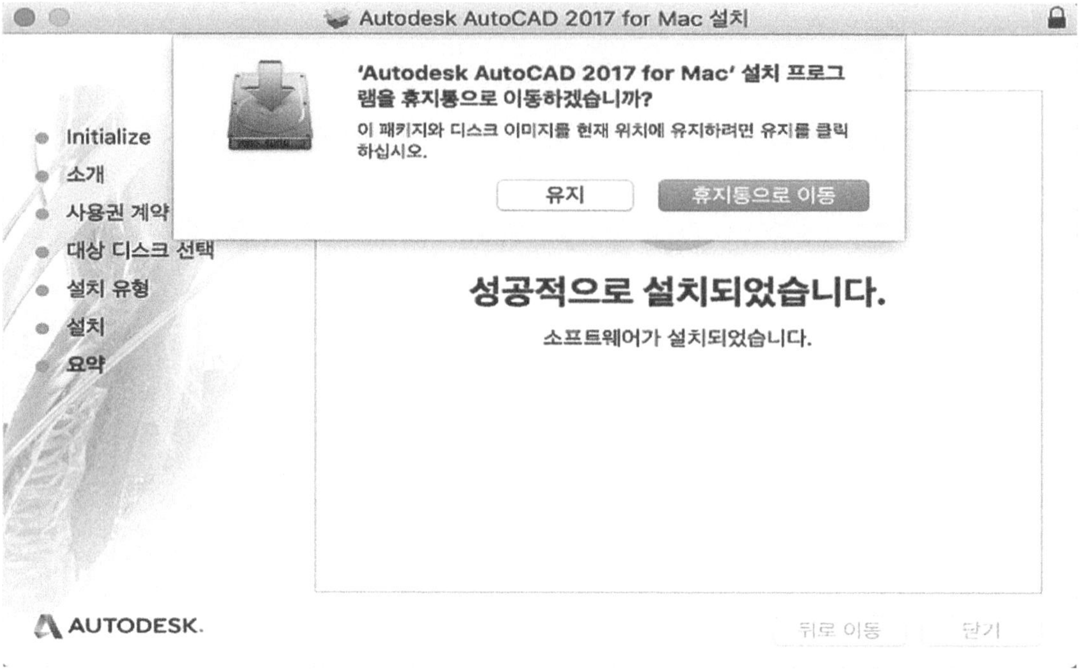

그림 1-65 AutoCAD for Mac 설치 프로그램 관련 파일 제거 확인 화면

설치가 완료되면 Windows 버전과 달리 설치 도중 설치한 파일을 삭제할 것이 묻는 메시지가 나타난다. 추가 수정이 필요한 경우가 아니라면 삭제해도 무방하다.

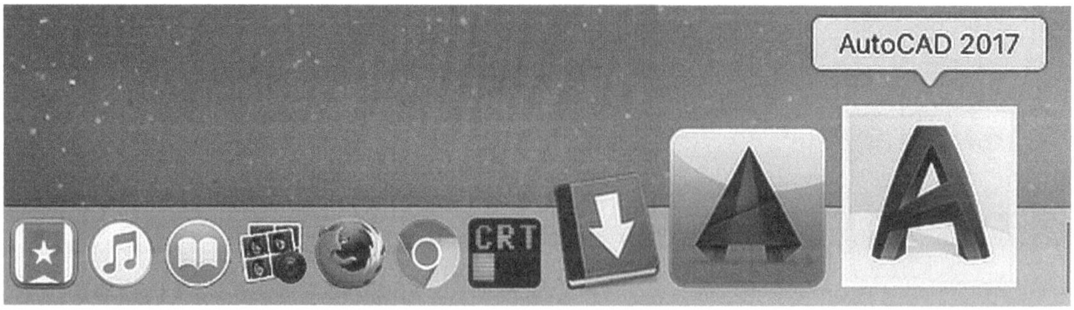

그림 1-66 Mac OS Dock에 설치된 AutoCAD 2017 for Mac 아이콘

AutoCAD 2017 for Mac의 설치가 완료되면 Dock에 AutoCAD 아이콘이 설정되어 있는 것을 확인할 수 있다.

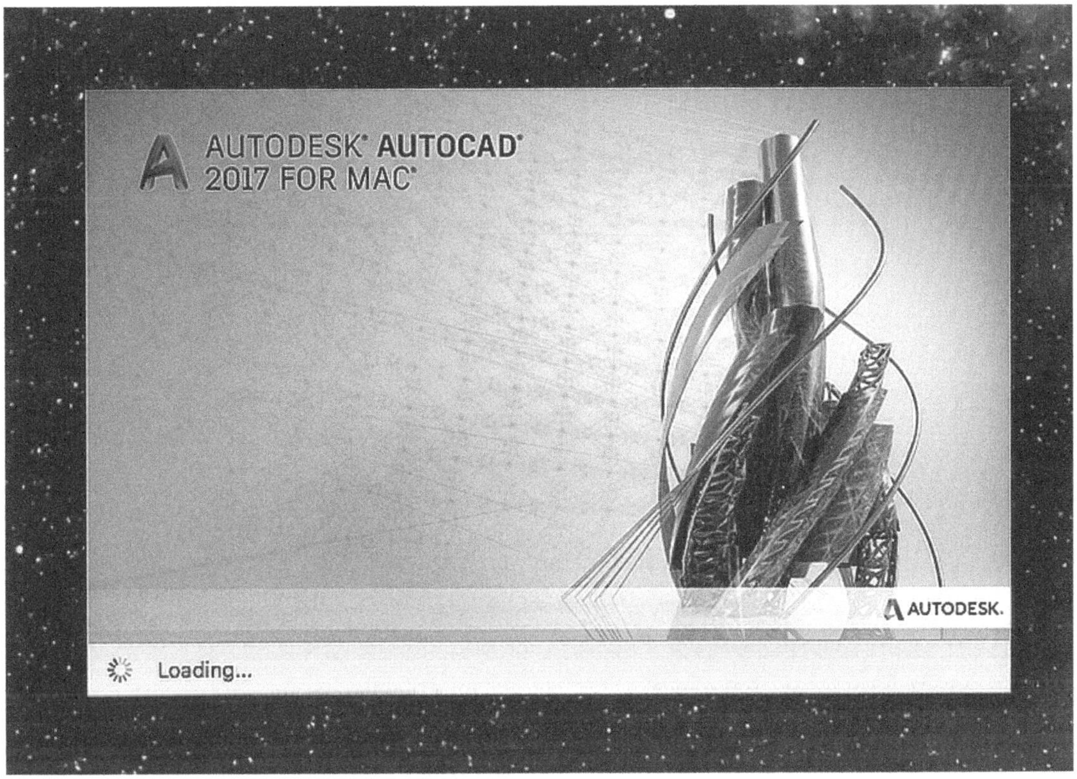

그림 1-67 AutoCAD 2017 for Mac 시작 화면

Dock의 AutoCAD 2017 for Mac 아이콘을 사용하여 프로그램을 시작하면 시작 화면과 함께 라이선스 설정 단계로 진행한다.

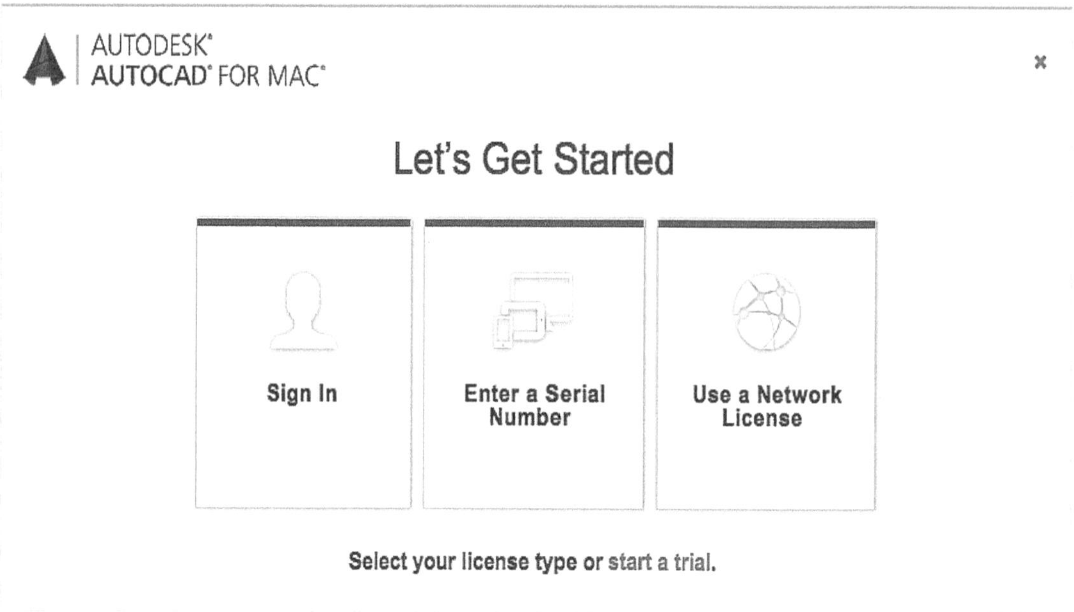

그림 1-68 AutoCAD 2017 for Mac 라이선스 선택 화면

AutoCAD 2017 for Mac의 라이선스 설정 과정은 Windows 기반 AutoCAD 2017이나 AutoCAD Mechanical 2017과 동일하다. 네트워크 라이선스나 라이선스 일련번호 등은 두 플랫폼 모두 동일하게 사용될 수 있다. 즉 현재 Windows 환경에서 사용하고 있는 라이선스 활성화 방법과 동일한 방식을 선택하여 사용하면 된다.

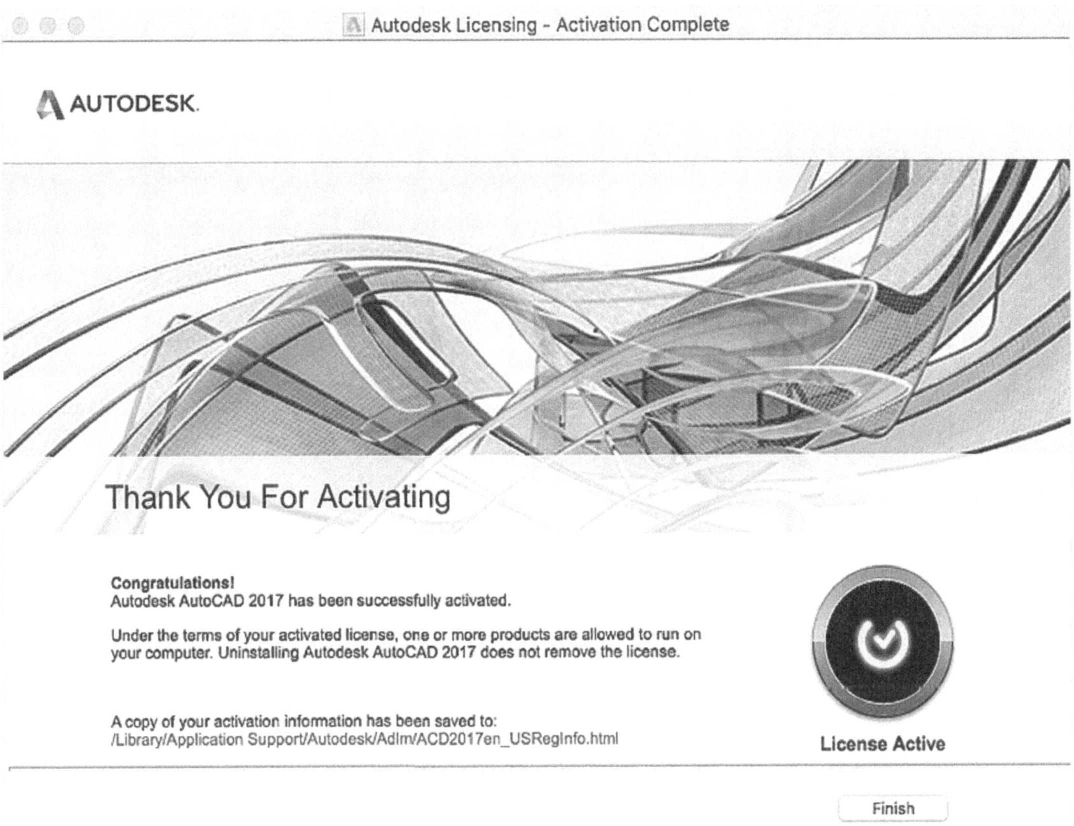

그림 1-69 AutoCAD 2017 for Mac 라이선스 활성화 완료 화면

라이선스 설정이 완료되면 활성화 성공 메시지에 이어 AutoCAD 2017 for Mac이 정상적으로 작동하기 시작한다.

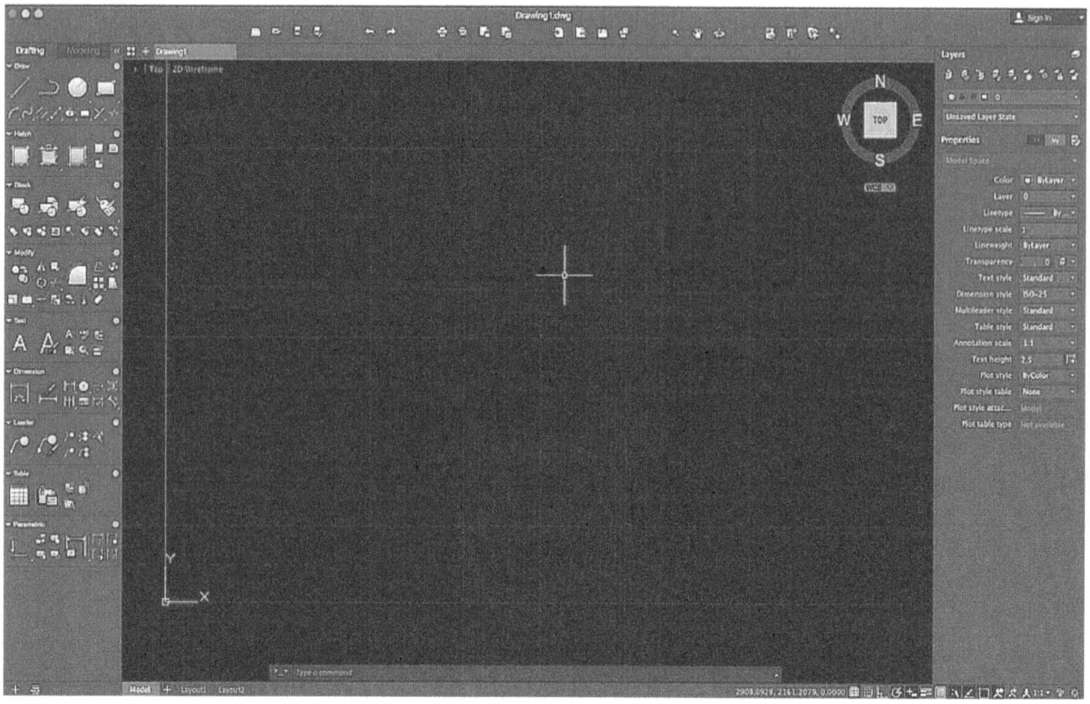

그림 1-70 AutoCAD 2017 for Mac 실행 화면

AutoCAD for Mac은 AutoCAD나 AutoCAD Mechanical과 화면 구성이나 배치에서 다소 차이가 나기 때문에 두 플랫폼을 동시에 사용하는 경우 각 플랫폼의 특성에 대해 잘 이해할 필요가 있다. 특히 Mac에서 일반적 마우스가 아닌 Apple의 마우스를 사용할 경우 AutoCAD의 PAN 명령을 사용하는 가운데 마우스 버튼의 클릭 & 드래그 기능이 적용되지 않거나 마우스를 이용한 화면 요소의 선택 등이 달라 곤란을 겪게 되는 이러한 경우 별도로 일반 마우스를 사용하거나 Mac 운영체제에서 마우스 기능을 확장하는 유틸리티 등을 사용할 수 있다.

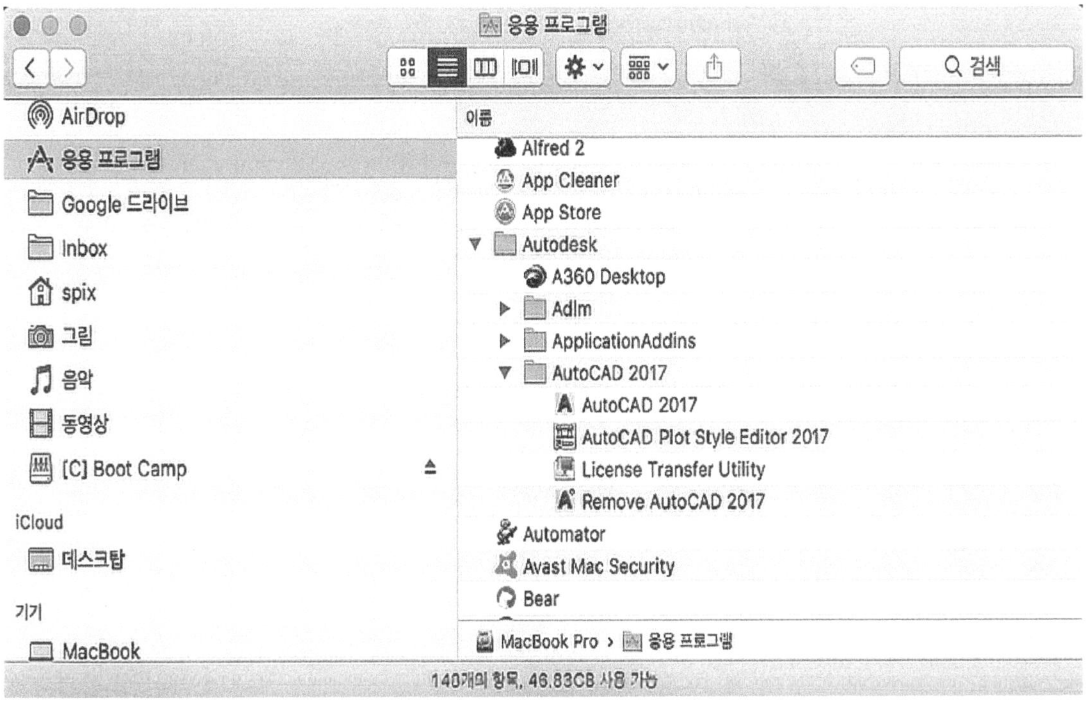

그림 1-71 Remove AutoCAD 2017 유틸리티

만일 AutoCAD 2017 for Mac이나 이전 버전을 제거하고자 하는 경우에는 응용프로그램 폴더 내의 AutoCAD 2017 폴더의 제거 유틸리티를 사용한다.

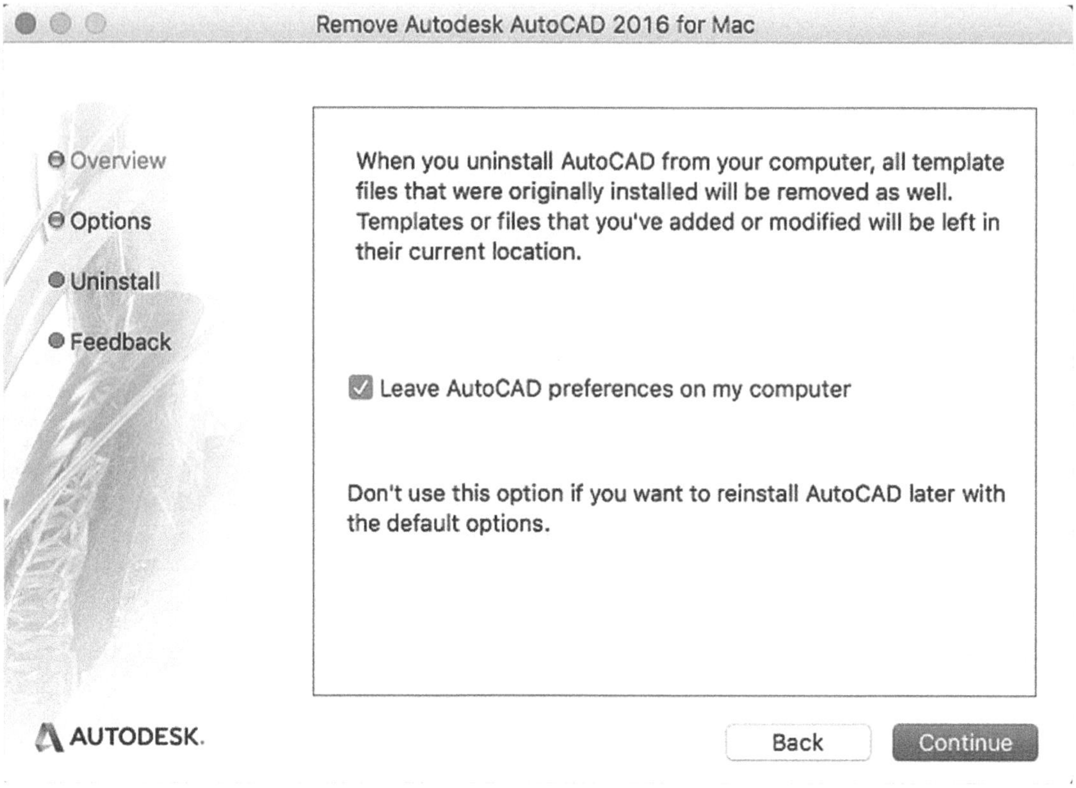

그림 1-72 AAutoCAD for Mac 2016 제거 단계에서의 사용자 설정 유지 화면

만일 제거 목적이 새로운 버전 설치나 재설치라면 기존 사용자 정보를 시스템에 남겨두고 삭제가 가능하다.

AutoCAD의 제도 기능 수준에서 AutoCAD for Mac이 Windows 기반 AutoCAD와 큰 차이가 없는 것은 사실이지만 아직까지 사용자 인터페이스나 화면 구성 등에 있어 상당한 불편이 있다고 볼 수 있으므로 Mac에서의 AutoCAD 운용을 중심으로 하는 설계자는 일반 3-버튼 마우스 등과 같은 편의성을 높일 수 도구를 구비하는 것이 좋다.

1.6 AutoCAD 표준 메뉴 구성

현재 AutoCAD 제품은 2000년 이후 거의 매년 새로운 버전이 출시되고 있다. 이러한 거듭되는 버전-업에도 불구하고 AutoCAD의 기본 제도 기능은 동일하게 유지되고 있다. 때문에 매년 즉각적인 새로운 버전으로의 업그레이드 필요성은 절대적이라 할 수 없다. 지속되는 버전-업 가운데 주요한 전환점을 가진 버전이 있다고도 할 수 있다.

AutoCAD 2014는 공식적으로 Microsoft Windows XP(SP3)를 지원하는 마지막 버전이라는 점에서 의미가 있다. AutoCAD 2015 이후 버전부터는 공식적으로 Windows 7 이상에서부터 설치 및 운영 지원이 가능하다.

또한 AutocAD 2014는 AutoCAD 2017에 출시로 공식적으로 Autodesk Korea의 지원 대상에서 삭제되었다. 현재 Autodesk Korea는 신규 제품 출시 기준으로 이전 3 버전에 대해서는 공식적인 설치 및 운용 지원을 한다. 이 지원 범위는 국가마다 다소 차이가 있다.

1.6.1 AutoCAD 2017에서 표준 메뉴 설치

그리고 AutoCAD 2014 버전 이전과 이후의 또 다른 차이는 AutoCAD의 표준 메뉴 구성, 일명 Classic Menu 선택 항목이 삭제되었다는 점이다. 이에 따라 AutoCAD 2015 이후의 사용사는 풀-다운 방식의 표준 메뉴를 사용하거나 아래와 같은 조치로 Classic 스타일의 메뉴 설정 및 추가가 가능하다.

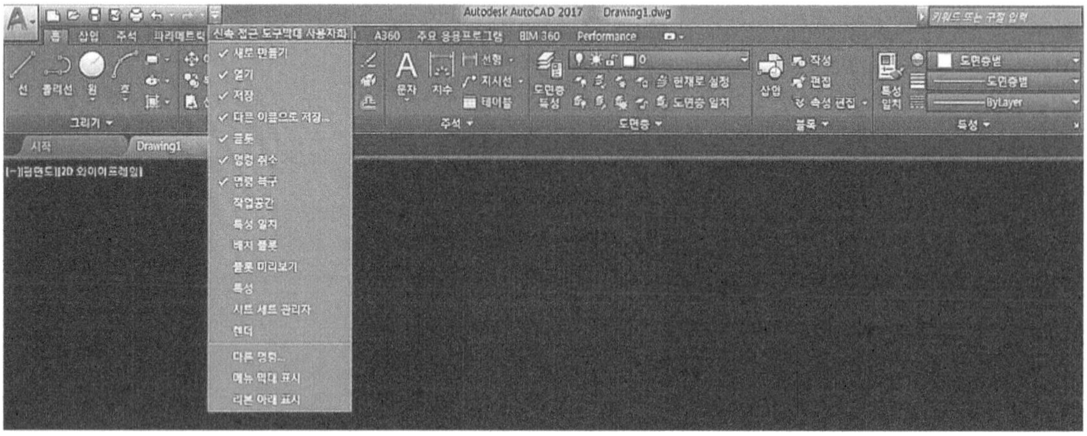

그림 1-73 AutoCAD 2017의 신속접근도구막대

- AutoCAD 표준 메뉴 표시
  - 신속접근도구막대 [드롭다운] 〉 도구막대

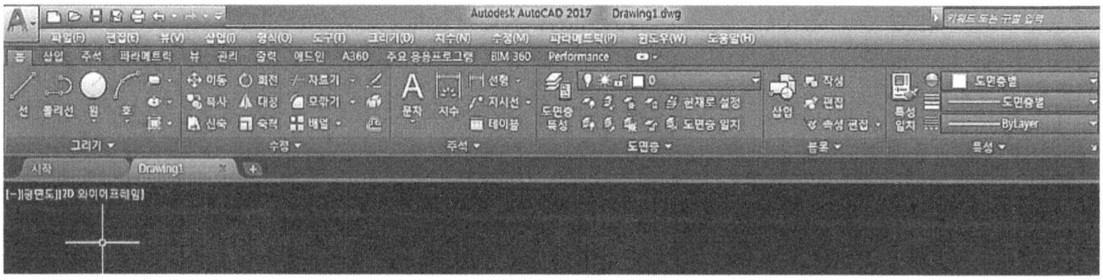

그림 1-74 AutoCAD 2017에서 풀-다운 표준 메뉴 사용

- AutoCAD 리본 메뉴 제거 및 표준 아이콘 바 표시
  - 도구 메뉴 〉 팔레트 〉 리본
  - 도구 메뉴 〉 도구 막대 〉 AutoCAD 〉 각 도구 항목 [필요 도구 항목 선택]
  - 도구 메뉴 〉 작업 공간 〉 다른 이름으로 현재 항목 저장(예 Classic)
  - 신속접근도구막대 [드롭다운] 〉 작업공간
  - 작업공간 [드롭다운] 〉 새 항목 선택(예 Classic)

오랫동안 AutoCAD를 사용한 설계자 입장에서 기존 메뉴 구성이 도면 생성에 효율적인 면이 많기는 하지만 AutoCAD를 비롯한 Windows 기반 어플리케이션의 인터페이스 화면 구성이 리본 메뉴 형식으로 바뀌고 있기 때문에 이에 대한 적응도 필요하다고 볼 수 있다.

1.6.2 AutoCAD 2014의 설치

AutoCAD 2014의 경우도 현재 AutoCAD 2017이나 AutoCAD Mechanical 2014와 설치 화면 형식이나 구성에서의 차이를 제외하고는 특별한 차별적 요소는 없다. 세부 메뉴 항목도 거의 유사하면 단지 AutoCAD Mechanical 2017에만 있는 '배치' 설치 기능이 AutoCAD 2014에서도 가능하도록 되어 있다.

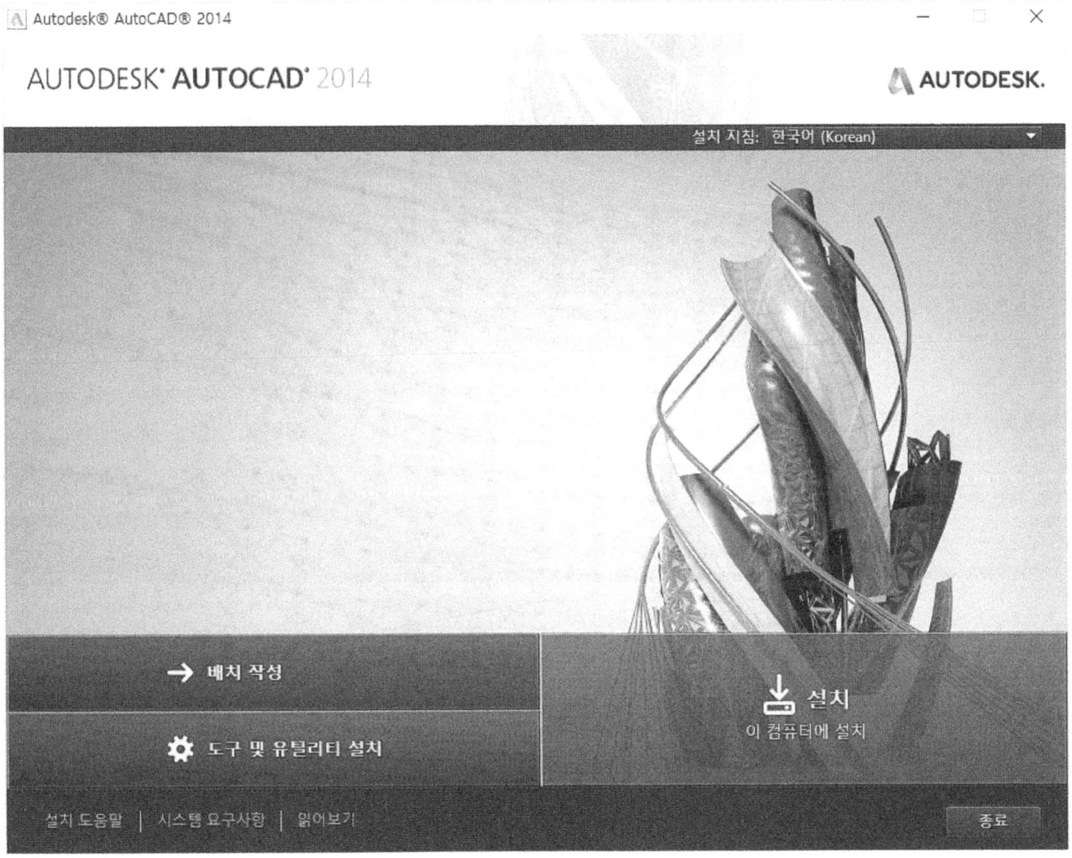

그림 1-75 AutoCAD 2014 설치 구성 화면

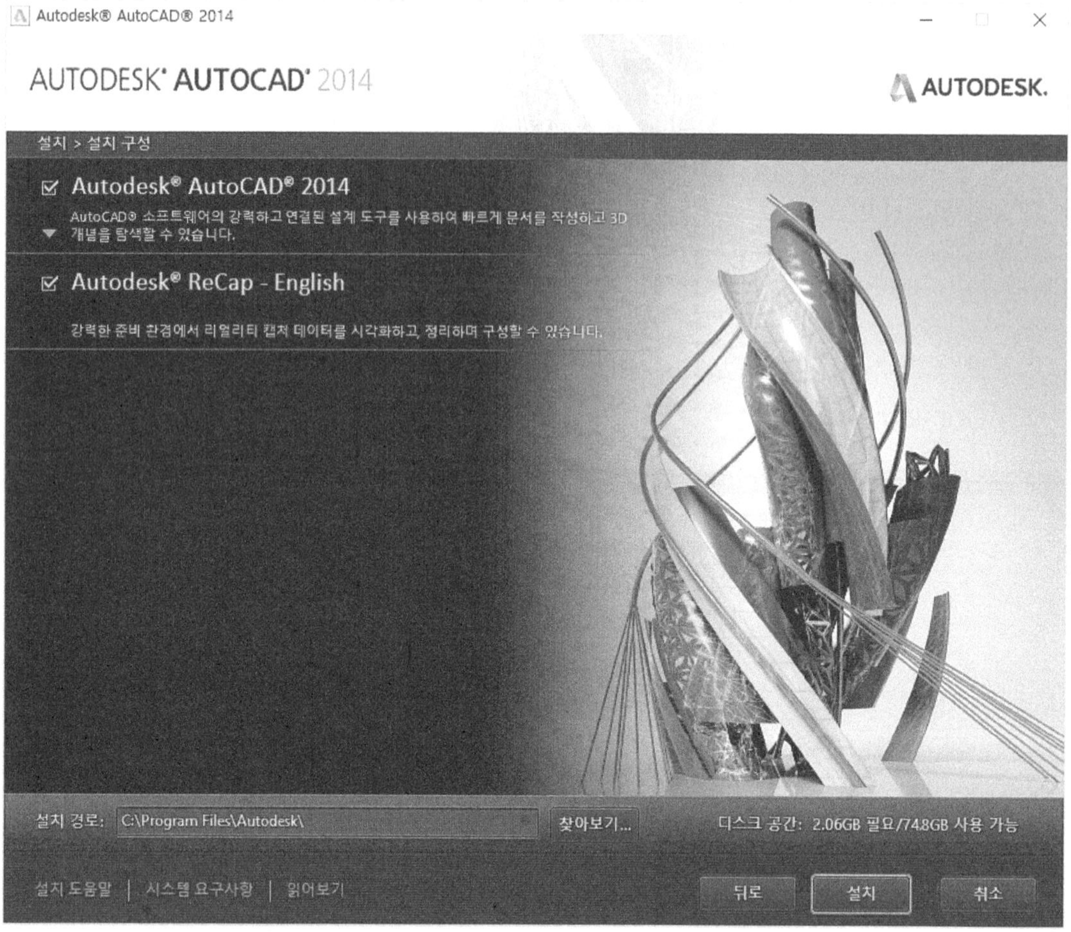

그림 1-76 AutoCAD 2014 프로그램 설치 화면

그리고 라이선스 설정은 독립실행형과 네트워크 방식 두 가지로만 구성되어 있다.

AutoCAD Mechanical 2014 혹은 AutoCAD 2014 for Mac 역시 AutoCAD 2017 버전과 유사한 설치 및 라이선스 활성화 절차로 진행 된다.

1.7 Autodesk 교육용 제품 운용

현재 Autodesk에서는 일부 기업용 프로그램을 제외한 모든 제품에 대하여 학생, 교사 및 교육 기관에서의 무료 라이선스 사용을 지원하고 있다. 무료 사용 기간은 기본적으로 3 년이므로 대상자 입장에서의 라이선스에 관해 고민할 필요 없이 사용이 가능하다고 볼 수 있다.

교육용 제품으로 무료로 사용하기 위한 절차는 단순하다. 교육 기관에 재학 및 재직 중임을 증명할 수 있는 방법의 하나를 선택하여 Autodesk의 사용자 계정을 생성한 후 해당 제품을 다운로드하면 사용할 수 있다. 사용자 계정으로 Autodesk 사이트에서 접속하여 다운로드 및 무료로 사용할 수 있는 제품과 라이선스에 대한 사항을 간단히 확인할 수 있다.

또한 국내 대부분의 대학에서는 Autodesk의 제품 사용에 대한 라이선스를 체결하고 있는 경우가 많기 때문에 특별한 조치 없이 해당 학교의 ID나 E-메일을 이용하여 Autodesk의 교육용 제품을 사용할 수 있다.

chapter 2 기계 요소 제도

본 장에서는 기계 가공 부품류 도면에서 많이 사용되는 가공 기호 가운데 표면거칠기 기호를 AutoCAD의 블록 기능을 통하여 생성하고, 이를 필요시 마다 호출하여 사용할 수 있도록 한다. 하지만 일반적으로 블록은 호출 후 회전이나 반전 등을 위해 별도 명령어를 수행하기 되지만, 이를 보다 효율적으로 사용하기 위해 하나의 블록을 여러 용도로 사용할 수 있도록 했다.

또한 기계 부품 도면에서 빠지지 않고 사용되는 나사나 기어의 제도에 필요한 기본 지식을 기록하여 부품류 도면에 참고가 될 수 있도록 했다.

2.1 표면거칠기 기호 블록 제도

2.1.1 표면거칠기 기호 블록 모델링

기계 부품의 표면 가공 품질을 지정하는 표면거칠기 기호는 기계 제도 과정에서 일상으로 사용되기 때문에 대부분의 설계자들은 미리 이러한 기호를 블록을 저장한 후 필요시마다 호출하여 사용하는 방법을 사용한다. 이는 표면거칠기 기호뿐만 아니라 제도 과정에서 반복적으로 사용하게 되는 대상에 대해 적용할 수 있기 때문에 도면 생성 과정의 생산성 개선에 큰 효과를 기대할 수 있다.

Autodesk를 시작하여 예와 같은 삼각형의 형상을 모델링한다.

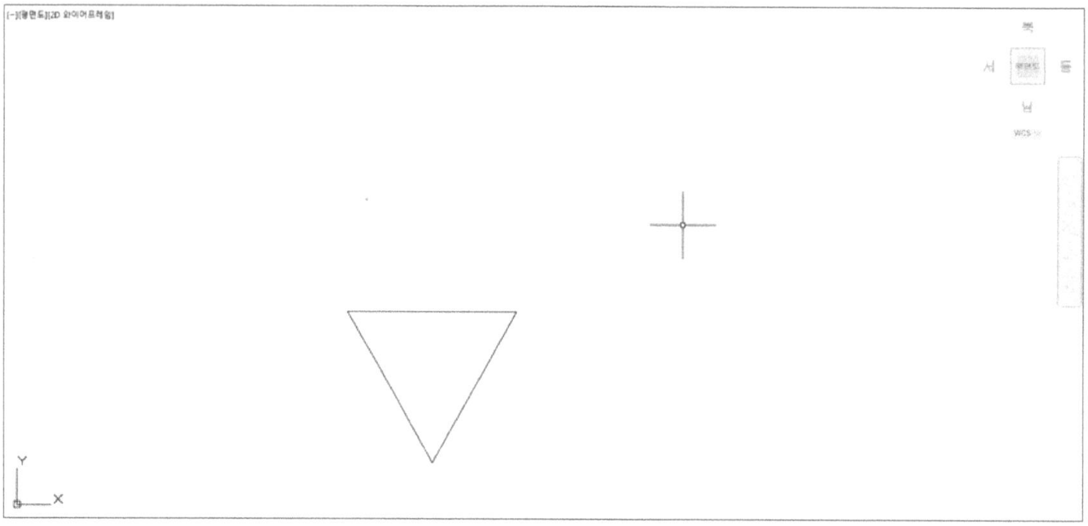

그림 2-1 표면거칠기 기호 생성을 위한 삼각형 모델링

메뉴: 그리기 〉 폴리곤(Draw 〉 Polygon)

입력: (면의 입력) 3 〉 임의의 지점 클릭

옵션: 원의 내접 선택 〉

입력: 원의 반지름 : 2 [ENTER]

메뉴: 수정 > 대칭(Modify > Mirror)

선택: 전체 선택 [ENTER] 〉 기준점 선택 〉 180도로 대칭

〉 원본 객체 지우기: y

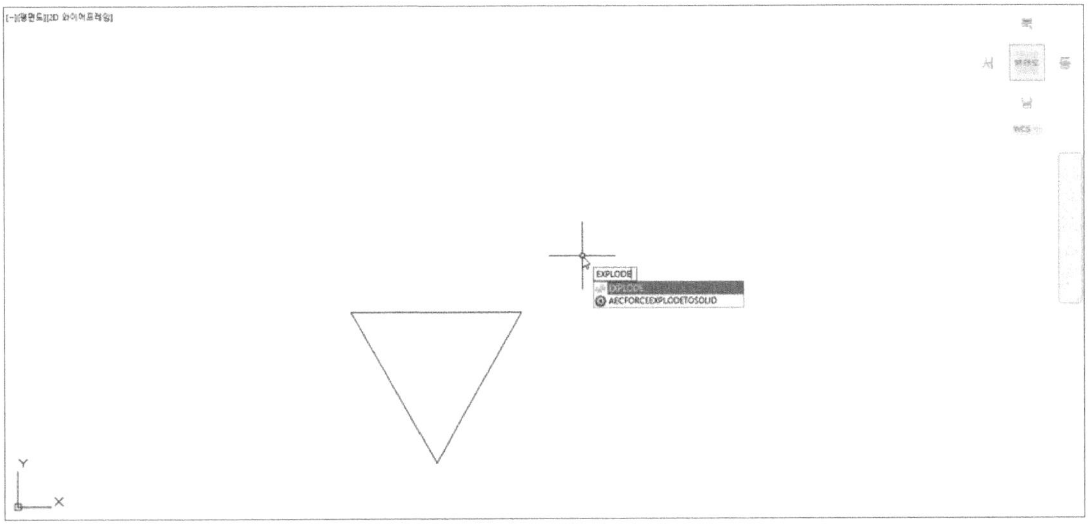

그림 2-2 삼각형 형상의 분해

삼각형 형상을 필요한 기호로 만들 수 있도록 분해한다.

메뉴: 수정 〉 분해(Modify 〉 Explode)

선택: 전체선택 [ENTER]

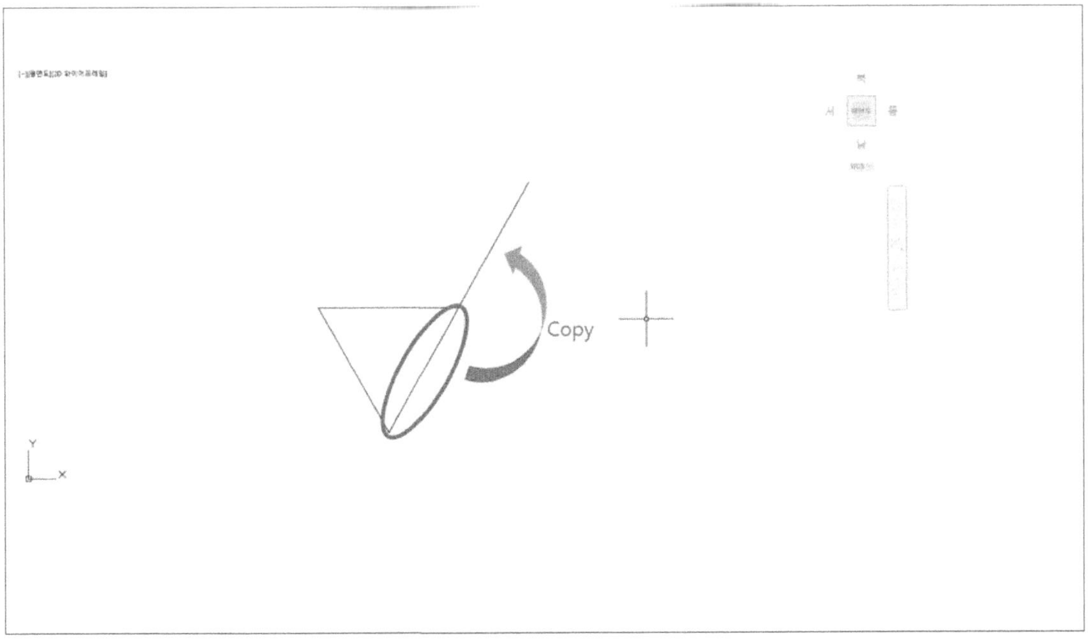

그림 2-3 복사 명령을 이용한 표면거칠기 기호 선 생성

삼각형의 모서리 길이와 동일한 선을 생성한다.

메뉴: 수정 〉 복사(Modify 〉 Copy)

선택: 하부 모서리 부분 선택

선택: 우측 모서리 부분 선택 [ENTER]

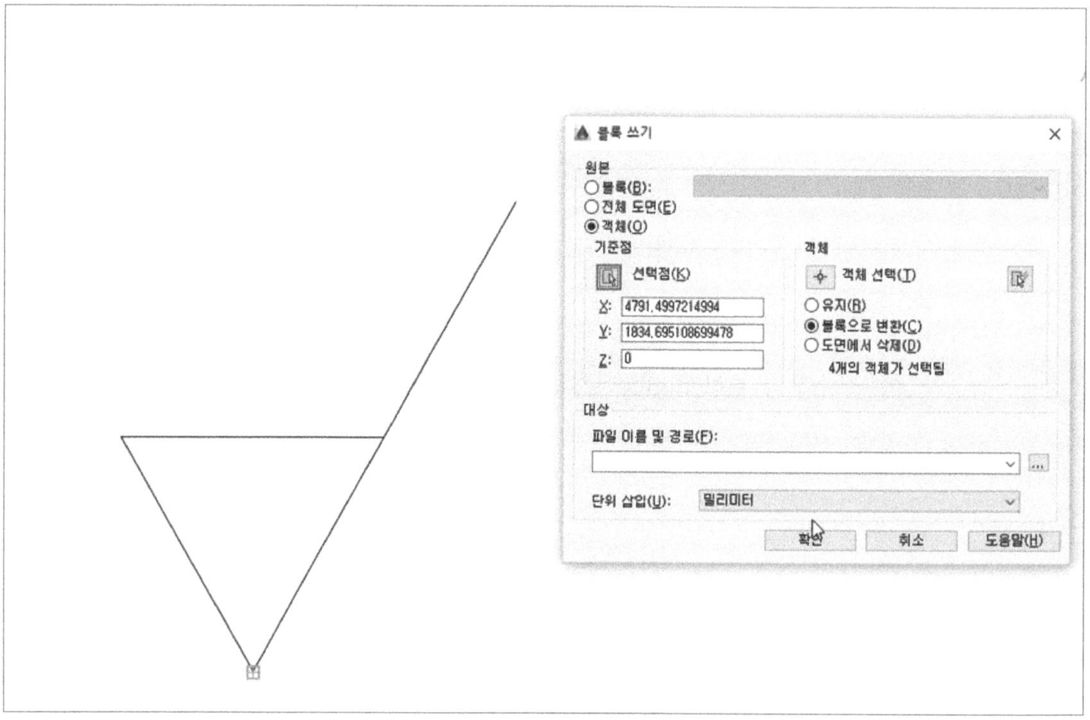

그림 2-4 블록 쓰기 명령

블록을 외부 파일로 저장하기 위하여 블록쓰기(Wblock) 명령을 사용한다.

또한 현재 도면 내에서 블록으로 사용하기 위해 다음과 같이 블록 정의 명령을 이용할 수도 있다.

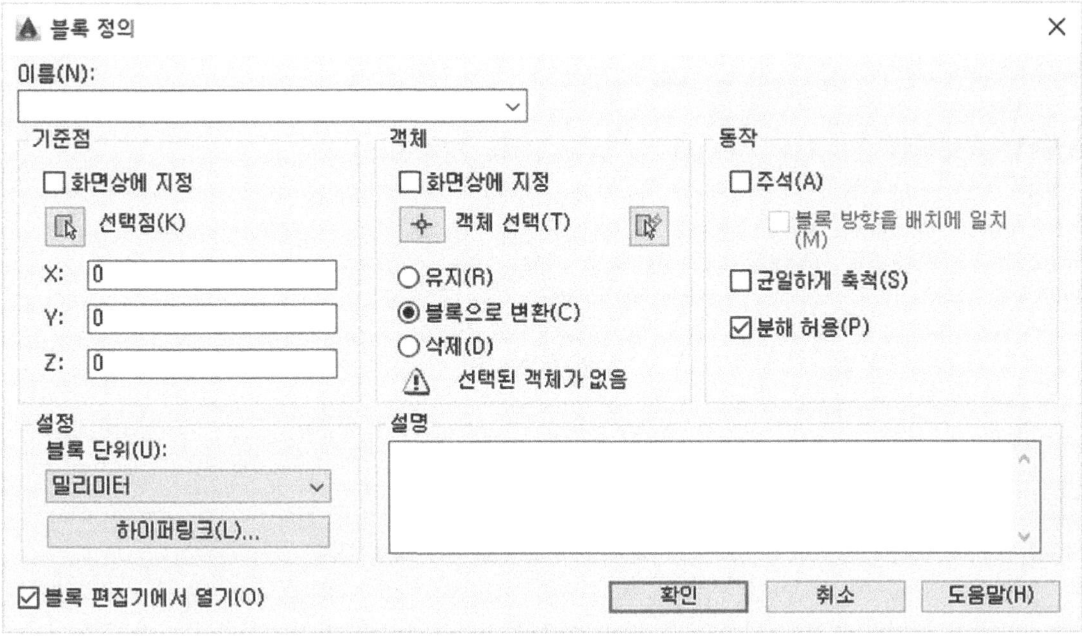

그림 2-5 블록 정의 화면

이상의 과정을 반복하여 용도에 따른 개별 표면거칠기 기호를 사용하기 위해 w, x, y, z, 등의 문자를 입력하여 각각의 블록으로 저장하여 도면에 사용할 수 있다.

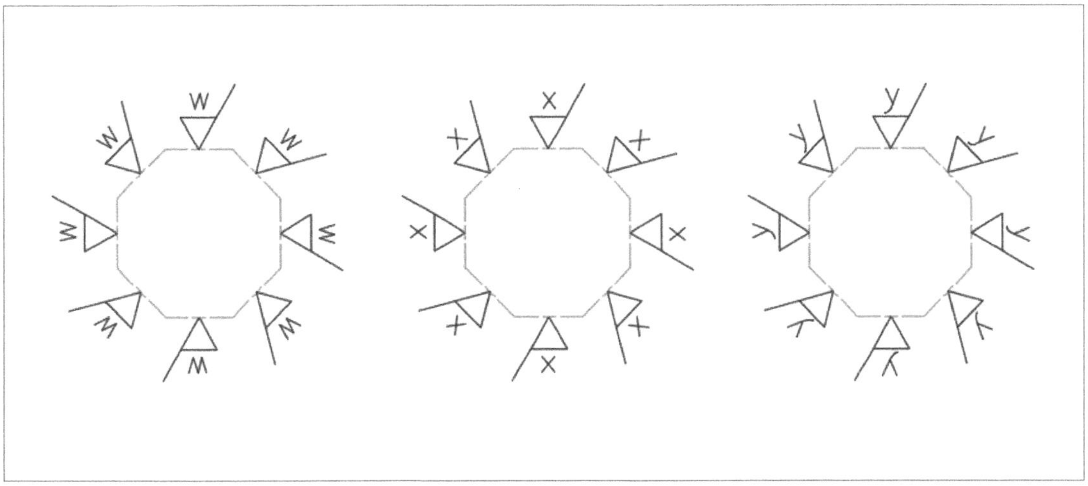

그림 2-6 표면거칠기 기호의 표시 예

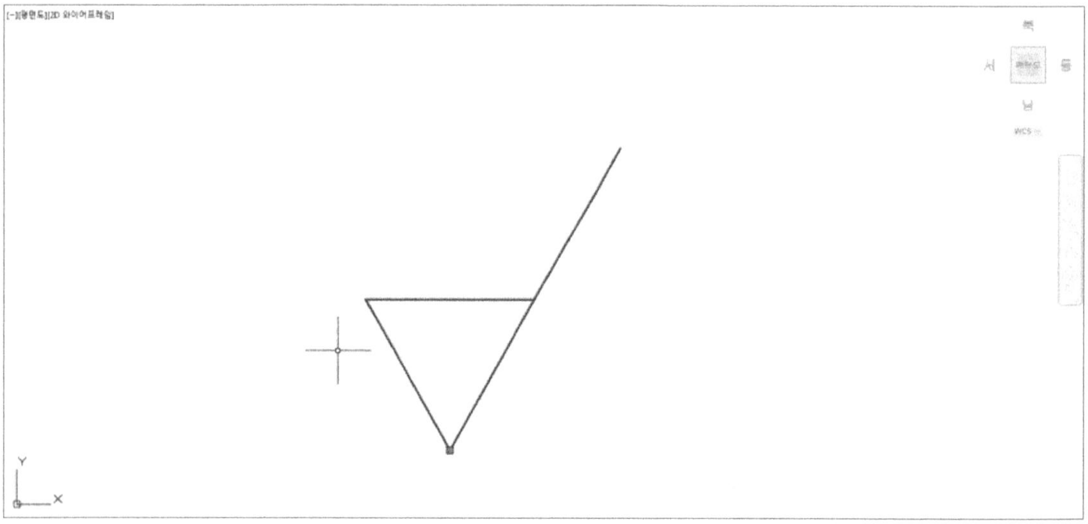

그림 2-7 블록 정의 편집을 위한 블록 선택

하지만 이런 기호를 생성할 때 기호 중간에 정확하게 문자를 위치시키거나 하는 등의 작업이 쉽지 않기 때문에 좀 더 효율적인 기호 작성을 위해 블록편집기를 사용할 수도 있다.

형상이 블록으로 정의되면 분리된 개별 요소가 결합되어 하나의 객체가 된다. 현재 블록으로 지정된 표면거칠기 기호를 블록 정의 편집 모드 창에서 호출 한다(마우스로 표면거칠기 기호를 더블 클릭한다).

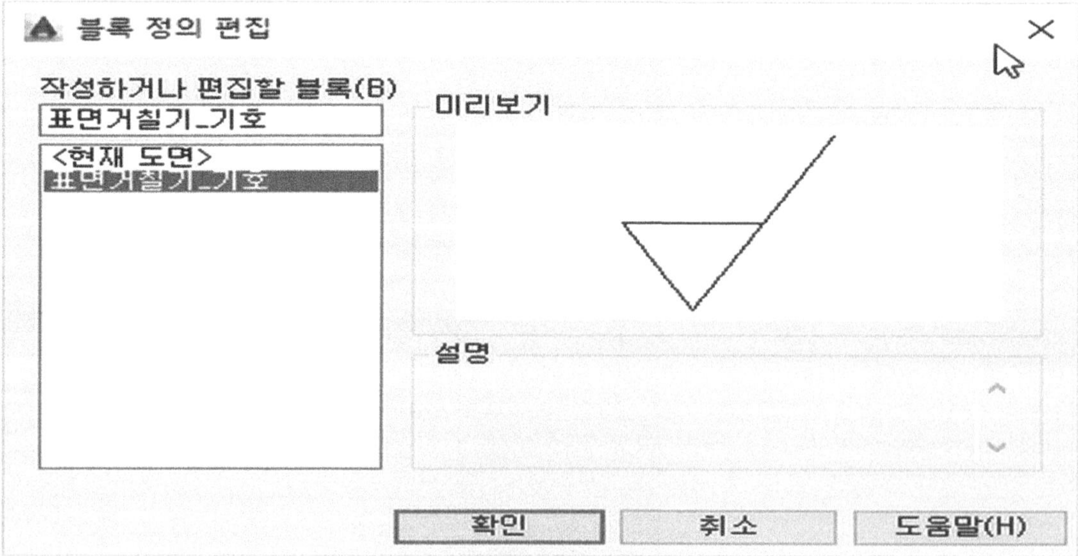

그림 2-8 블록 정의 편집 화면

현재 도면 내의 여러 개의 블록이 있다면 편집을 원하는 대상을 선택한 후 확인 버튼을 눌러 편집 기능을 전환한다.

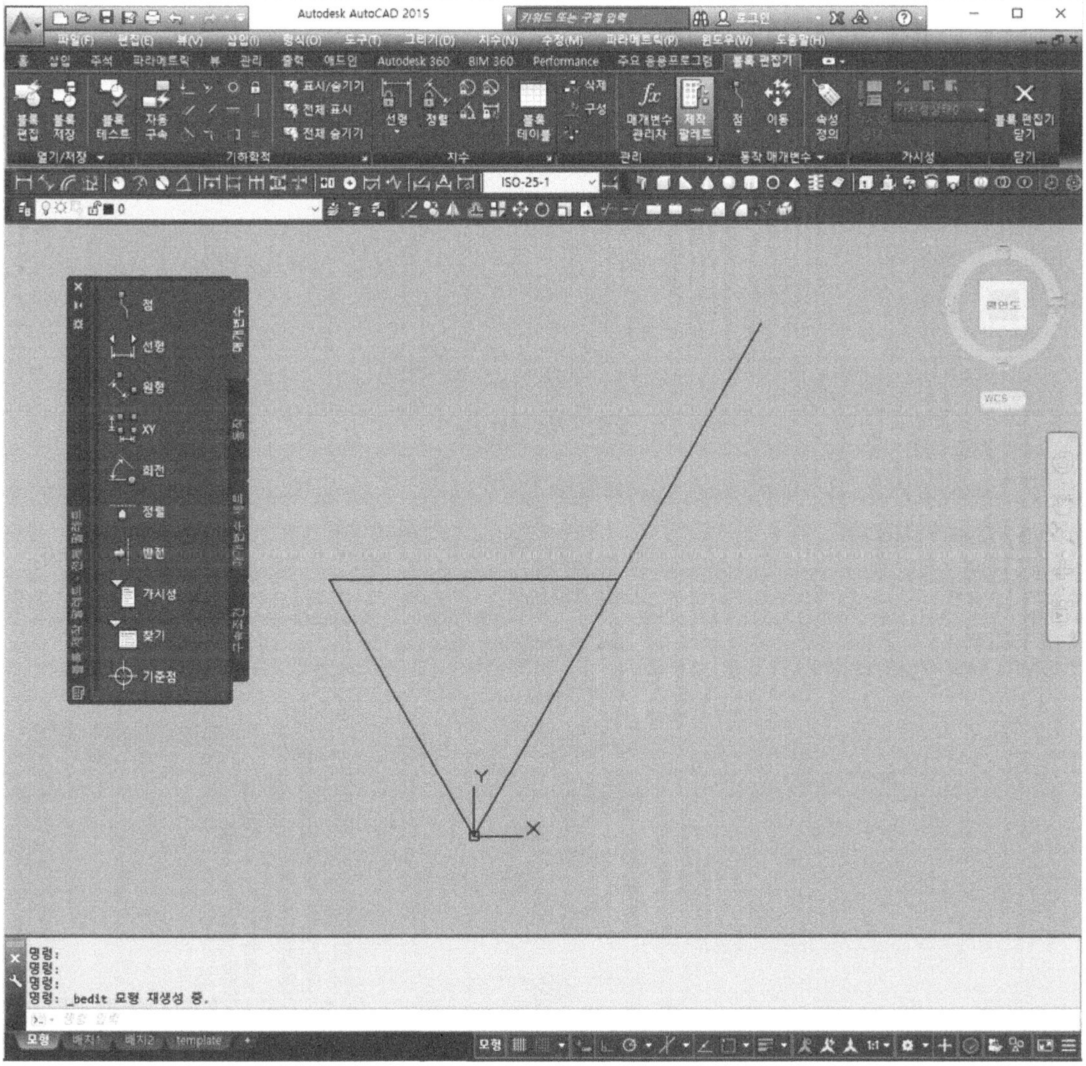

그림 2-9 블록 편집기 화면

블록 편집 창으로 변환되면 별도의 수정 화면으로 전환된다.

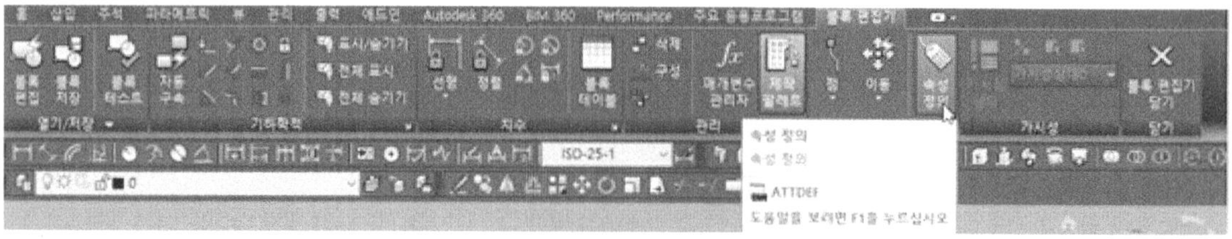

그림 2-10 블록 편집기 메뉴

우선 표면거칠기 기호에 사용할 문자 등급(w, x, y, z)의 속성을 정의하기 위해 리본 메뉴의 '속성정의'를 선택한다.

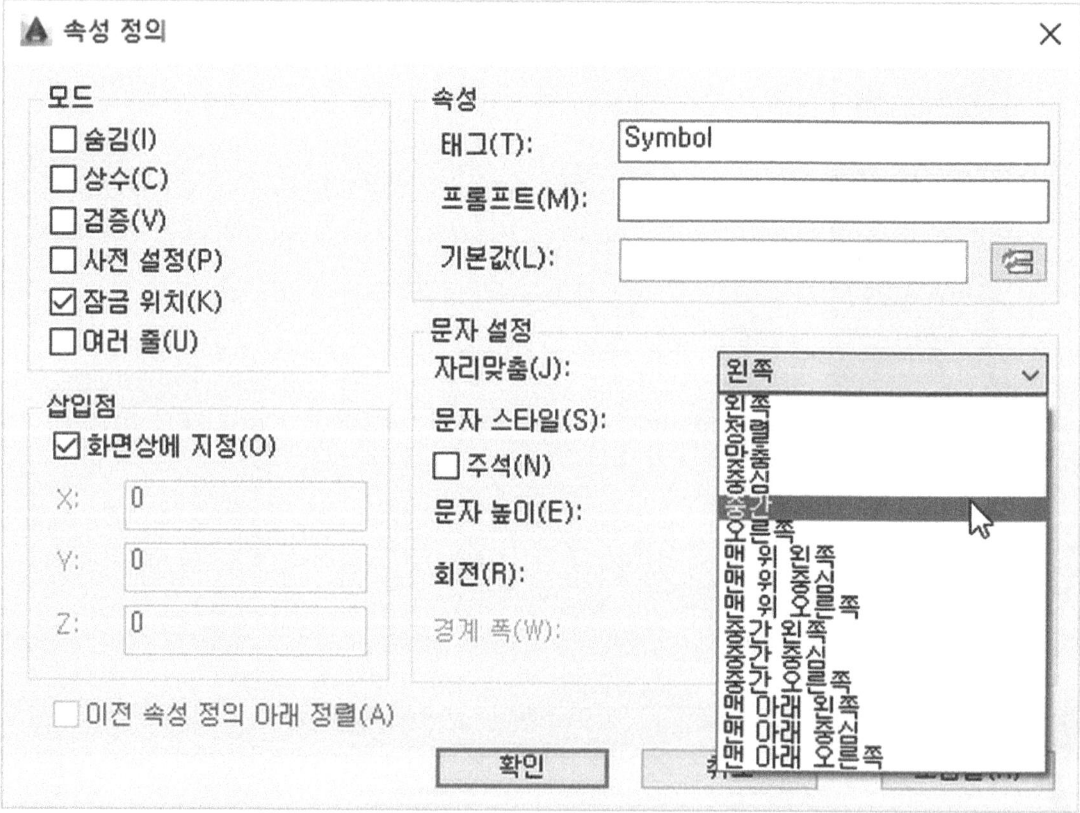

그림 2-11 블록 속성 정의

속성정의 창이 나타나면 속성 항목을 필요한 내용을 지정한다. 예에서는 태그 속성에 'Symbol'을 입력하고 문자 설정에 자리맞춤을 중간으로 지정한다.

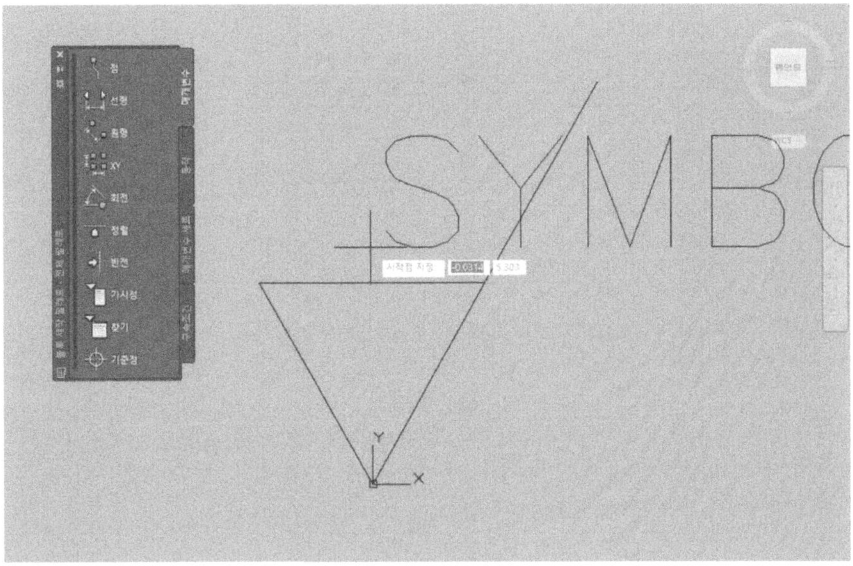

그림 2-12 블록 팔레트의 정렬 기능

'+' 커서와 함께 SYMBOL 문자열이 함께 움직이는 것을 확인할 수 있다. 이를 삼각형 모양의 위 쪽 직당한 위시에 놓는다. 혹은 임의 위치에 놓고 이동 명령을 사용하여 원하는 위치에 가져다 놓을 수도 있다.

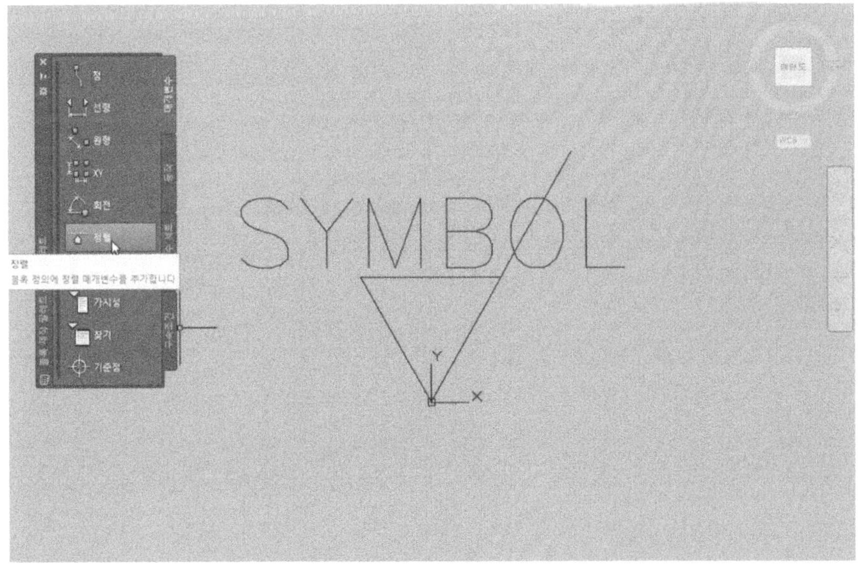

그림 2-13 블록 편집기에서의 정렬 위치 지정

화면 위 팔레트 창에서 '정렬' 아이콘을 선택한다.

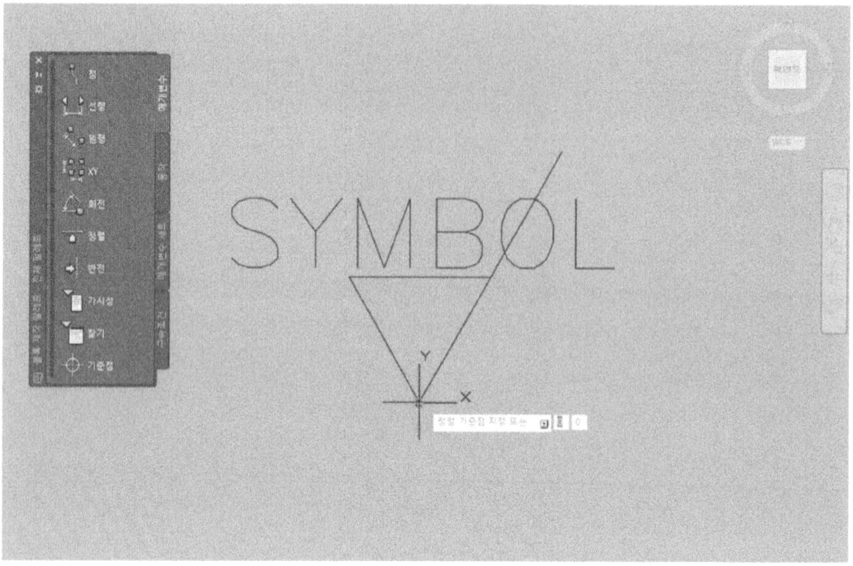

그림 2-14 블록 편집기에서의 정렬 위치 지정 표시

정렬 위치를 삼각형 아랫부분 꼭지점으로 지정한다.

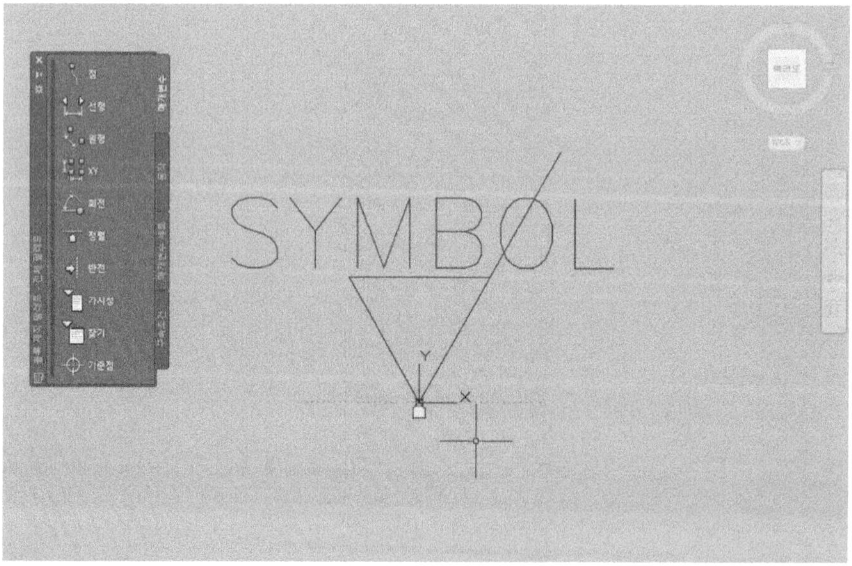

그림 2-15 정렬 기준점 표시

정렬 위치를 지정되면 파란색 사각형으로 표시된다.

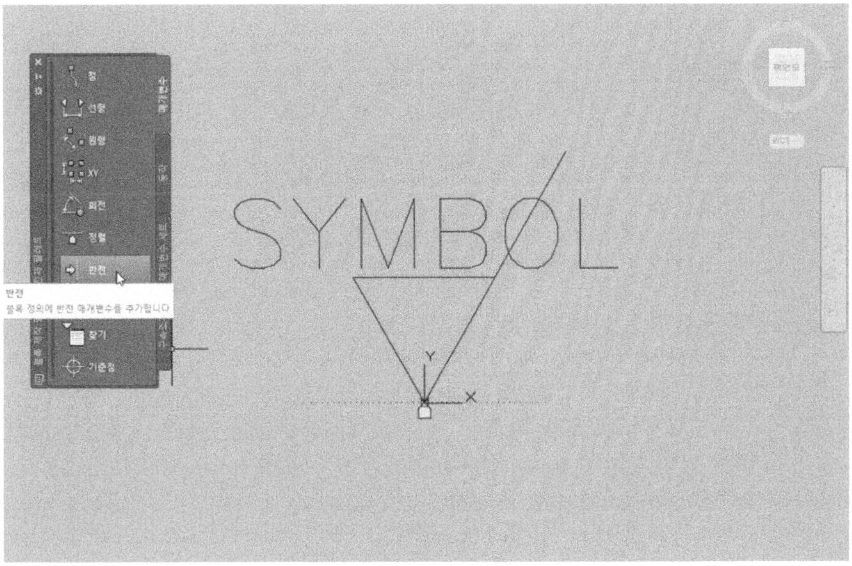

그림 2-16　팔레트 반전 기능 선택

팔레트의 '반전' 아이콘을 선택한다. '반전'은 도면에서 정렬된 표면거칠기 기호를 반전시키기 위한 목적에서 사용한다.

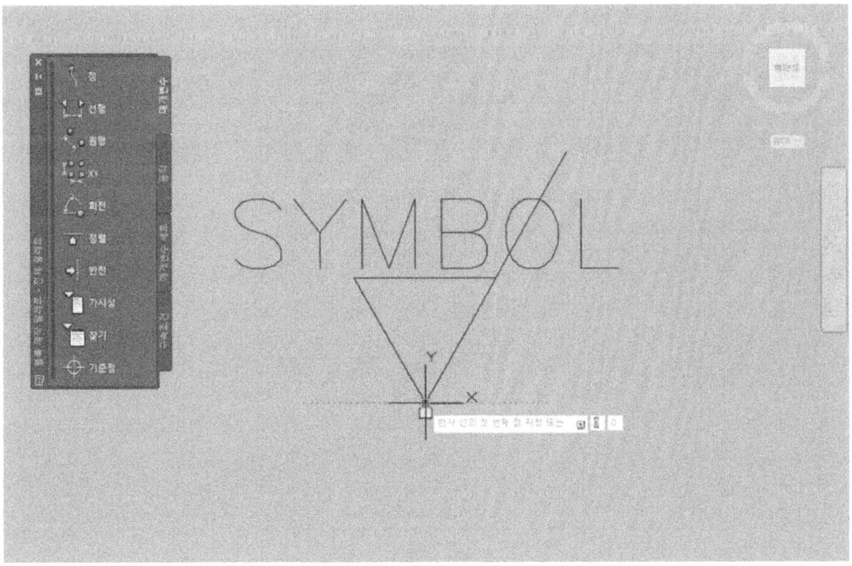

그림 2-17　반전 기준 지점 지정

반전 중심을 지정하기 위해 표면거칠기 기호의 삼각형 아래 꼭지점을 선택한다.

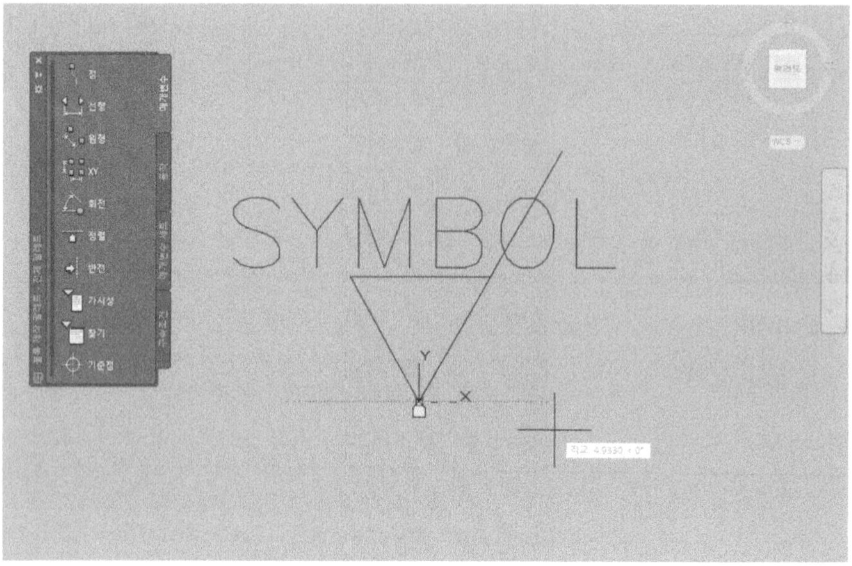

그림 2-18 반전 기능 종료

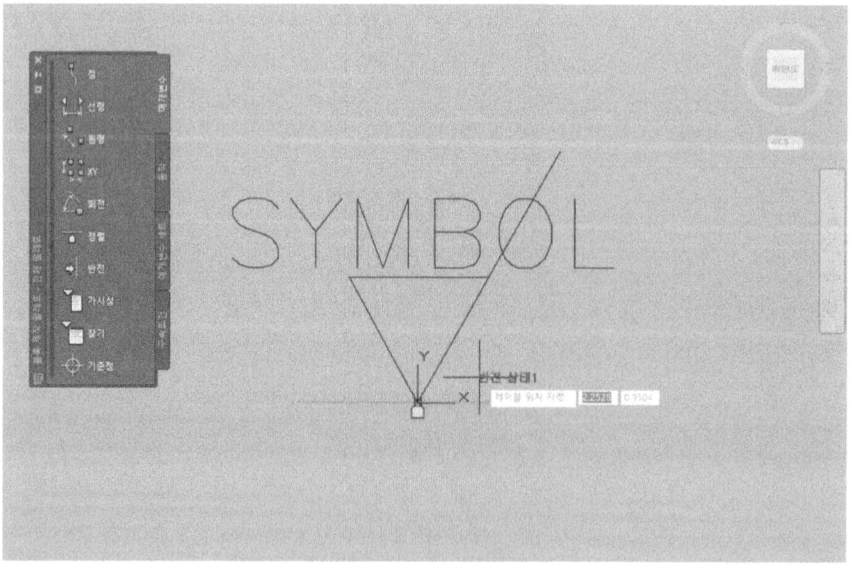

그림 2-19 반전 상태 표시

'반전 상태1'이라는 항목이 표시되면 그림과 같은 지점을 지정하면 반전 기능이 종료된다.

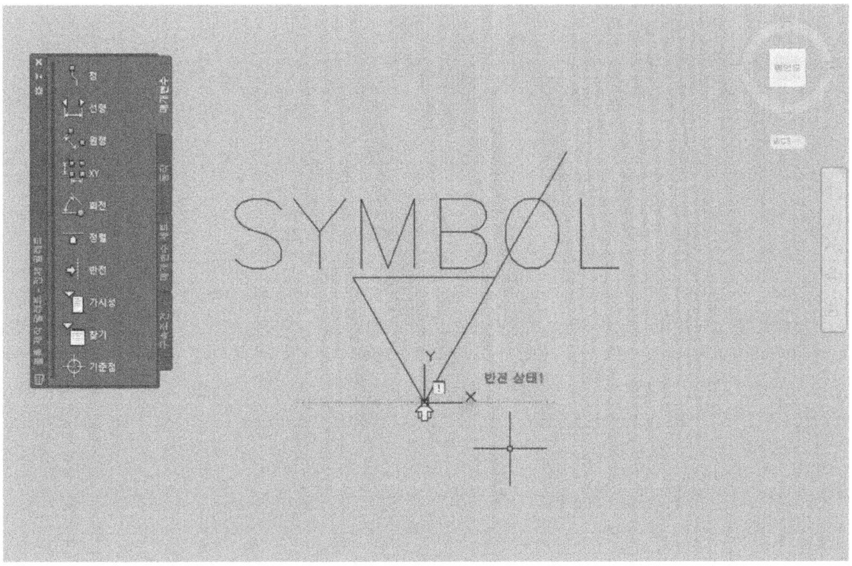

그림 2-20 반전 기준 기호 표시

반전 기능이 종료되면 위 그림과 같이 파란 화살표 모양의 아이콘과 노란바탕 느낌표가 생성된다.

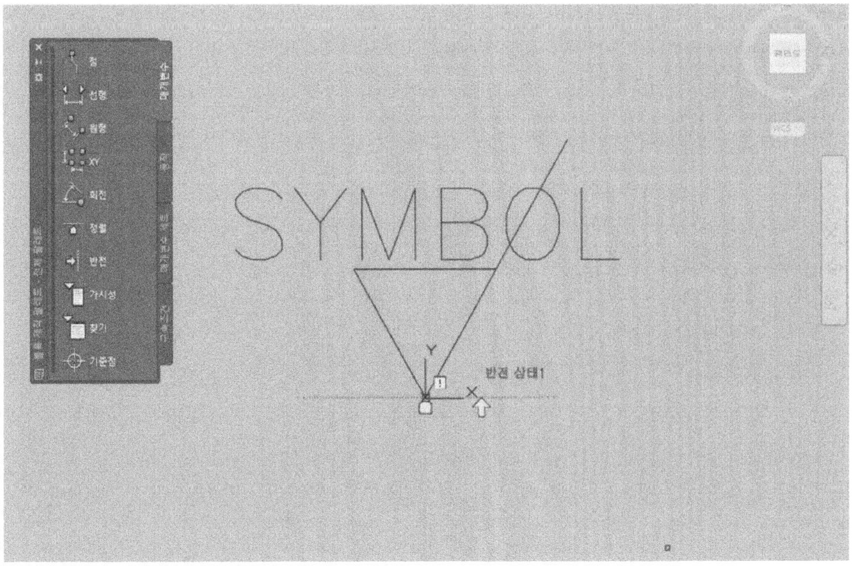

그림 2-21 반전 기능 표시 이동

그림과 같이 파란색 화살표를 옆으로 이동시킨다.

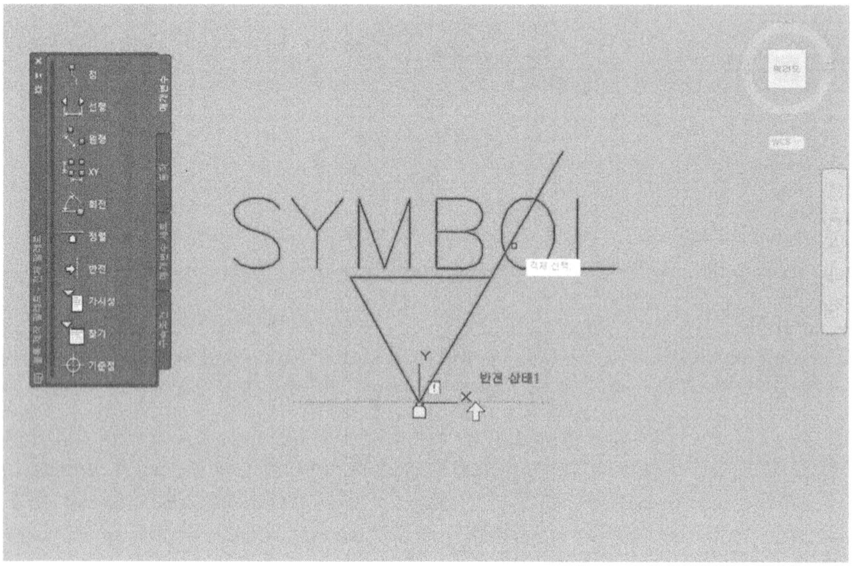

그림 2-22 반전 기능 대상 선택

'반전' 설정에서 나타난 노란색 느낌표는 아직 '반전' 기능의 대상이 선택되지 않았다는 의미이다. '반전상태1'을 더블클릭한다.

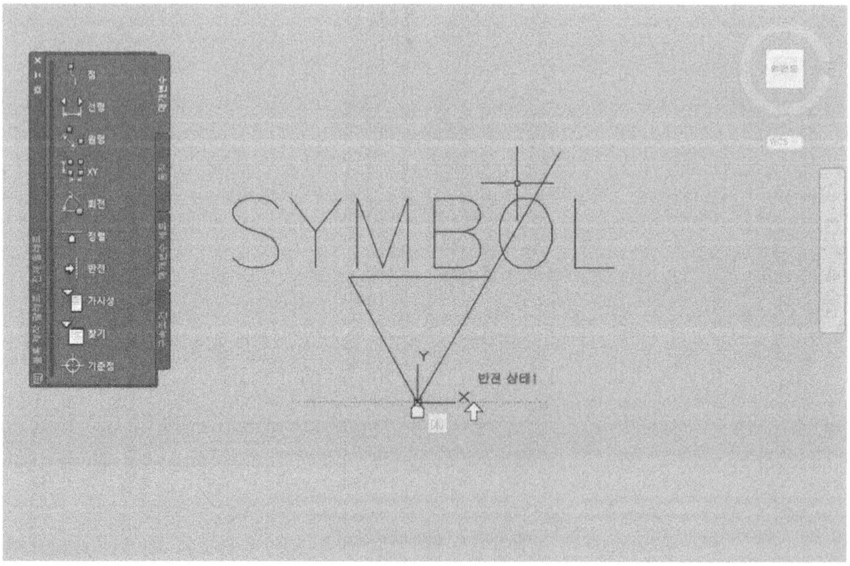

그림 2-23 반전 기능 객체 지정

하부 명령창에 '객체 선택' 이라고 나오면 마우스로 SYMBOL과 기호 전체를 선택하고 [ENTER]를 입력한다.

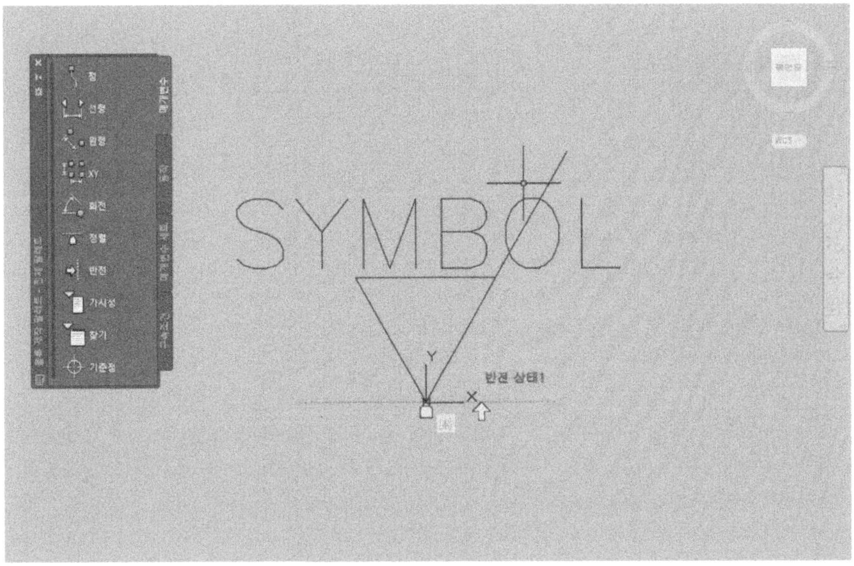

그림 2-24 반전 기능 설정 종료

노란 느낌표는 사라지고 '반전' 설정이 완료된다.

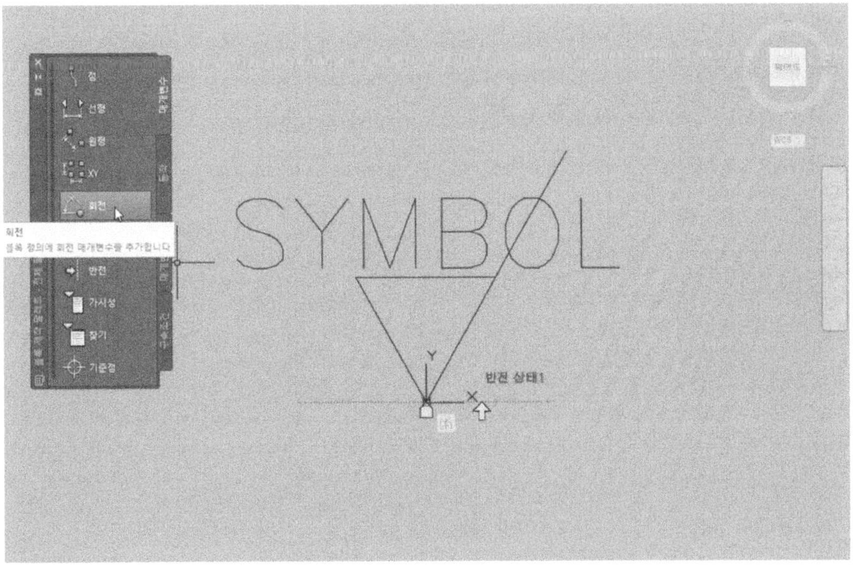

그림 2-25 회전 기능 선택

마지막으로 좌측 팔레트 창에 '회전'을 선택한다.

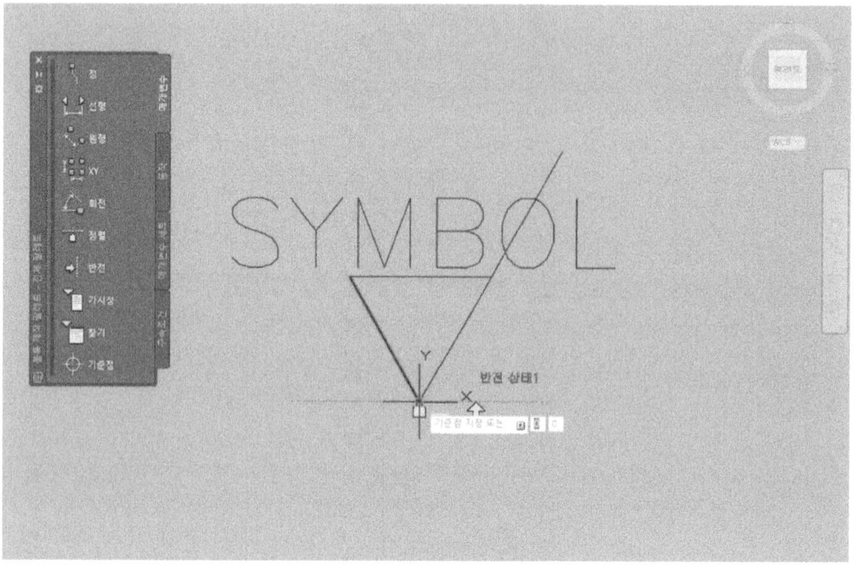

그림 2-26 회전 기준점 지정

표면 거칠기 기호의 삼각형 아래 꼭지점을 선택한다.

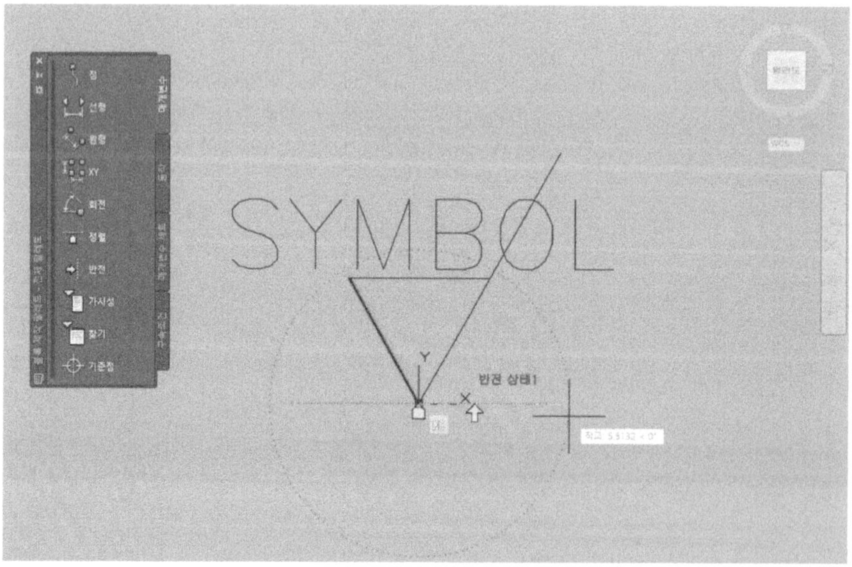

그림 2-27 회전 기준점 지정 종료

마우스를 옆으로 이동하여 적절한 지점에 선택한다.

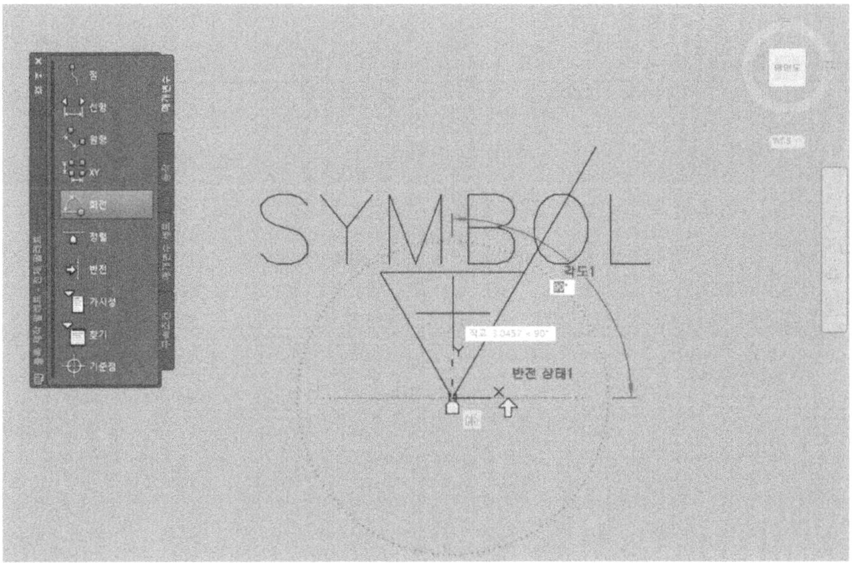

그림 2-28 회전 각도 지정

기본 90도로 설정된 각도는 그대로 유지하고 마우스로 다시 적절한 지점을 선택하면 종료된다.

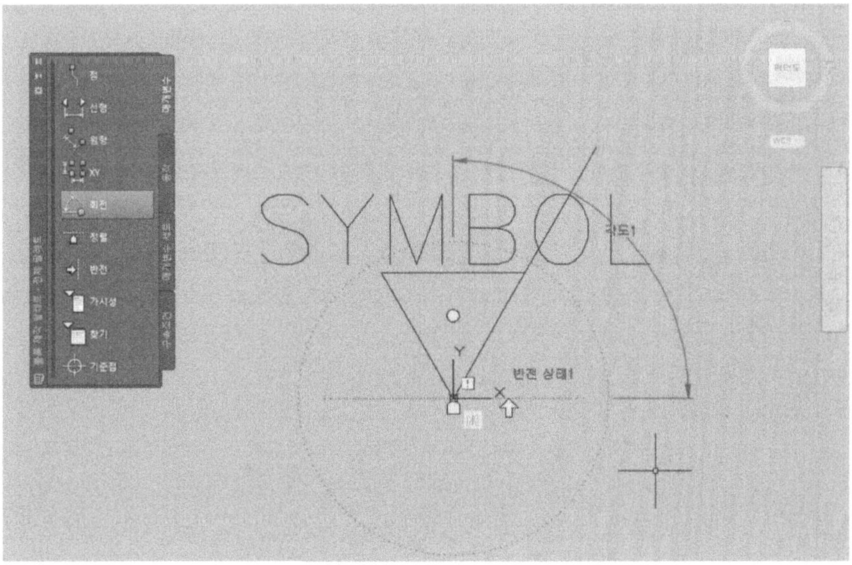

그림 2-29 회전 기능 표시 지정

'회전'이 종료되면 파란색 둥근 점과 노란 느낌표가 생성된다. 마우스를 사용하여 파란색 둥근 점을 가급적 눈에 띄는 위치로 배치한다.

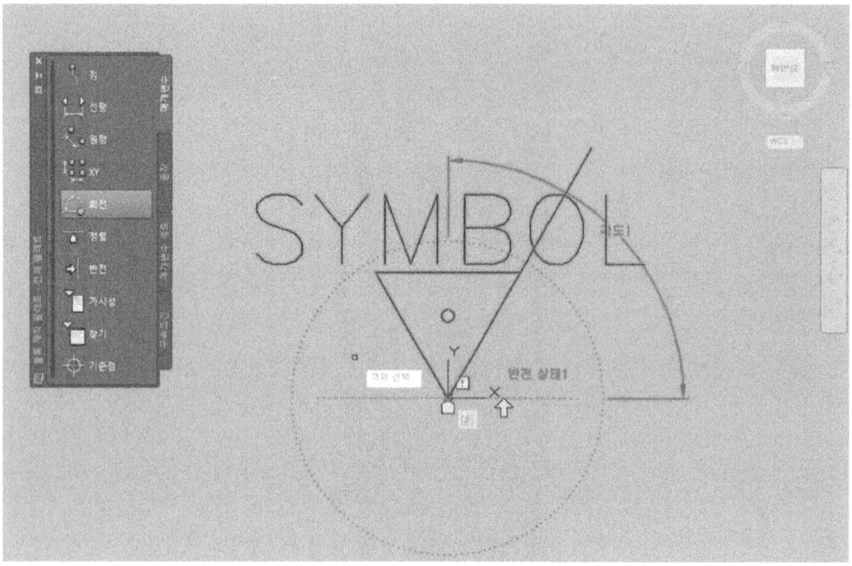

그림 2-30 회전 대상 설정

'각도1'을 더블클릭 한다.

객체선택 : SYMBOL과 기호 전체를 선택 [ENTER]

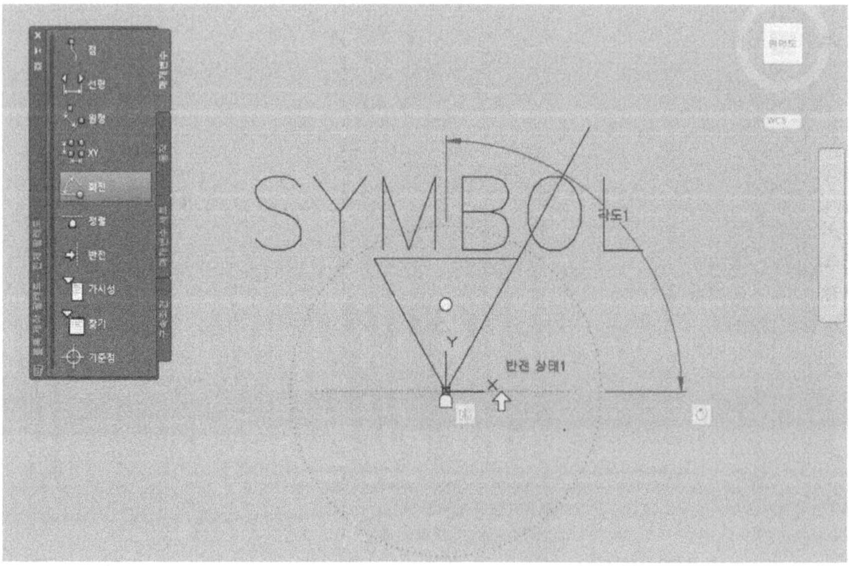

그림 2-31 블록 편집을 위한 표면거칠기 기호 블록

이상의 과정으로 도면에서 계속 사용할 표면거칠기 기호의 블록을 완성하게 된다. 좌측 상단에 '블록 저장'을 클릭하여 모든 작업을 저장한다. 우측 상단 '블록 편집기 닫기'를 클릭하여 블록 편집 작업을 마친다.

2.1.2 표면거칠기 블록 사용하기

다음은 생성한 표면거칠기 기호 블록을 이용하여 도면에서의 효과적 사용의 예를 볼 수 있도록 한다. 임의 도면에 앞서 생성한 표면거칠기 기호를 삽입한다.

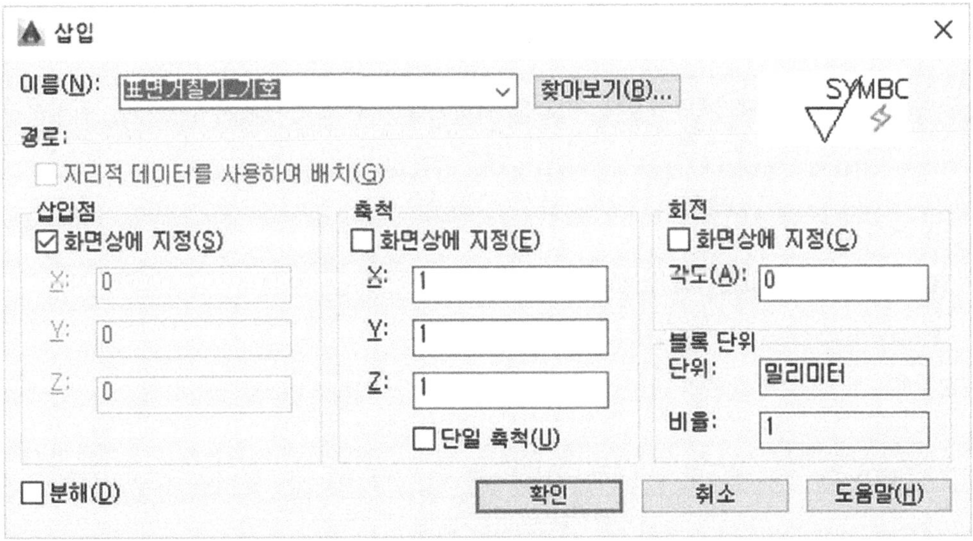

그림 2-32 표면거칠기 기호 블록 삽입

메뉴: 삽입 〉 블록Insert 〉 Block)

이름: '표면거칠기_기호'를 기재(또는 '찾아보기'로 호출) 〉 확인

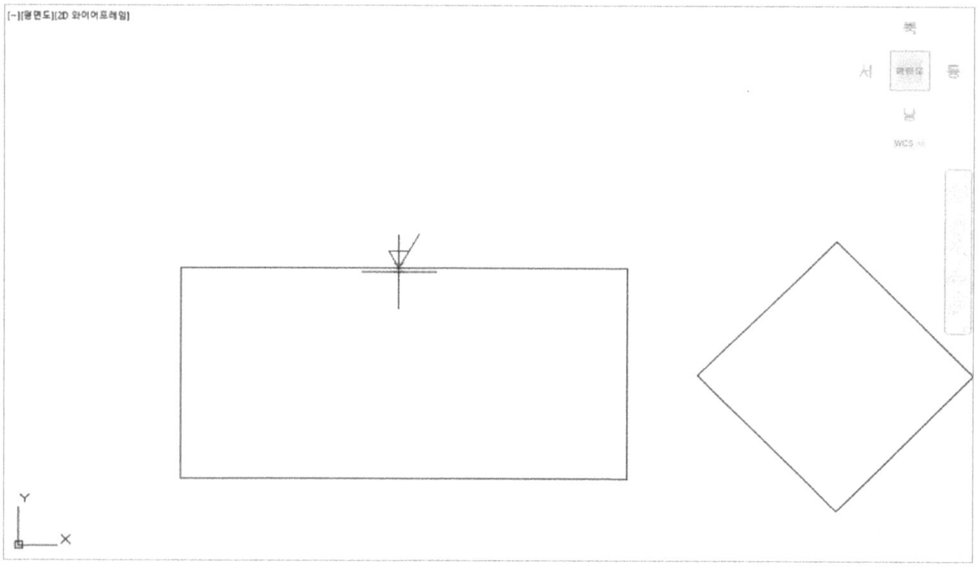

그림 2-33 표면거칠기 기호 블록 삽입 위치 지정

마우스를 이용하여 ‘표면거칠기_기호‘를 위치시킬 지점으로 이동하여 블록을 위치시킨다.

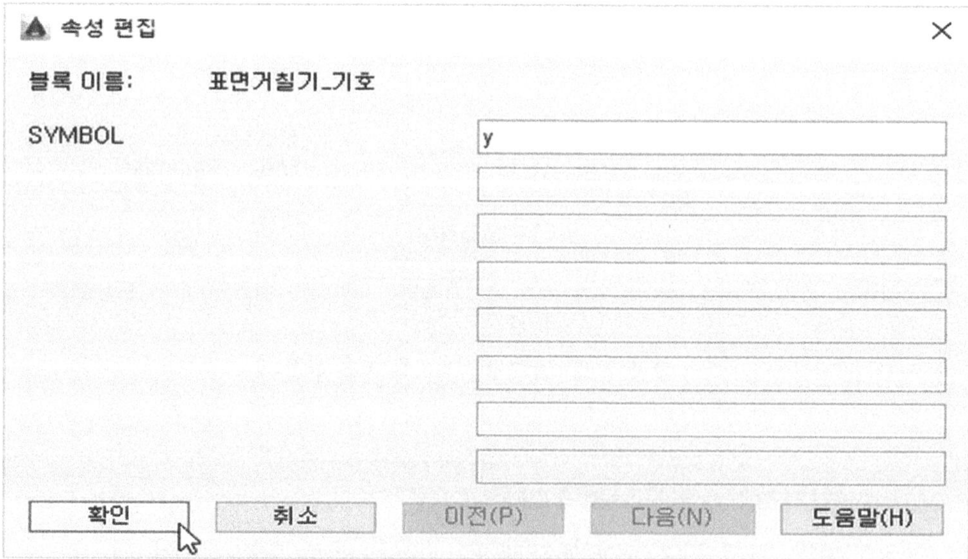

그림 2-34 표면거칠기 기호 블록 편집 속성 지정

위치 지정이후 ‘속성 편집’ 창이 뜨면서 거칠기 등급을 기재할 수 있는 SYMBOL 항목이 나타난다. 예에서와 같이 ‘y’를 입력한다.

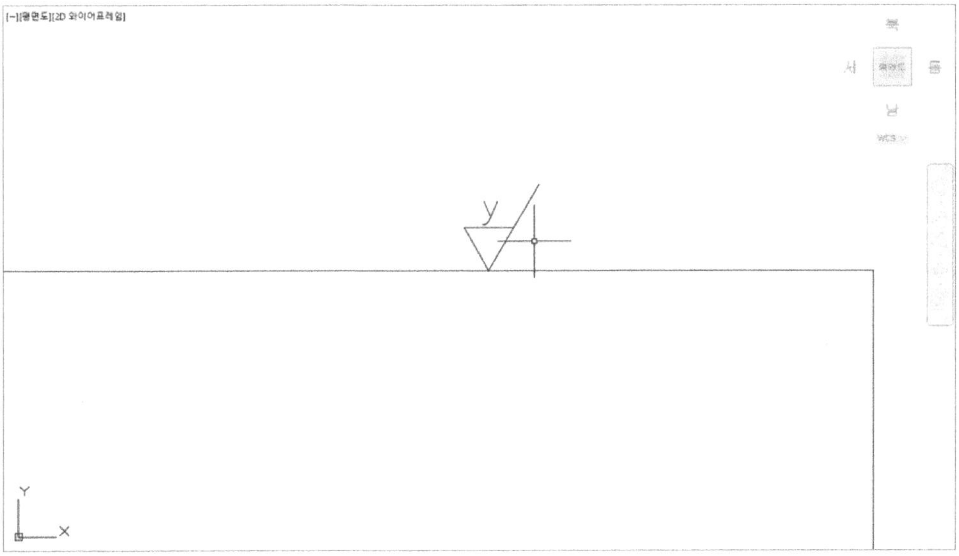

그림 2-35 표면거칠기 기호 블록 속성 수정

그림과 같이 표면 거칠기 기호와 함께 등급 문자 'y'가 함께 배치된다.

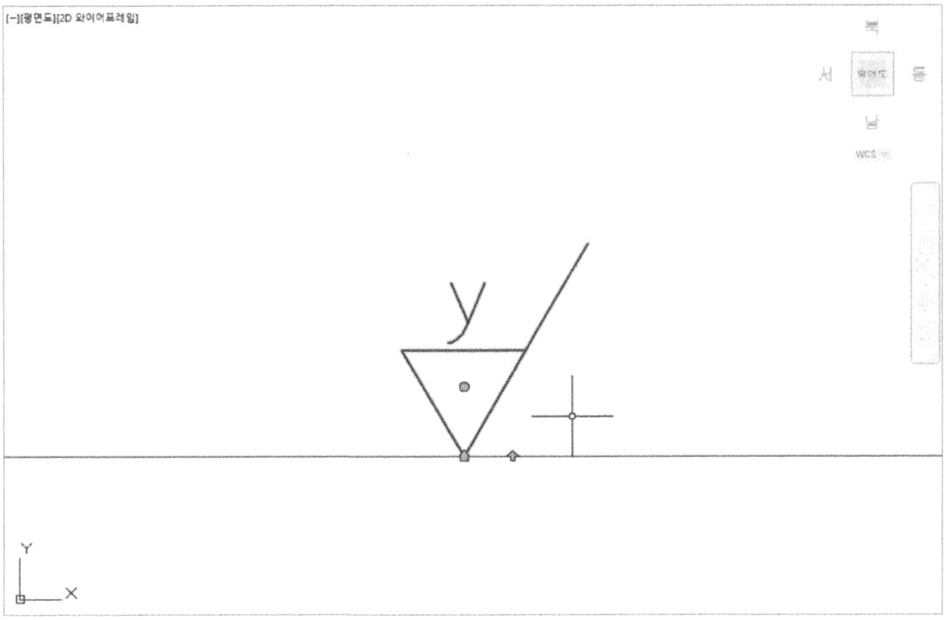

그림 2-36 표면거칠기 기호 블록 기능 확인

지정된 표면거칠기 기호를 마우스로 선택하면 그림와 같이 화면에 파란색의 각 형상 아이콘이 나타난다.

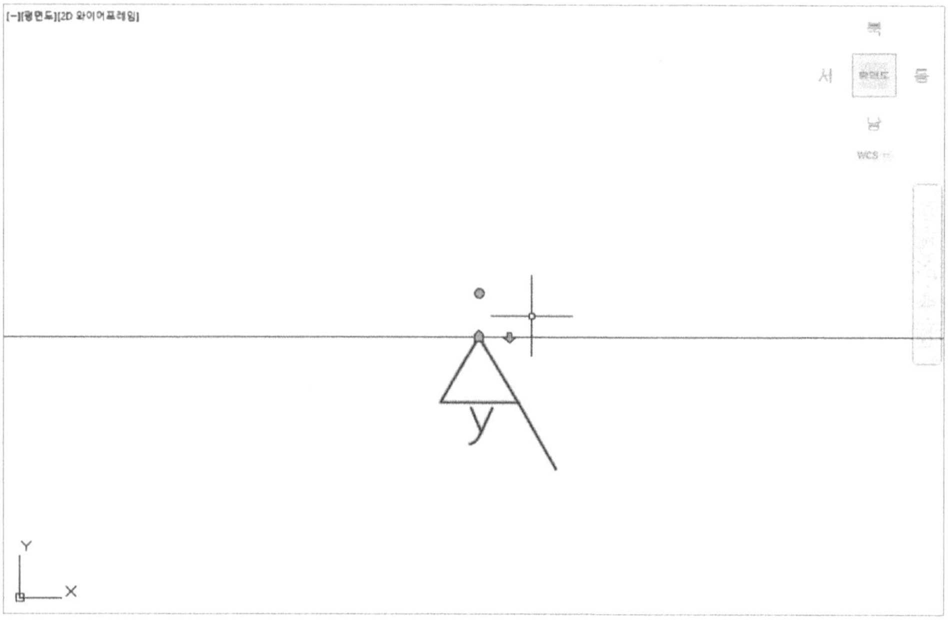

그림 2-37 표면거칠기 기호 블록 반전

파란색 화살표를 선택하면 표면거칠기 기호가 반전된 형상으로 변환된다.

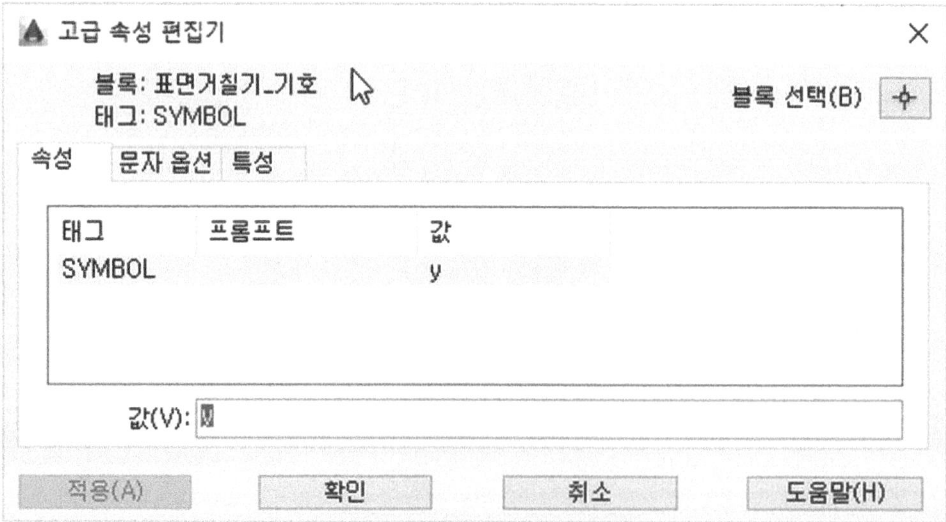

그림 2-38 블록 고급 속성 편집기

표면거칠기 기호의 반전과 달리 문자는 반전되지 않았기 때문에 이를 수정하기 위해-추가적으로 반전된 표면거칠기 기호의 표시 속성을 편집하기 위해 -표면거칠기 기호를 더블 클릭하여 고급 속성 편집기를 실행한다.

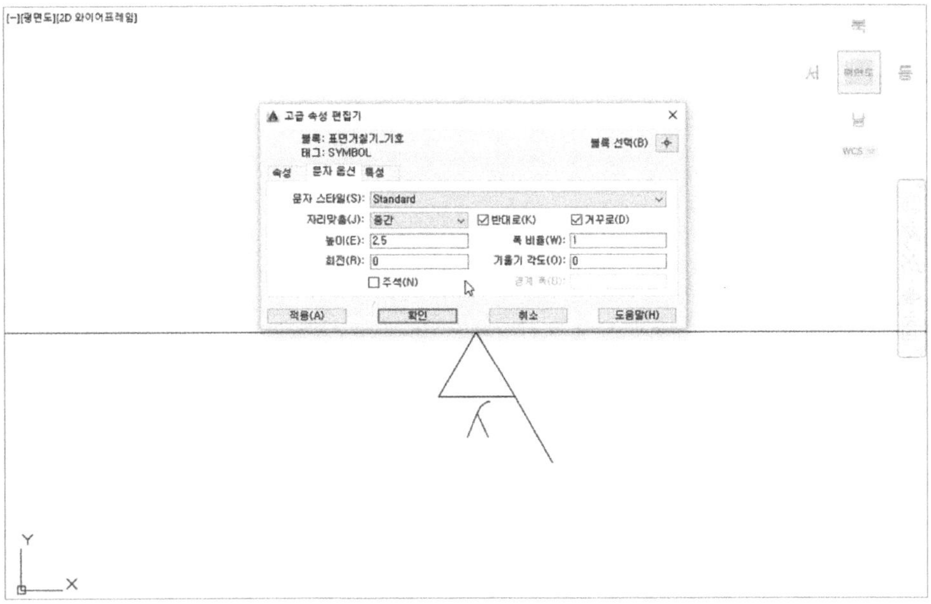

그림 2-39 표면거칠기 기호 블록 문자 반전

문자 옵션 탭에서 '반대로' 혹은 '거꾸로'를 선택하여 원하는 방향으로 문자를 정렬할 수 있다.

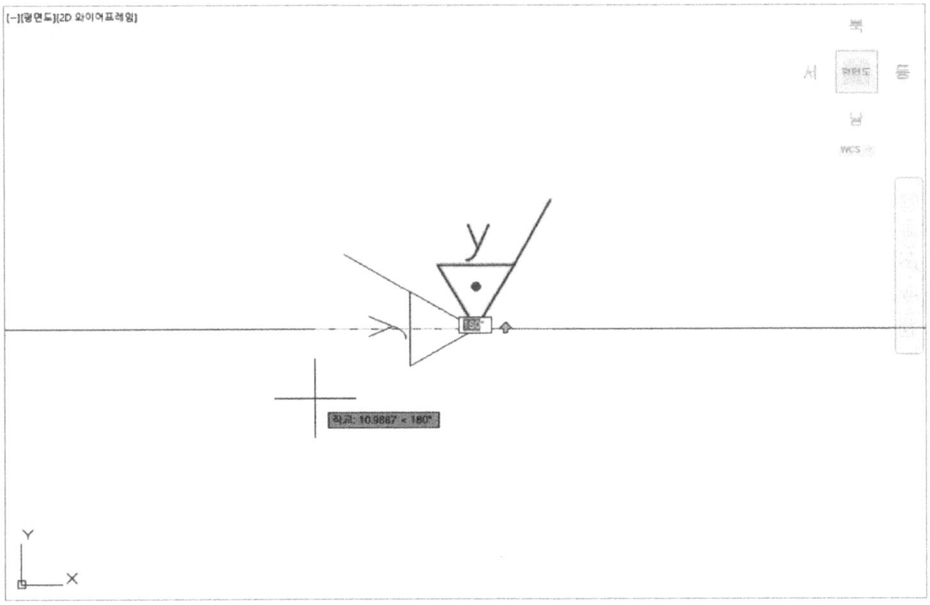

그림 2-40 표면거칠기 기호 블록의 회전 배치

또한 표면거칠기 기호의 삼각형 가운데에 있는 파란색 원형 표시를 지정하여 마우스의 움직임에 따라 표면거칠기 기호를 회전 시킬 수 있다.

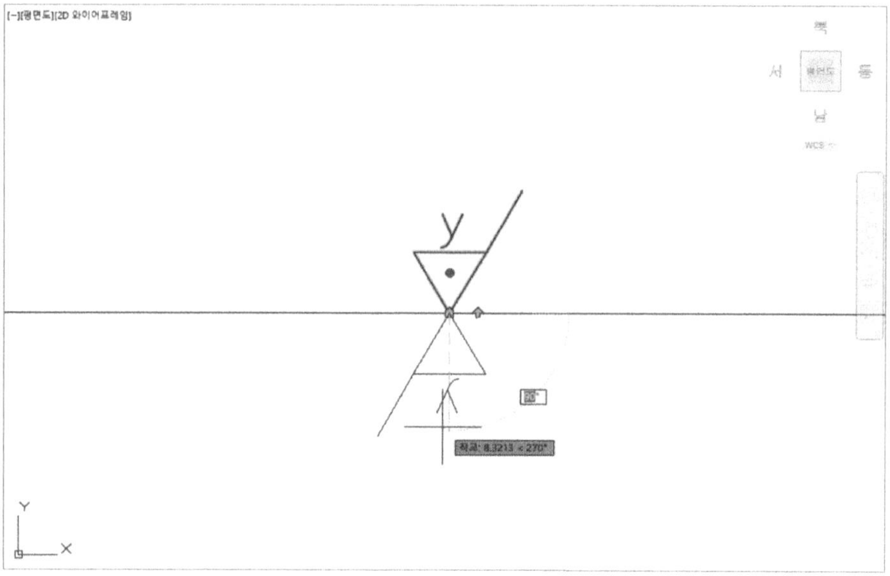

그림 2-41 표면거칠기 기호 블록 회전을 이용한 반전 표시

각도 입력은 Rotate 명령과는 다르게 절대 각도로 입력해야 한다. 또한 도면에서 표면거칠기 기호와 문자를 함께 반전시키고자 할 때에는 '반전'보다 '회전'을 사용하면 더 효과적이다.

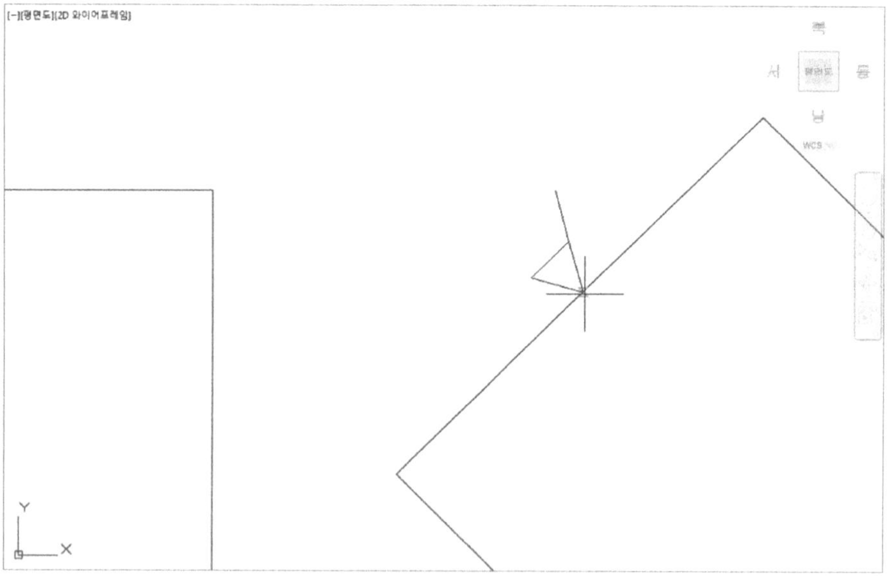

그림 2-42 표면거칠기 기호 블록의 삽입 및 정렬

정렬 기능을 확인하기 위해 블록 삽입으로 새로운 표면거칠기 기호를 호출하여 그림과 같은 위치에 지정한다. 정렬 기능으로 도면 형상 라인에 맞게 표면 거칠기 기호가 배치됨을 알 수 있다.

2.2 나사 형상 제도

제도의 기능적 학습 대상으로 많이 언급되는 예의 하나가 나사, 볼트(숫나사) 및 너트(암나사)라고 할 수 있다. 물론 실제 설계적 측면에서는 표준 나사는 대부분의 라이브러리로 개발되어 있어 별도의 모델링 작업이 필요없다고 할 수 있다.

그림 2-13 일반적인 나사(볼트 및 너트)의 예

하지만 나사는 제도 과정에서 설계의 정보 전달이라는 개념이 정확하게 표현된 좋은 예라고 볼 수 있다. 만일 실제로 나사를 제도 과정에서 표현하게 된다면 수많은 나사산에 의해 도면 형상은 매우 복잡하게 나타날 것이며 오히려 정확한 나사 가공에 필요한 정보의 전달에 방해가 될 수 있다.

나사의 종류와 형태는 일일이 언급하기 불가능할 정도로 많지만 도면에서의 표현 방식은 거의 유사하다고 볼 수 있다. 그리고 상대적으로 볼트의 형상과 종류에 비해 너트의 분류는 보다 단순하다고 할 수 있다. 또한 볼트의 경우 거의 대부분이 하나의 부품으로서 존재하지만 너트는 개별 부품으로는 물론 제품의 내부에 대한 탭 가공으로서 존재할 수도 있다. 제품이나 가공물 내부에 암나사 역할의 나사산을 가공하는 공정은 스레드 공정이라고 하며-드릴링 후-탭 가공이라고도 한다.

2.2.1 나사의 종류

- 미터 나사: 직경, 피치를 mm로 표시하고, 나사산의 각도 60° 인 삼각나사이며 가장 많이 사용하는 나사이다.
- 유니파이 나사: 인치 나사이며 미국, 영국, 캐나다의 협정에 의해 만들어진 나사이다. 나사산의 각도 60° 이며 형상이 미터나사와 유사하다.
- 미니어처 나사: 사이즈가 직경 0.3~1.4 mm 이하의 작은 나사로 주로 광학기기, 계측기, 전자기기에 사용한다.
- 사다리꼴 나사: 나사산이 사다리꼴 형태이다. 30° 와 29° 사다리꼴 나사로 분류된다. 동력전달용으로 용이하다. 주로 공작기계 이동이나 밸브 조임 등에 적합하다.
- 관용 나사: 관과 관용부품, 유체기구에 사용하는 나사이다. 테이퍼 나사와 평행나사로 나뉜다.
- 특수용도 나사: 전선관 나사, 자전거 나사, 미싱 나사, 전구 나사 등이 있다.

2.2.2 나사기호 표기 방법

구분	종류		기호	표기 예	KS 규격
일반용	미터 나사	미터(보통) 나사	M	M10	KS B 0201
		미터(가는) 나사	M	M10x1.5	KS B 0204
	미니어처 나사		S	S0.3, S1.3	
	유니파이 나사	유니파이(보통) 나사	UNC,	3/8-16UNC	KS B 0203
		유니파이(가는) 나사	UNF	3/8-16UNF	KS B 0206
	사다리꼴 나사	30° 사다리꼴 나사	TM,	TM24	KS B 0229
		29° 사다리꼴 나사	TW	TW18	KS B 0226
	관용 테이퍼 나사	테이퍼 나사	PT,	PT1/2,P	KS B 0222
		평행 암나사	PS,	S1/2	KS B 0221
	관용 평행 나사		PF	PF1/2	
특수용	특수 나사	자전거 나사	BC	BC3/4	
		미싱용 나사	SM	SM1/4산40	
		전구 나사	E	E10	
		타이어 밸브 나사	TV, CTV	TV8, CTV8산30	

2.2.3 나사의 형태

다음은 일반적인 나사(볼트와 너트)의 주요 부분이다. 이를 도면화하기 위해서는 별도의 표현 방식을 사용한다.

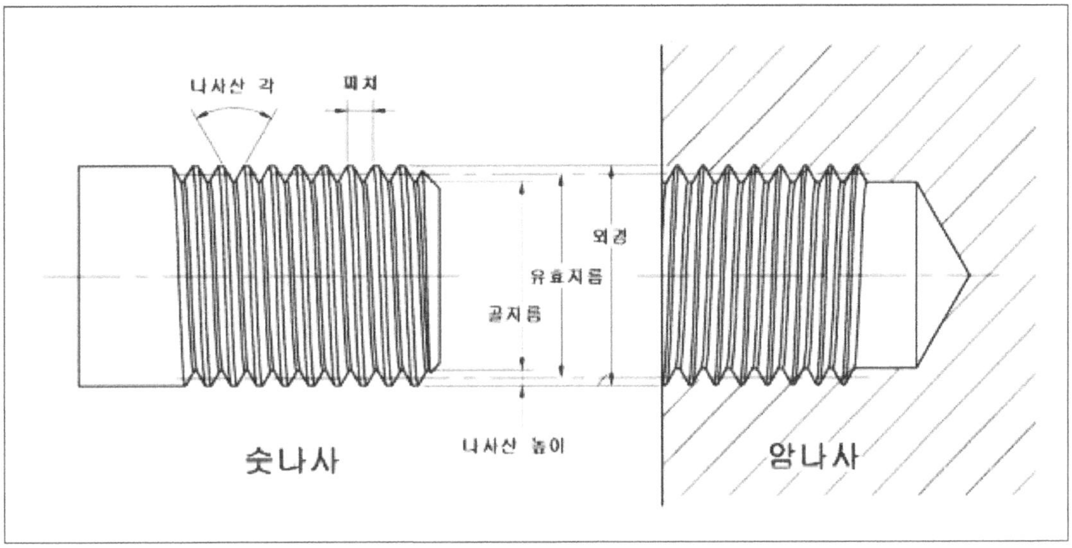

그림 2-44 나사(볼트 및 너트)의 주요 용어

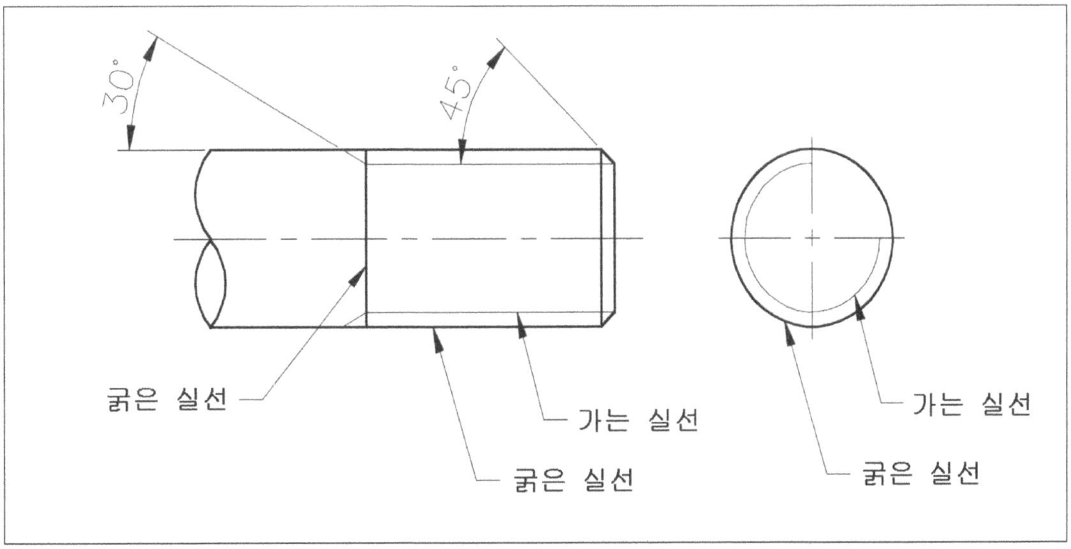

그림 2-45 볼트(숫나사)의 제도 표현

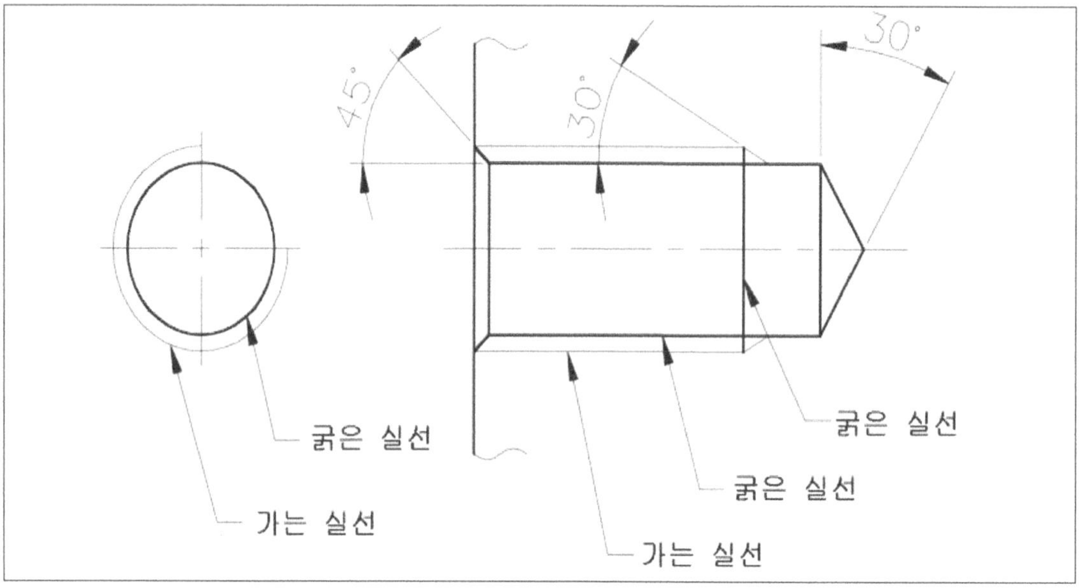

그림 2-46 너트(암나사)의 제도 표현

너트의 경우는 볼트의 내부 표현 형식이 그대로 사용된다. 정확한 나사를 제도하기 위해서는 모델링 공간에 수직 및 수평 기준 참조선을 중심으로 시작한다.

일반적으로 제품에 사용해야 할 나사는 설계자가 직접 선정하거나 이미 선정되어 있는 경우이기 때문에, 나사 규격표를 참고하여 옵셋 명령으로 선을 배치하고 자르기 명령으로 전체 형상을 정리한다.

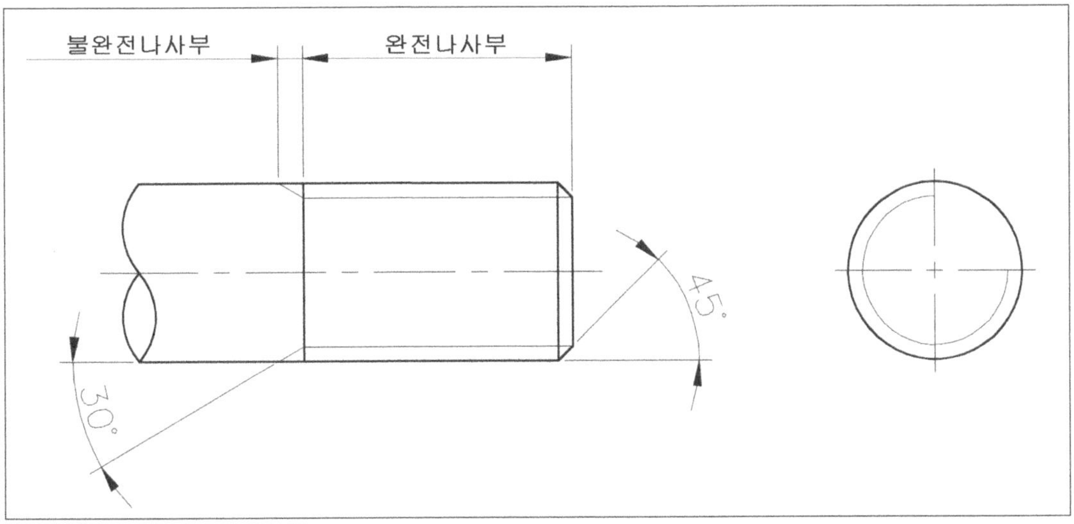

그림 2-47 볼트(숫나사) 제도 표기 예

나사의 치수 표기는 M(숫자)×피치 형식으로 나타낸다(예 M12xP1.25).

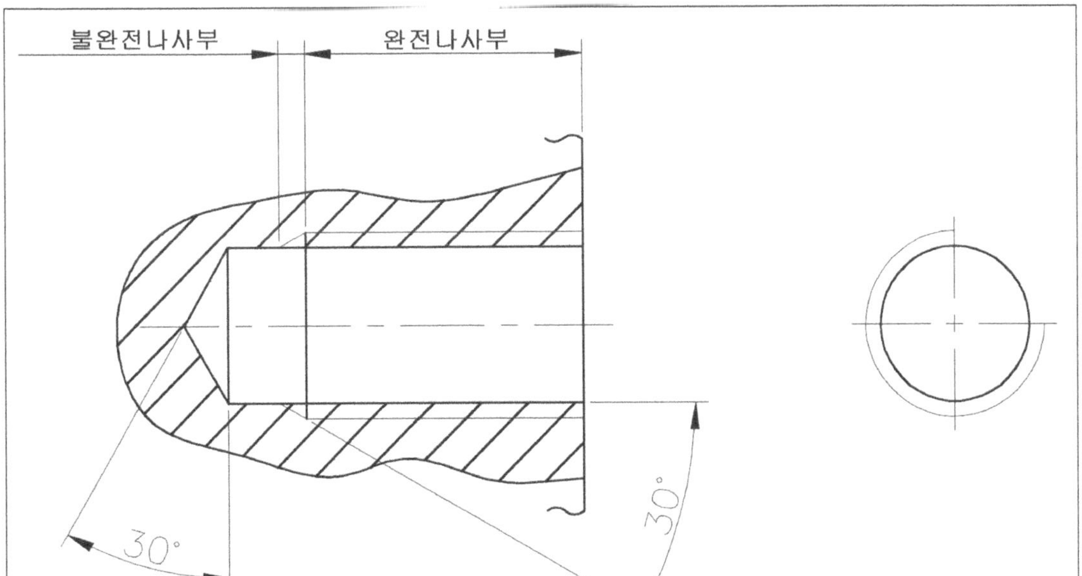

그림 2-48 너트(암나사)의 제도 표기 예

탭(너트)의 치수 표기는 M(숫자)×피치, 깊이 형식으로 나타낸다(예 M12xP1.25, 깊이 20).

하지만 실제 나사(볼트와 너트)의 제도에서는 적합한 규격의 나사를 KS 표준 규격으로 통하여 선정하고 제공하는 정보를 정확하게 파악하는 연습이 필요하다.

2.3 스퍼 기어 형상 제도

기어의 종류에는 두 축이 평행한 경우와 교차하는 경우 그리고 축이 평행하지도 교차하지도 않는 경우로 나뉜다.

- **두 축이 평행한 경우에 사용되는 기어**
  - 평 기어, 헬리컬 기어, 더블 헬리컬기어, 내접 기어, 랙 기어
- **두 축이 교차하는 경우에 사용되는 기어**
  - 베벨 기어
- **두 축이 평행하지도 교차하지도 않는 겨우 사용되는 기어**
  - 웜 기어, 하이포이드 기어, 나사 기어

특히 스퍼기어는 기어류 기계 부품의 가장 일반적인 형상으로서, 직선 치형을 가지고 직선 축에 장착되어 평행한 기어 요소 간에 연결되어 회전운동을 전달하게 된다.

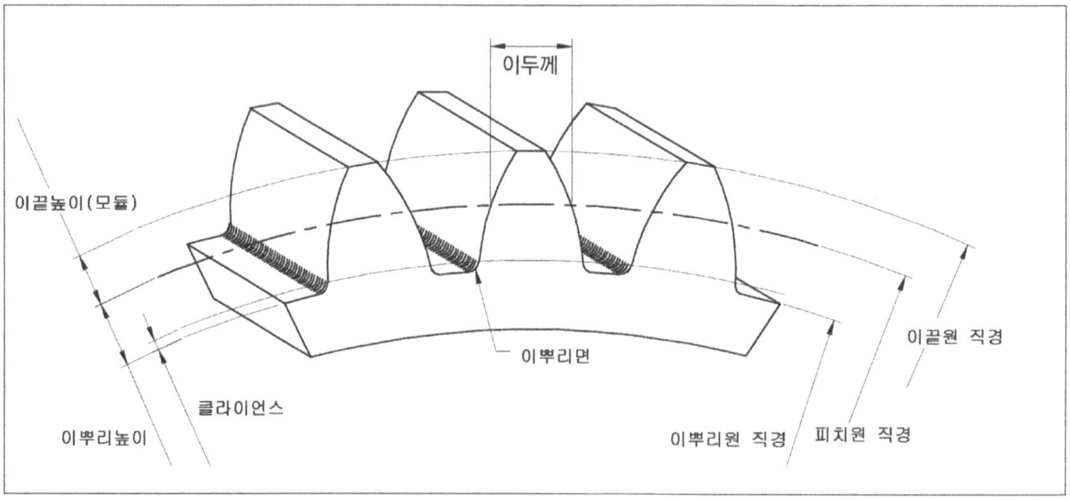

그림 2-49 기어의 각부 명칭

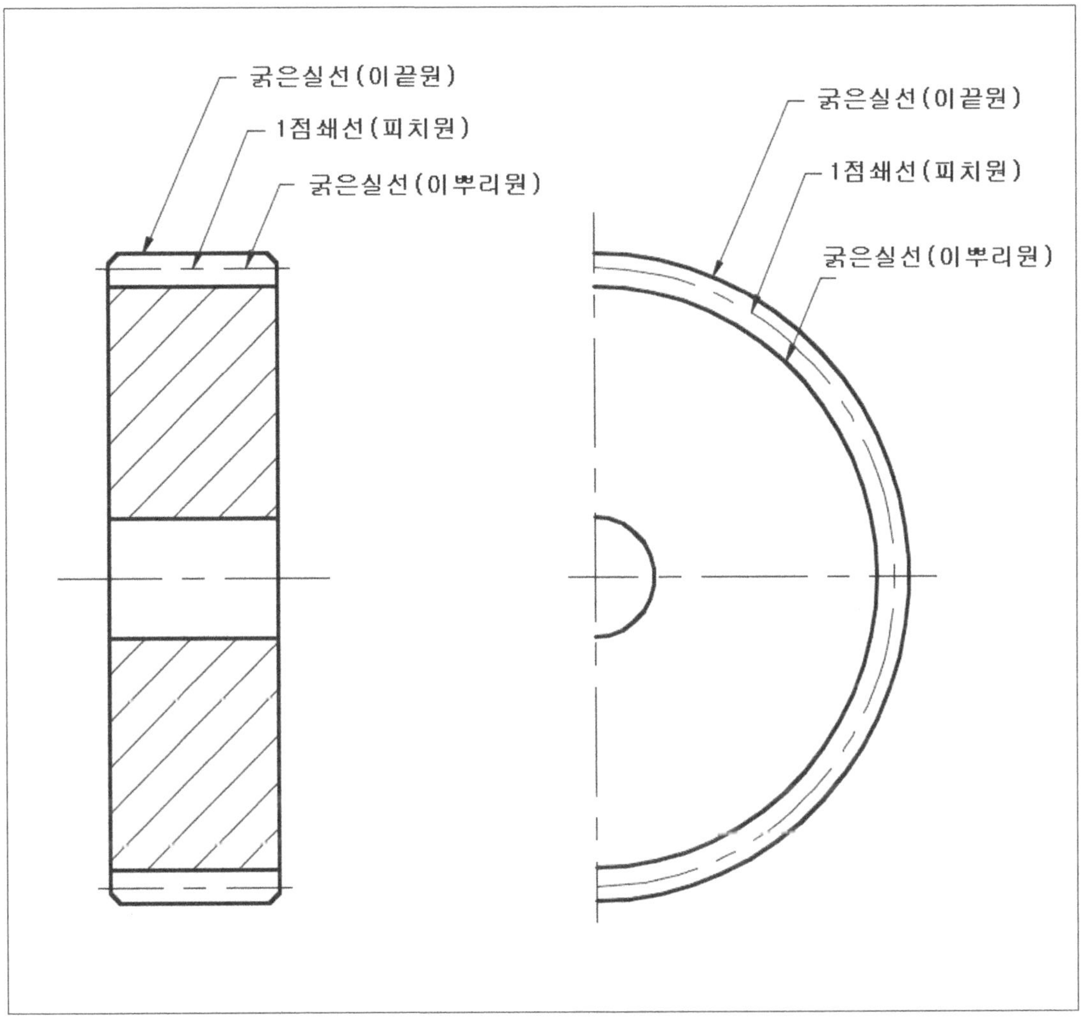

그림 2-50 스퍼 기어 형상의 제도 표현

스퍼 기어의 제도는 다음그림과 같이 표현한다.

일반적인 스퍼 기어 요목표는 다음과 같이 구성된다.

스퍼기어 요목표

구분\품번		3
기어 치형		표준
공 구	치형	보통
	모듈(M)	2
	압력각	20°
잇수(Z)		40
피치원지름(PCD)		∅80
급수		KSB1405,3급

M (모듈)= PCD(피치원지름)/Z(잇수)

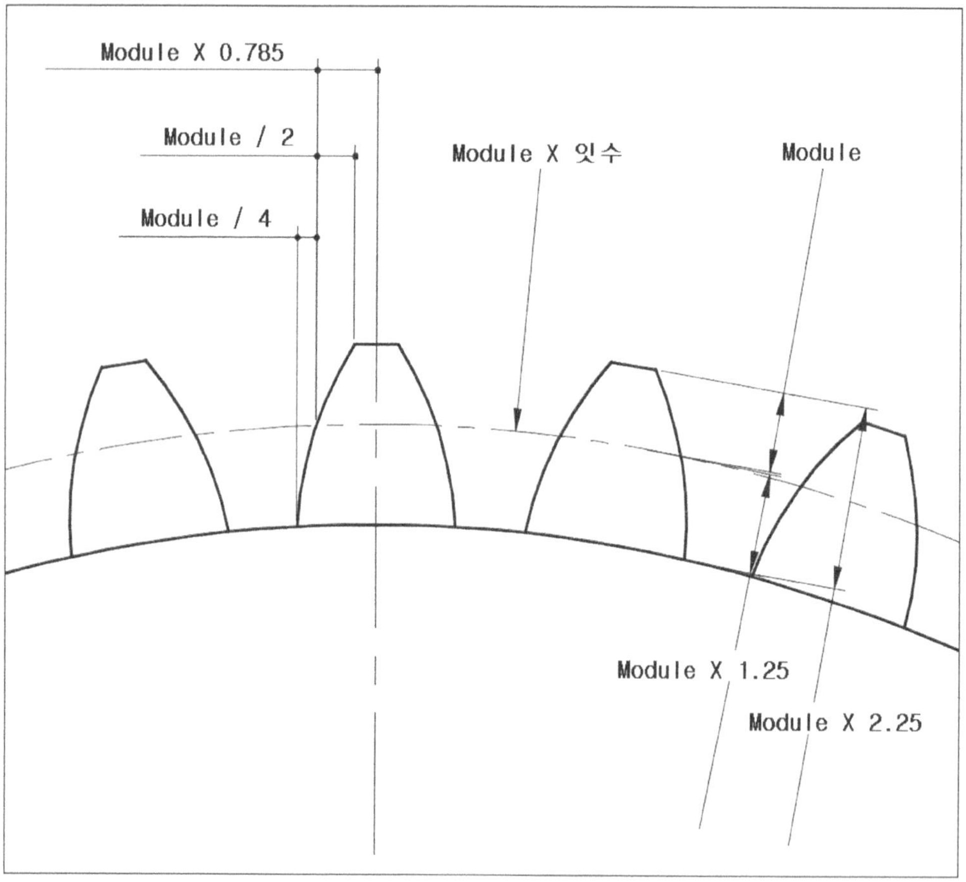

그림 2-51 스퍼 기어 치수 계산 방법

그림과 같이 주어진 모듈을 기준으로 스퍼 기어를 제도하기 위한 각 치수 값을 계산하기 위한 방법이다.

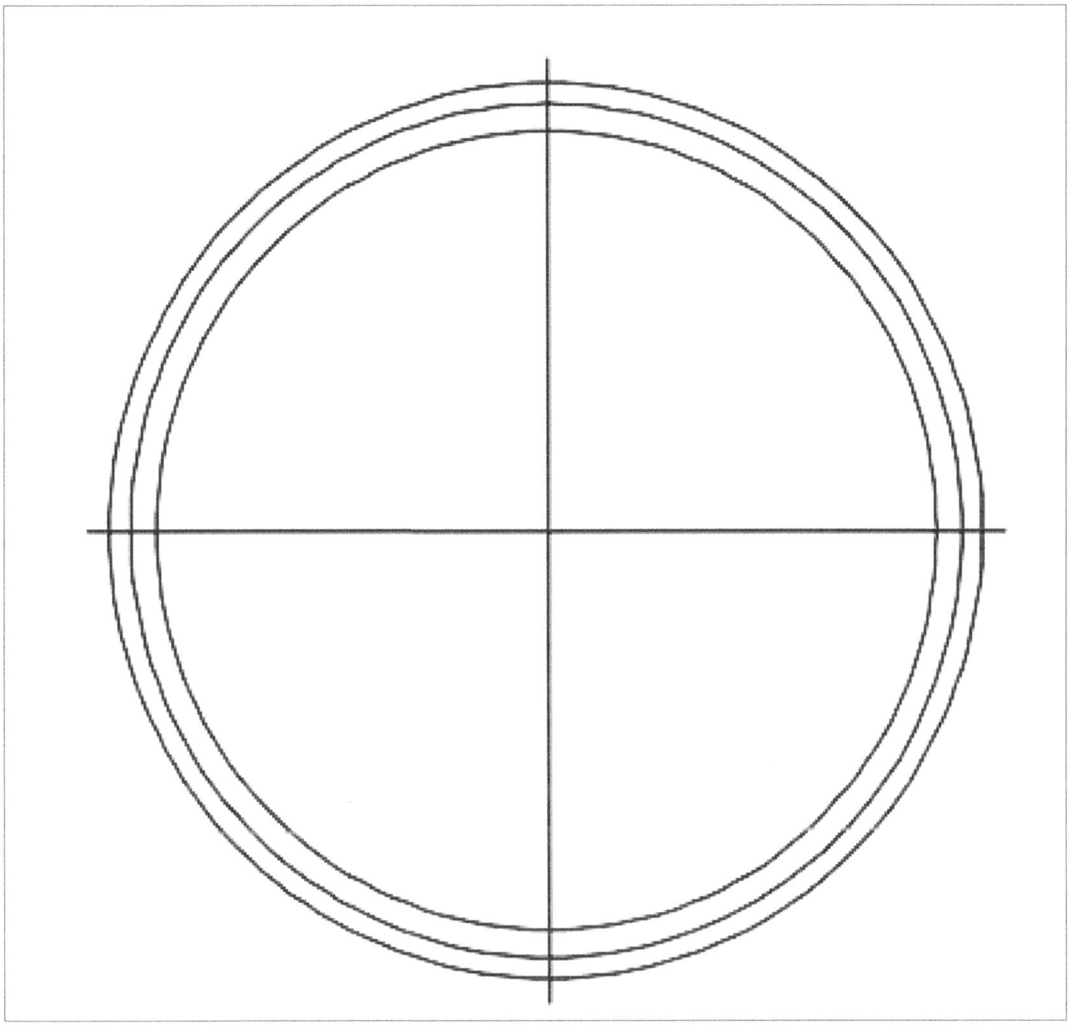

그림 2-52 스퍼 기어 경계 모델링

스퍼 기어 제도를 위한 수평 및 수직으로 중심을 작도한 후, 모듈과 잇수를 곱한 값으로 피치 원지름으로 원을 그린다. 옵셋 명령으로 모듈 값에 의해 바깥 쪽 원을 추가한다. 이어 다시 옵셋 명령으로 모듈/1.25 값에 의해 안 쪽 원을 추가한다.

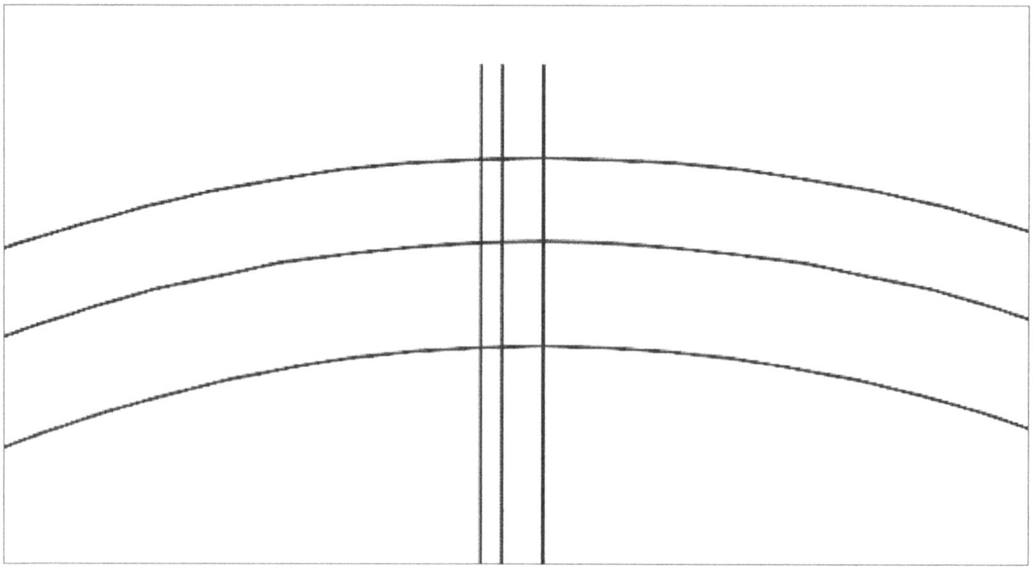

그림 2-53 좌측 수직 기준선 복사

옵셋 명령으로 모듈×0.785 값에 의해 수직 기준선 좌측 방향에 선을 복사한다. 생성된 선을 기준으로 다시 옵셋 명령을 수행하여 모듈/2 값에 의해 우측 방향으로 선을 복사 한다.

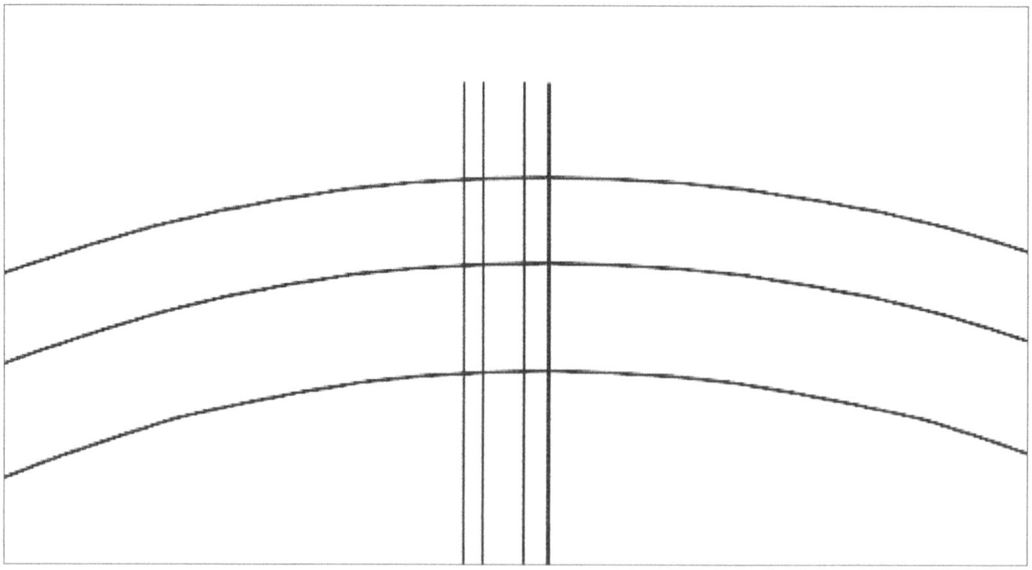

그림 2-54 우측 수직 기준선 복사

첫 수직 복사선을 기준으로 옵셋 명령을 이용하여 모듈/4 값에 의해 좌측 방향에 선을 복사한다. 그림과 같은 순서대로 수직선을 생성한다.

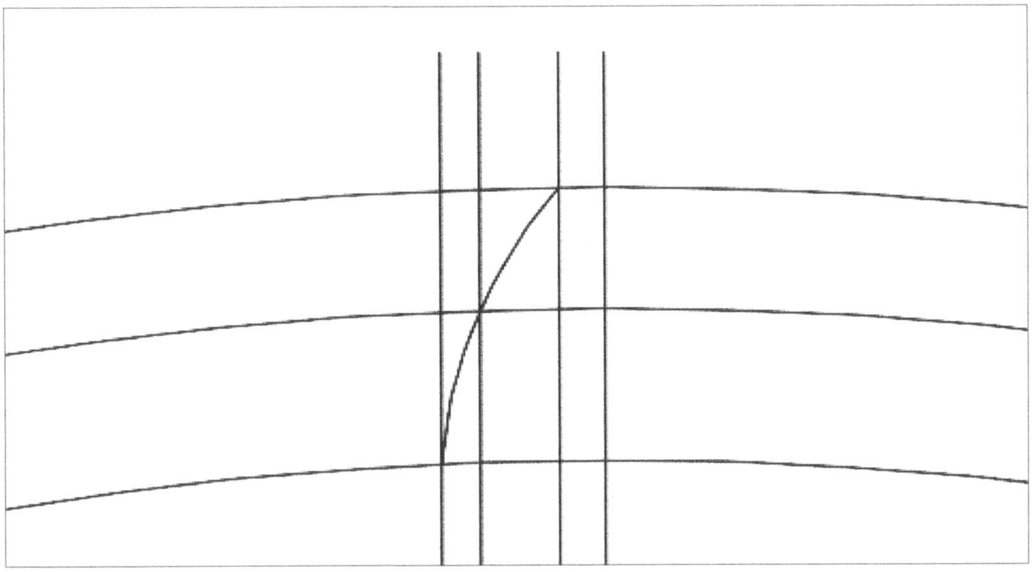

그림 2-55 기어 형상 호 생성

앞서 추가로 복사한 세 개의 선과 3 개의 원이 만나는 세 점을 기준으로 호 명령을 사용하여 곡선 호를 생성한다.

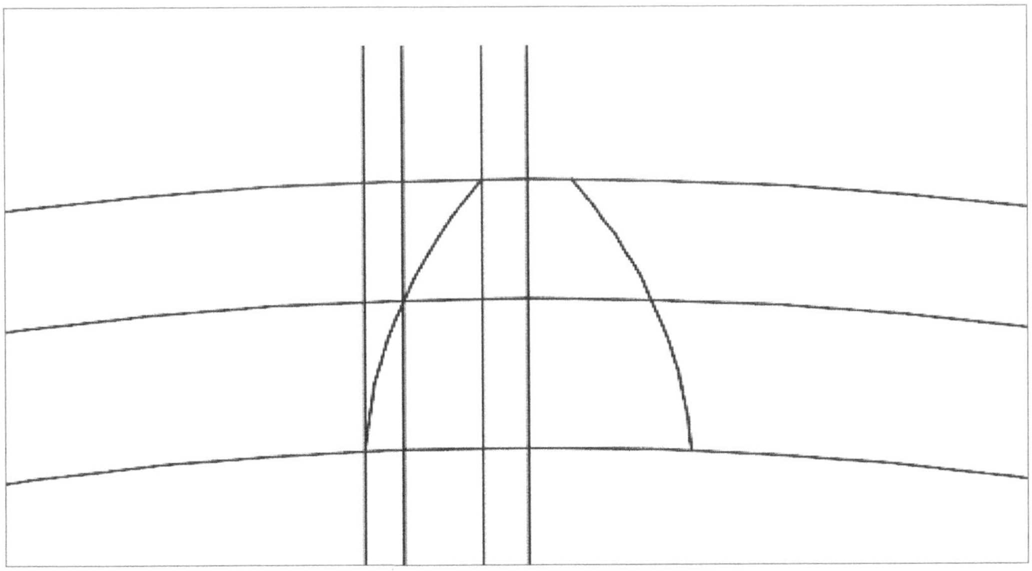

그림 2-56 기어 형상 호 대칭 복사

생성된 호를 수직 기준선을 중심으로 대칭 복사한다.

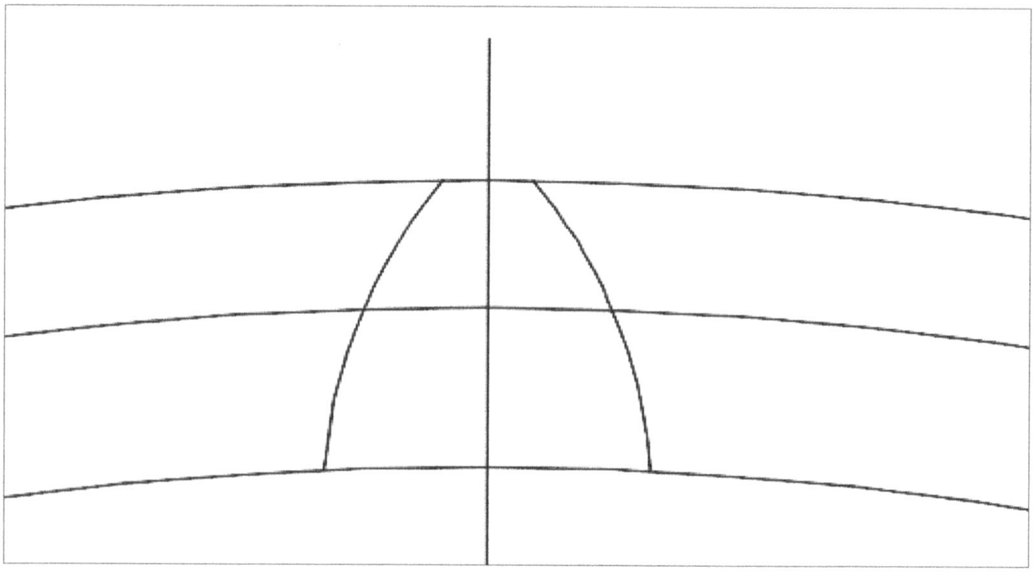

그림 2-57 기어 치형 정리

호를 제외한 수직 기준선의 복사 요소를 모두 제거 한다.

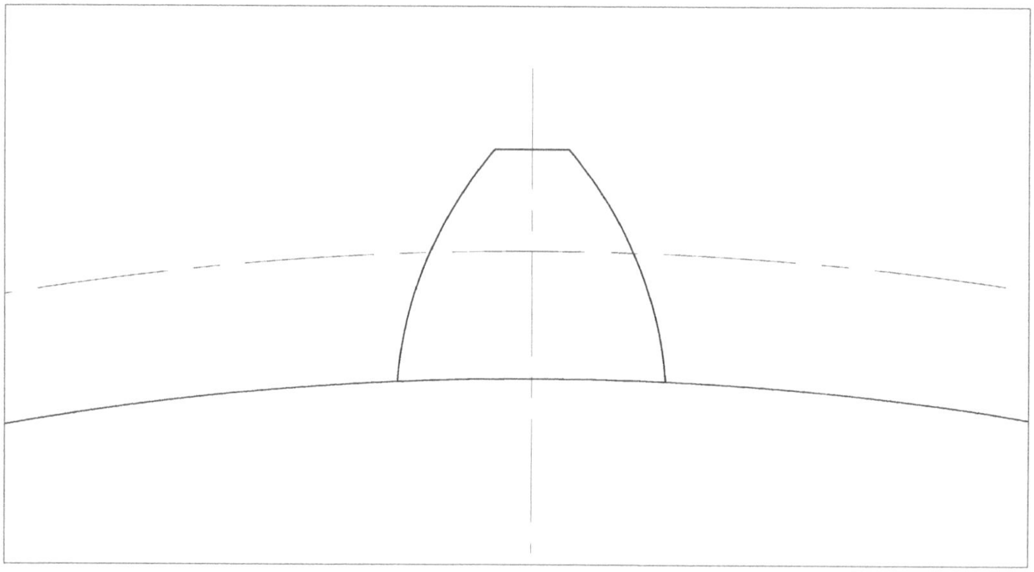

그림 2-58 외곽 원형선 정리

자르기 명령으로 선을 정리하여 치형을 완성한다.

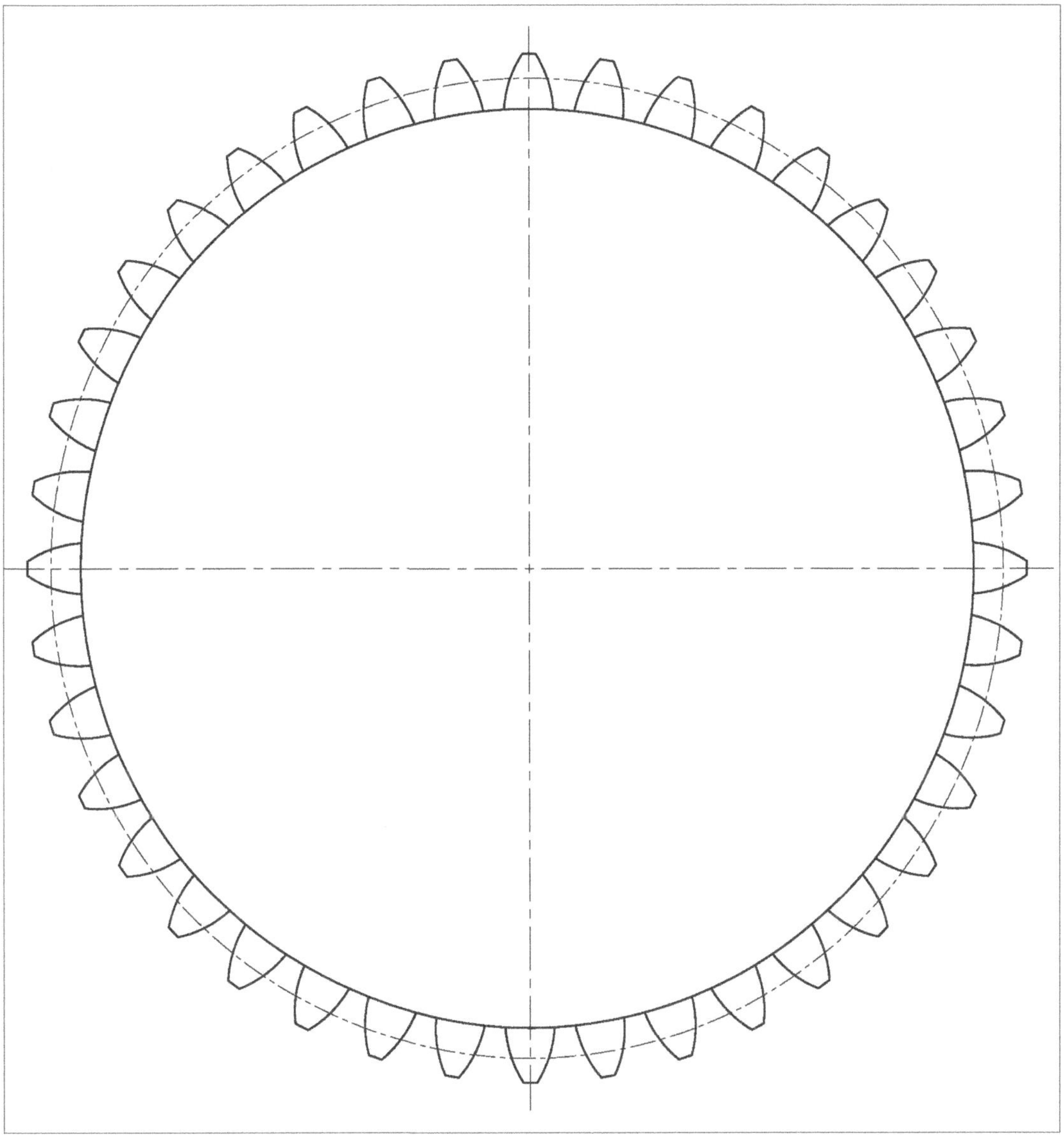

그림 2-59 기어 정면 형상 제도

요목표에 있는 잇 수 만큼 복사하여 기어의 정면 형상 외형을 완성한다.

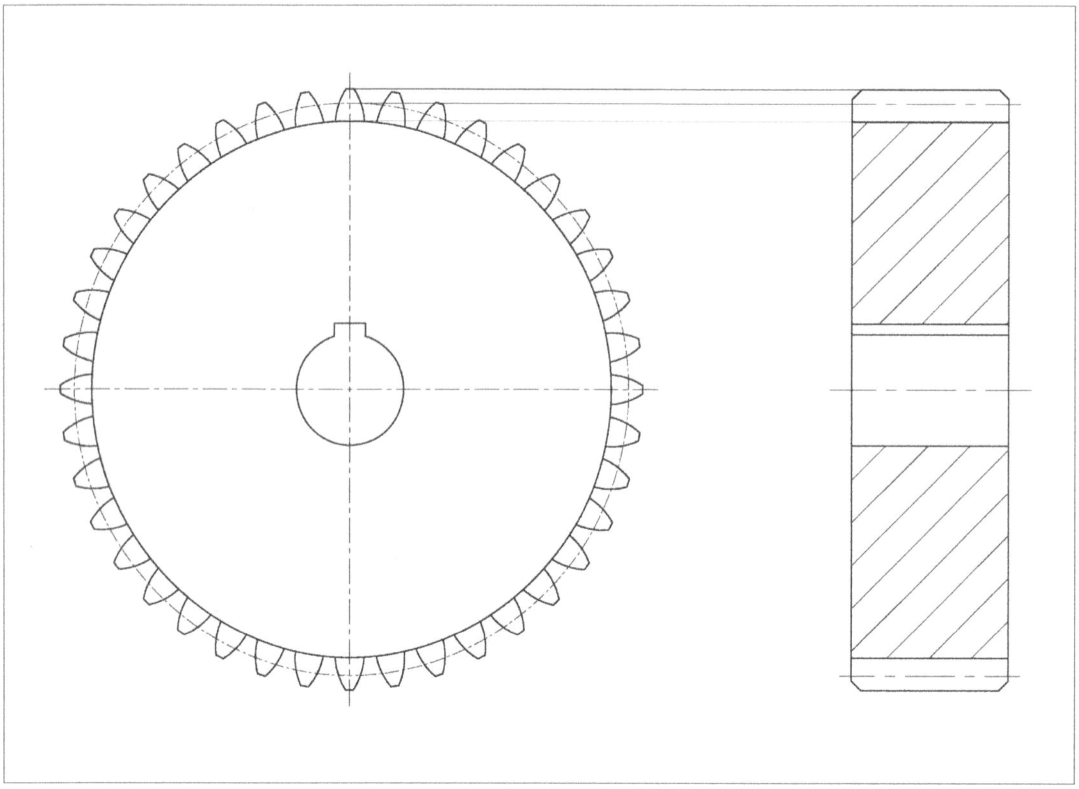

그림 2-60 기어 측면 형상 제도

내부에 키 홈 등의 형상을 모델링한 후 정면 형상을 참고하여 측면 형상을 그린다.

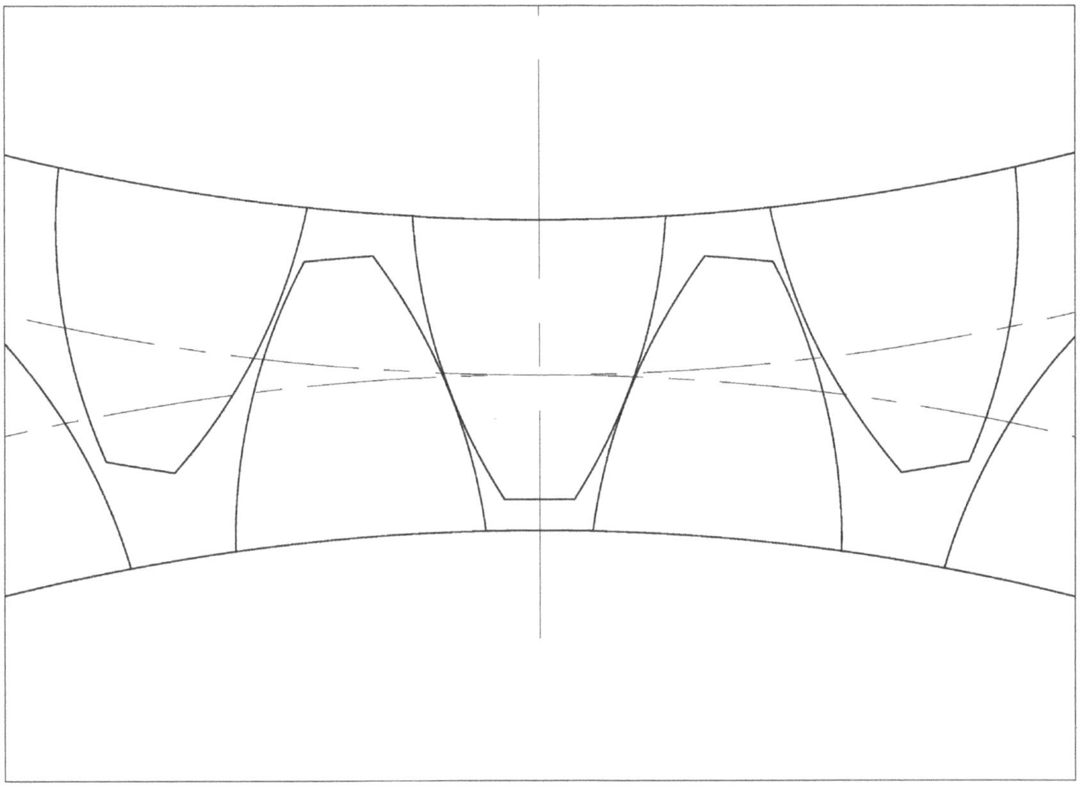

그림 2-61 기어 치형 정리

기어 작동 접촉부를 확인하기 위해 생성된 치형에 대한 검증을 진행한다.

chapter 3 제도 실습 예제

AutoCAD를 이용한 제도 과정은 전통적인 제도의 기능적인 수행에 대한 학습과 실질적인 설계 과정으로 구분할 수 있다. 본 장에서는 AutoCAD에 대한 학습을 시작하는 상황에서 다양한 모델에 대한 학습을 위한 예제를 실습할 수 있도록 했다.

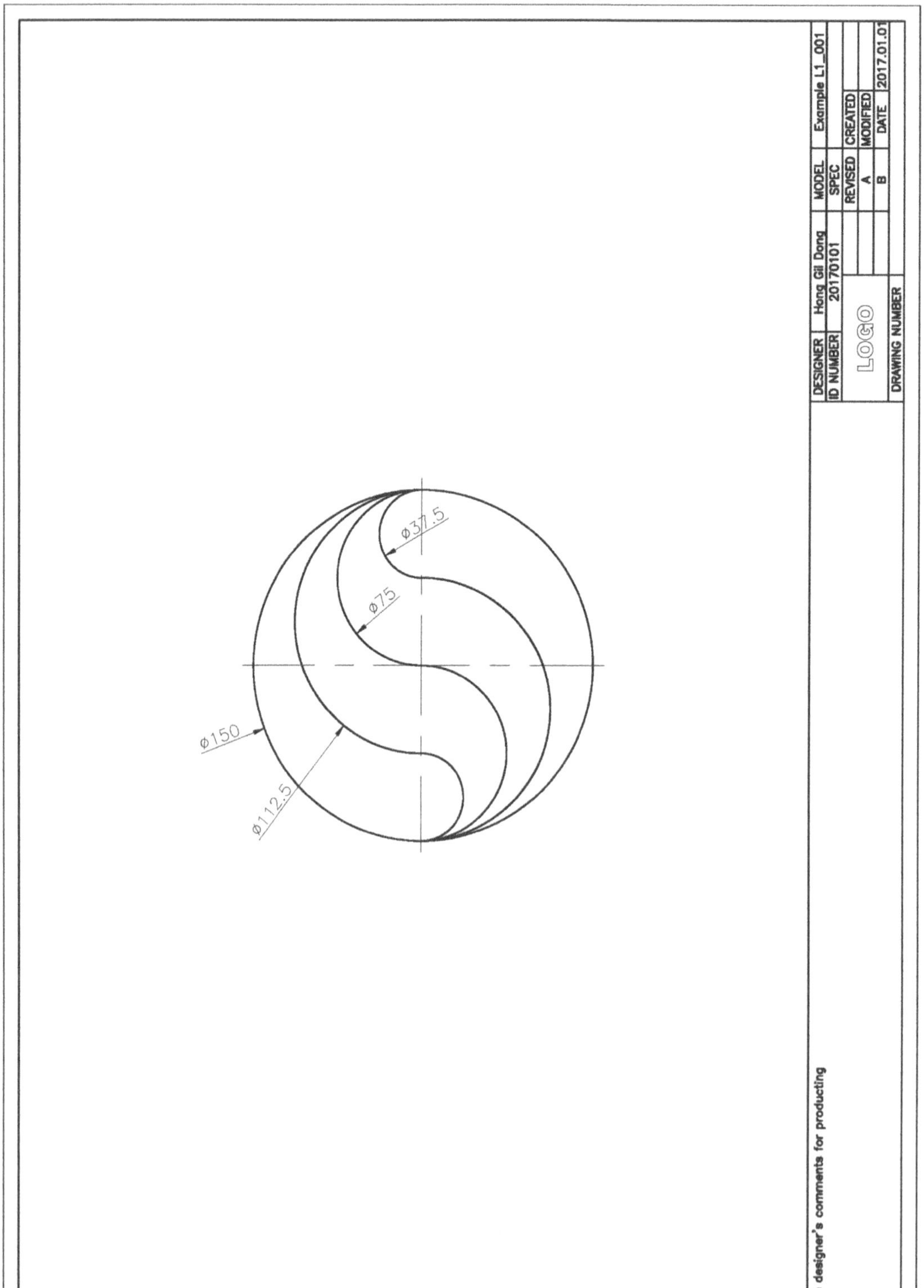

예제 1 Example.L1_001

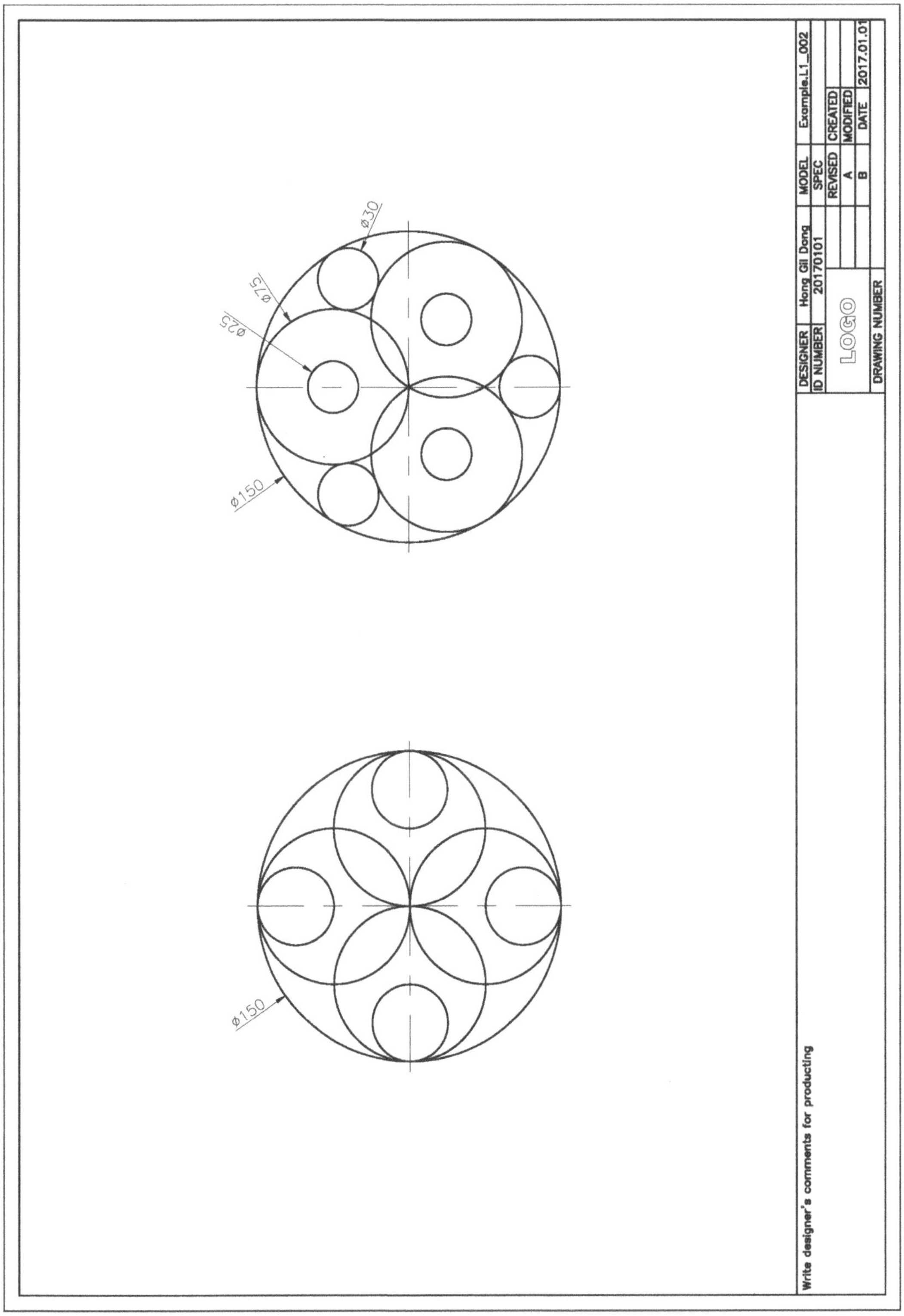

예제 2 Example.L1_002

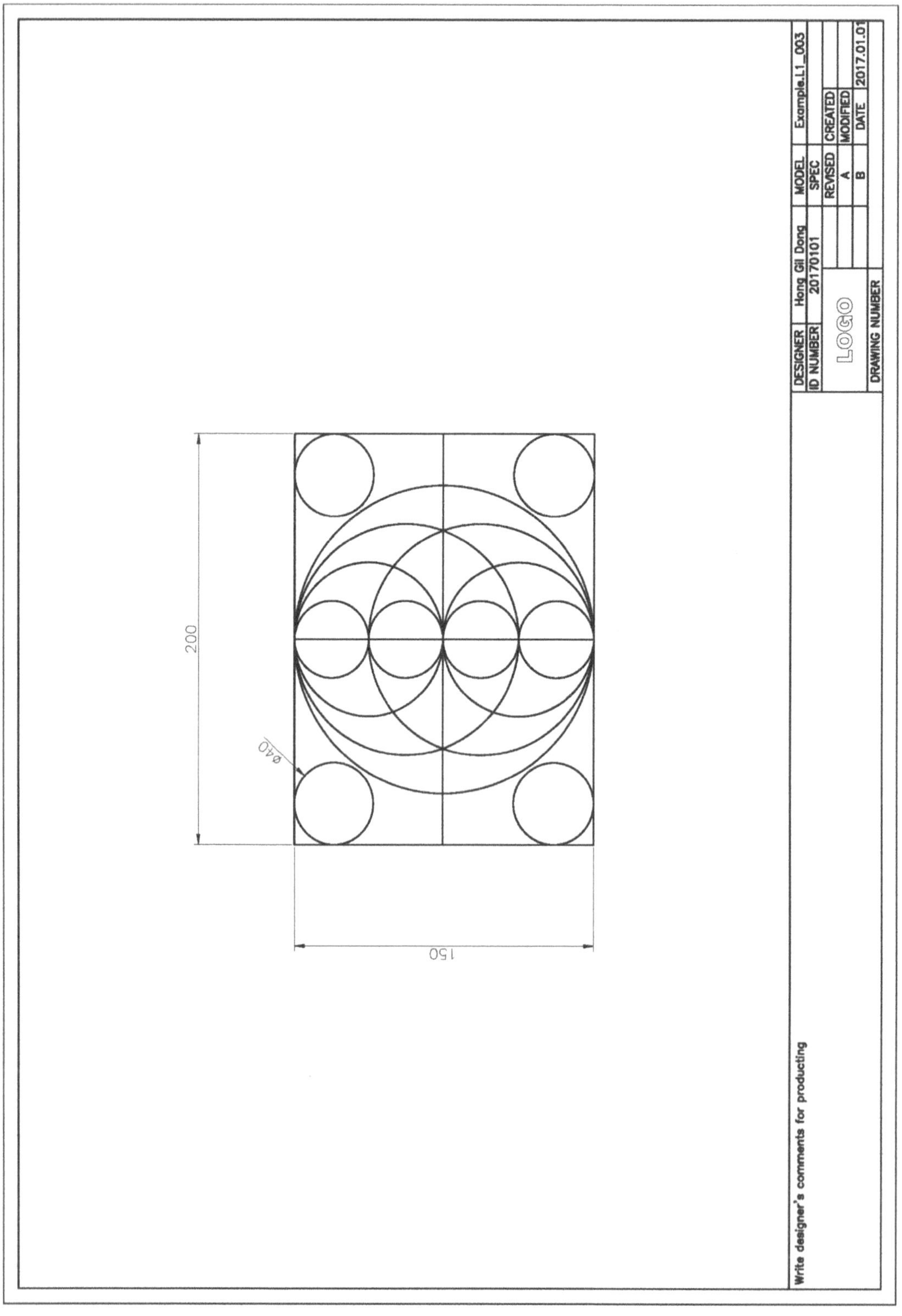

예제 3 Example.L1_003

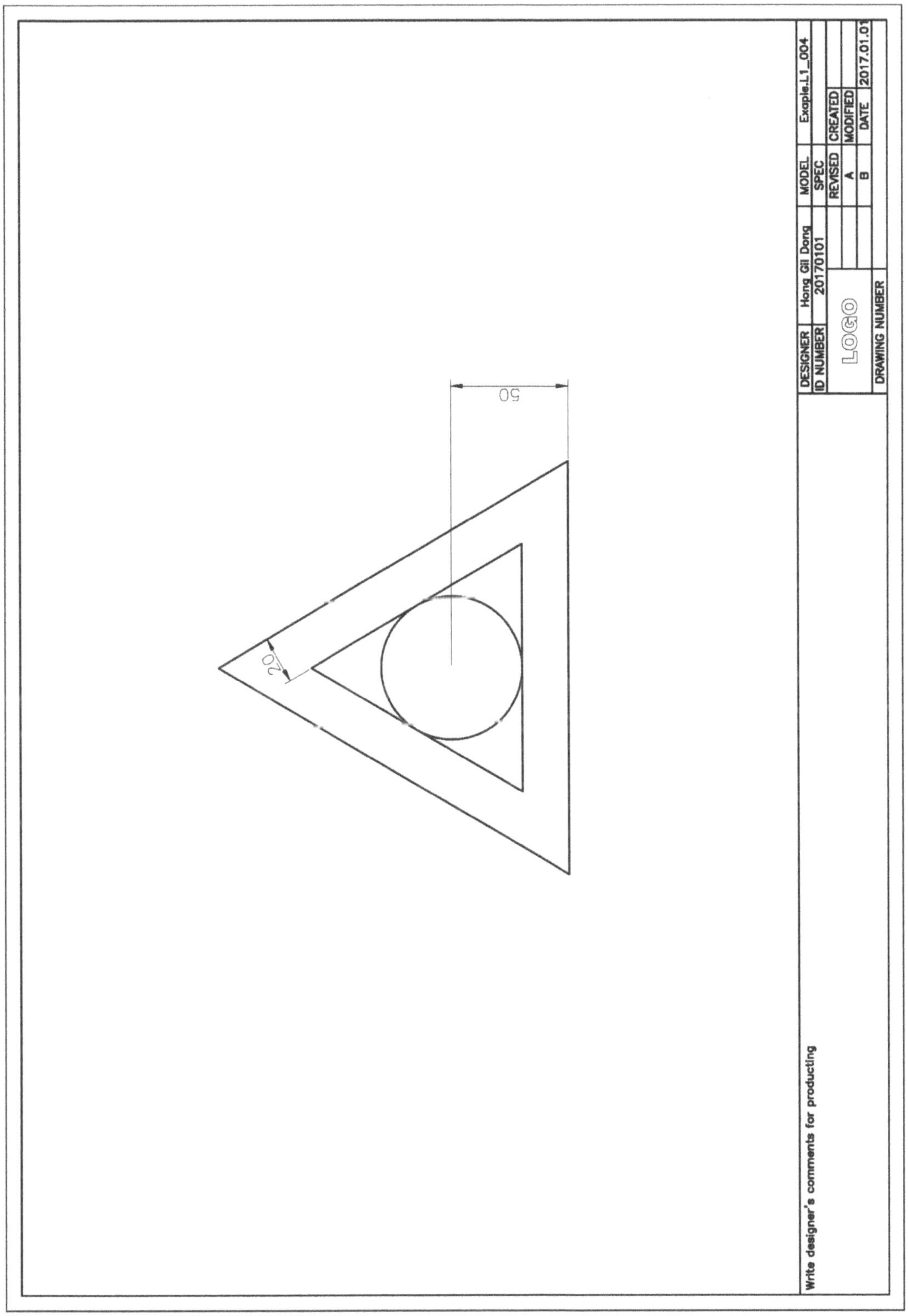

예제 4 Example.L1_004

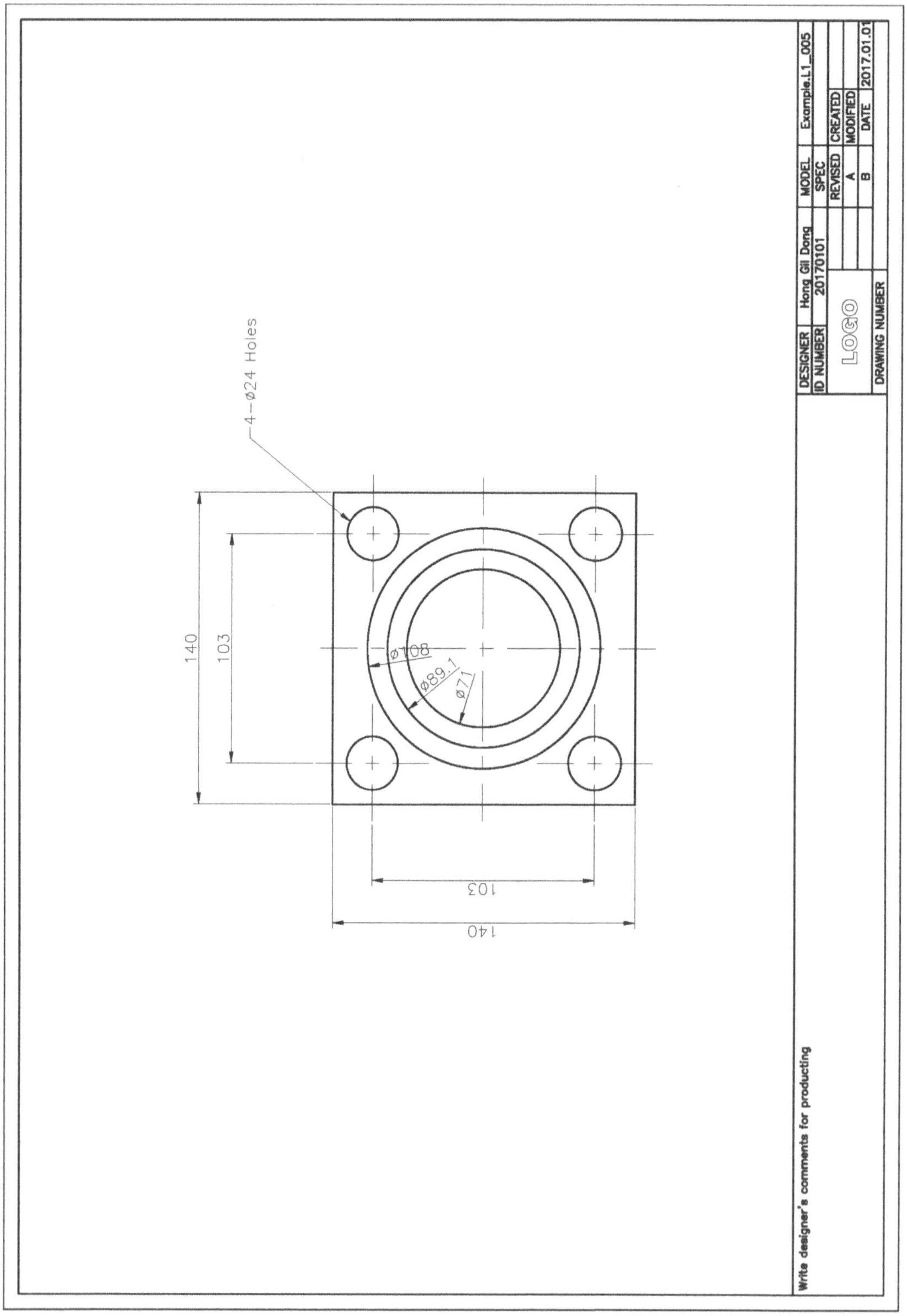

예제 5 Example.L1_005

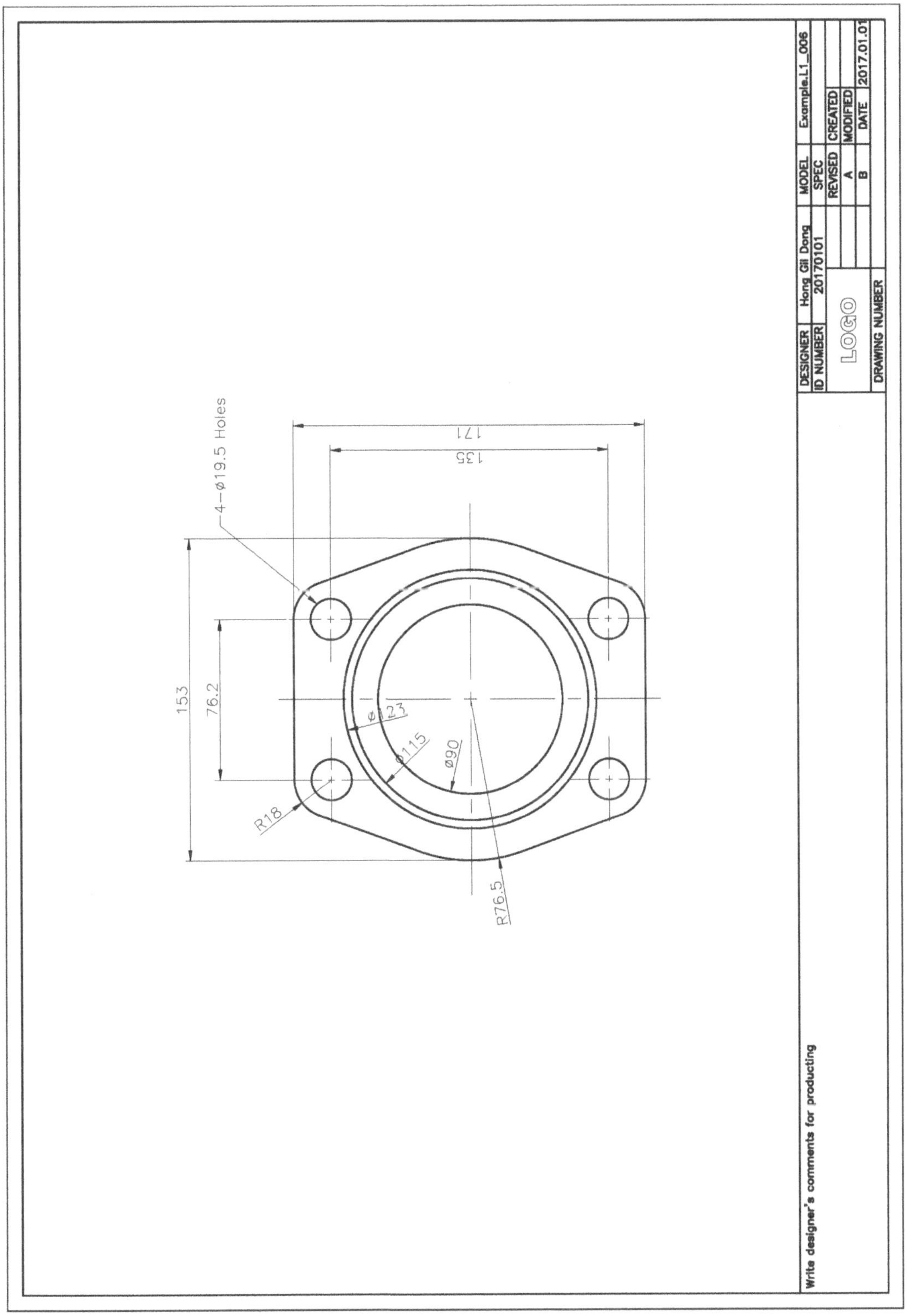

예제 6 Example.L1_006

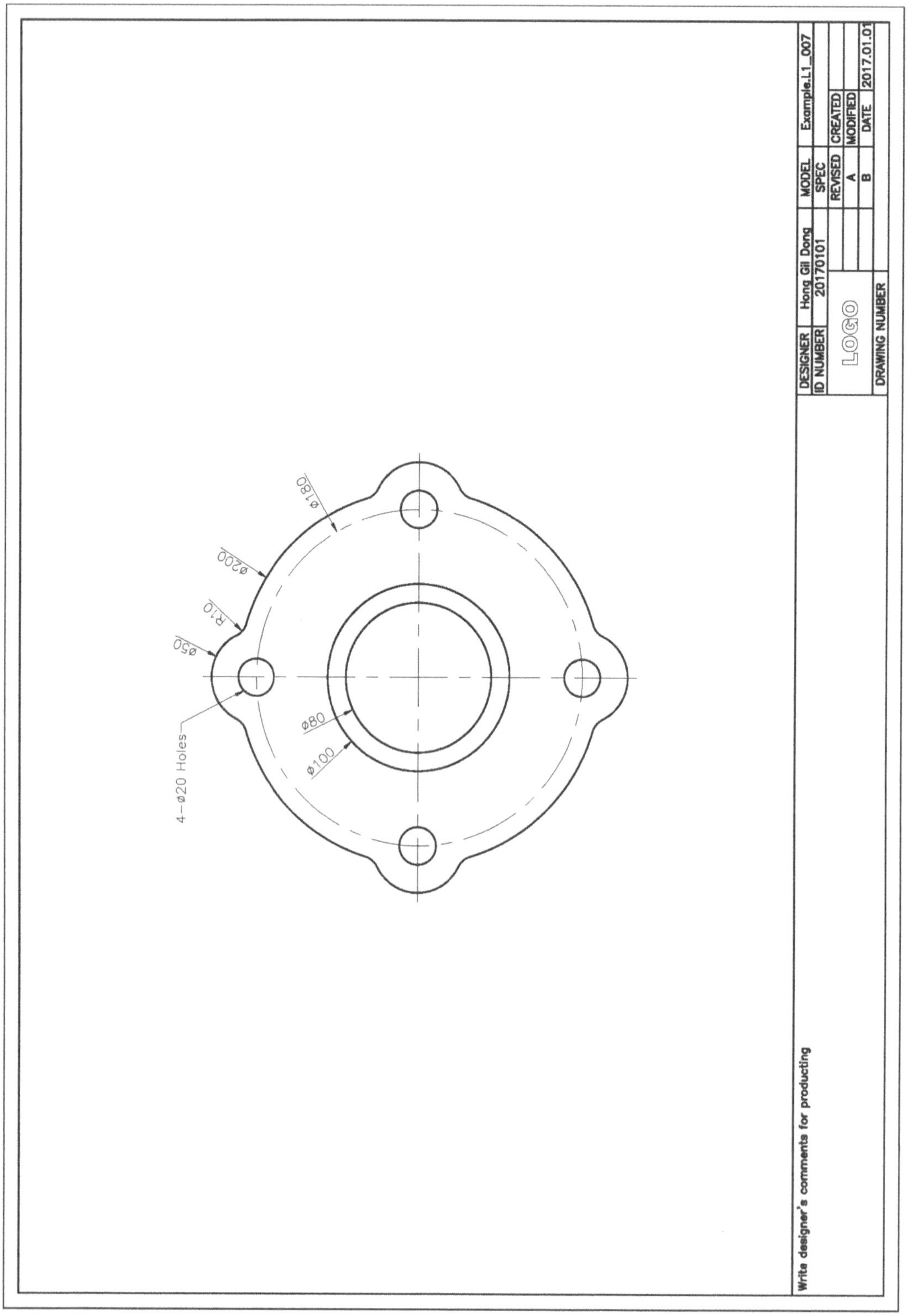

예제 7 Example.L1_007

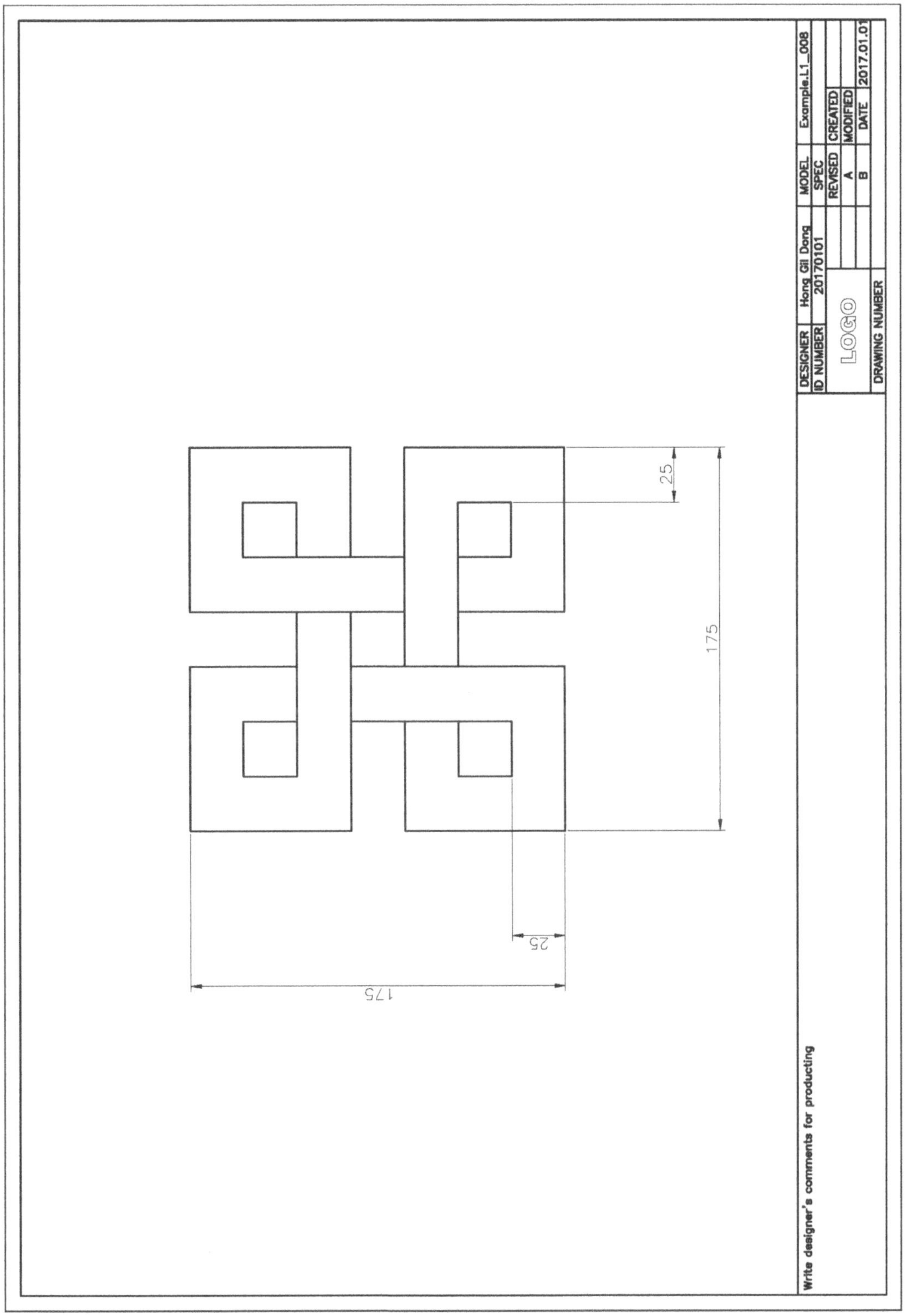

예제 8 Example.L1_008

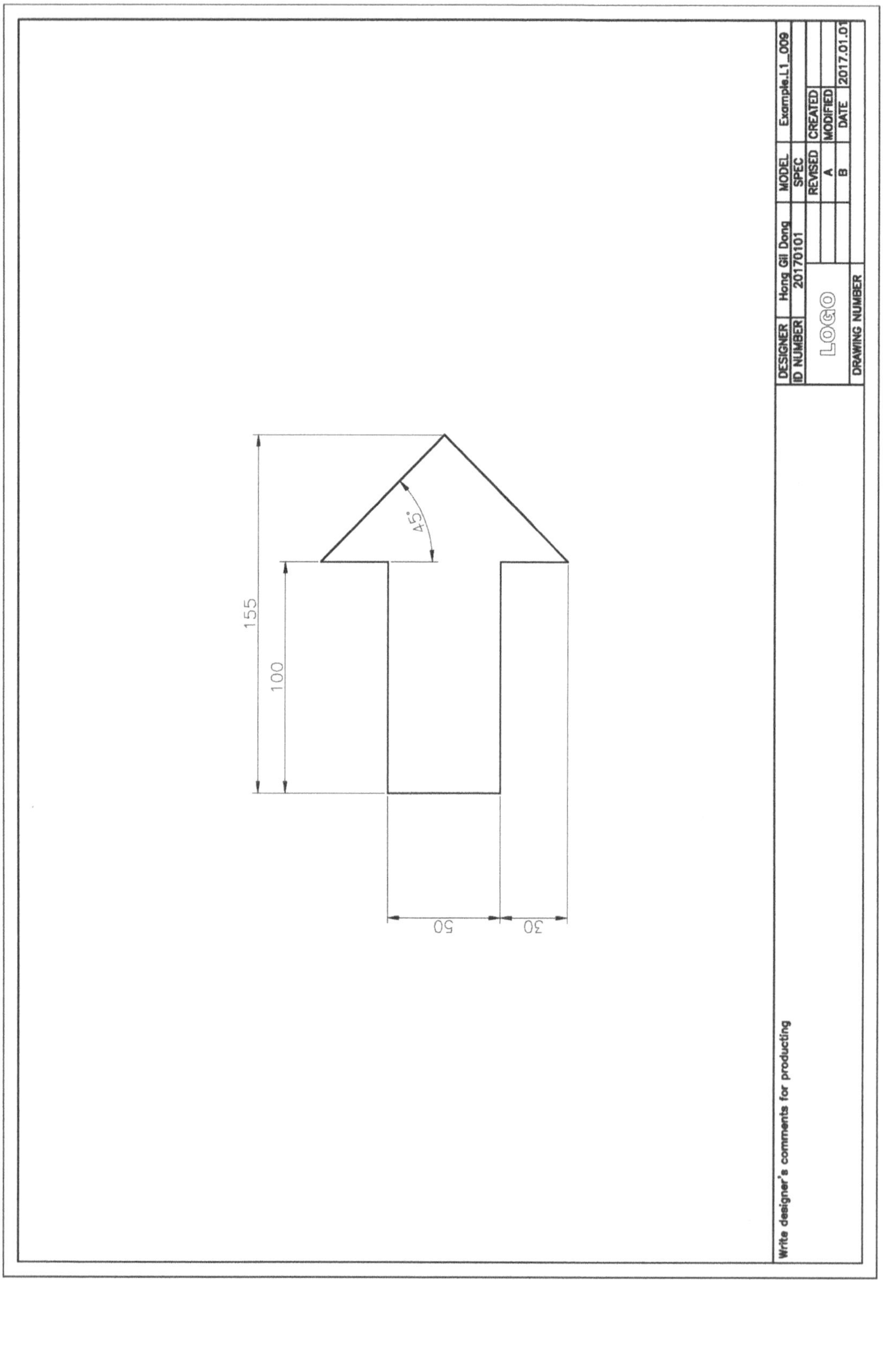

예제 9 Example.L1_009

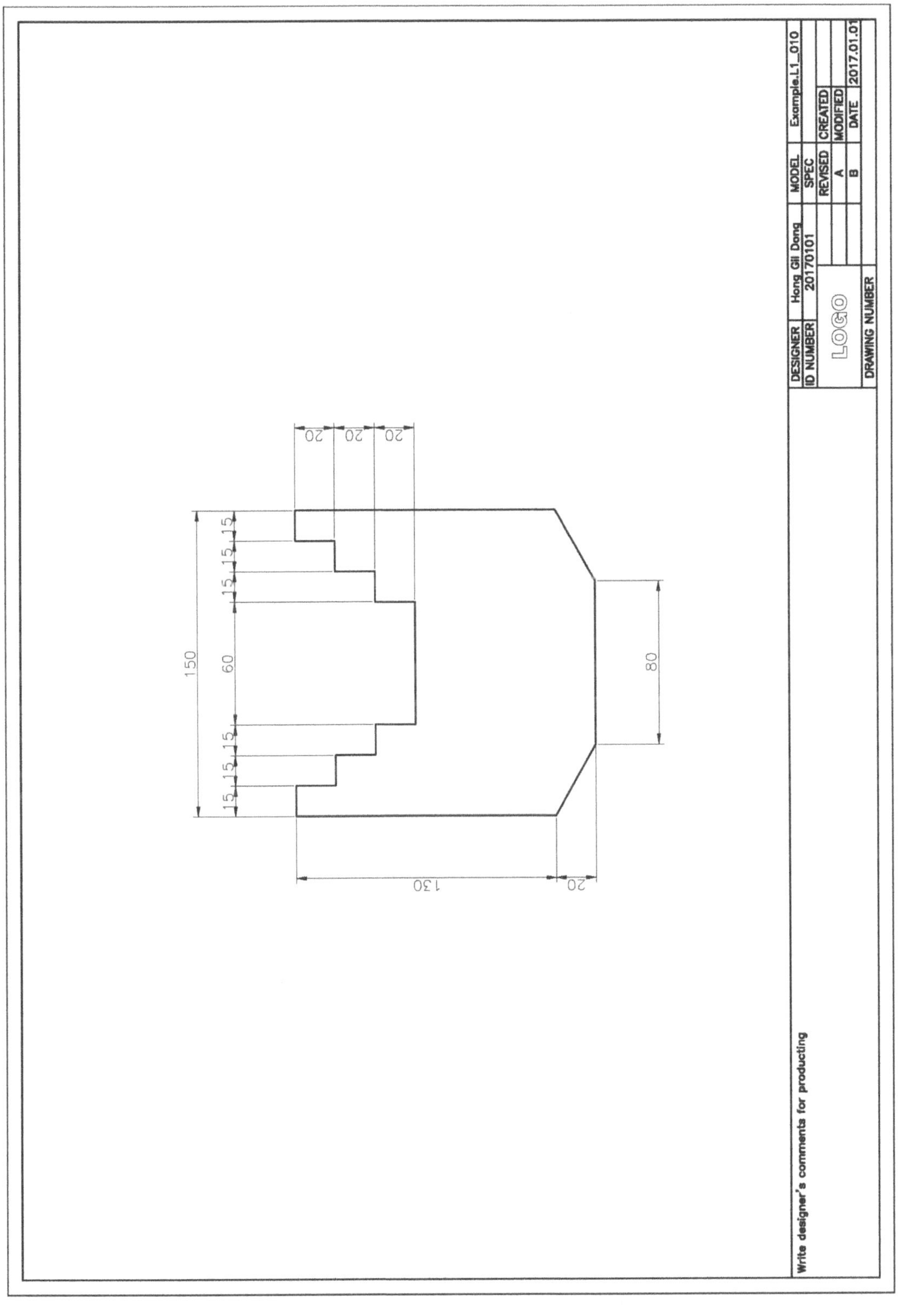

예제 10 Example.L1_010

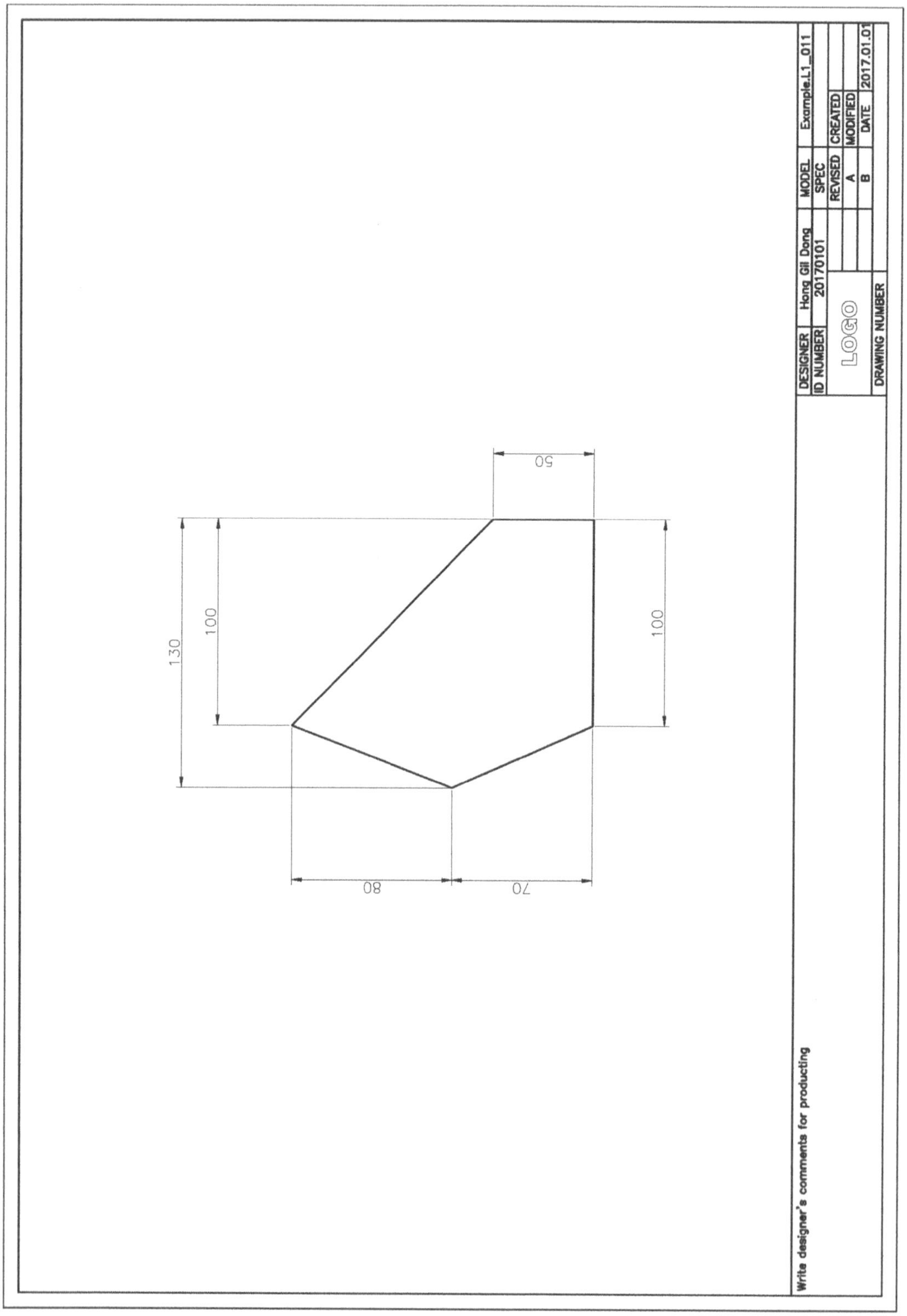

예제 11 Example.L1_011

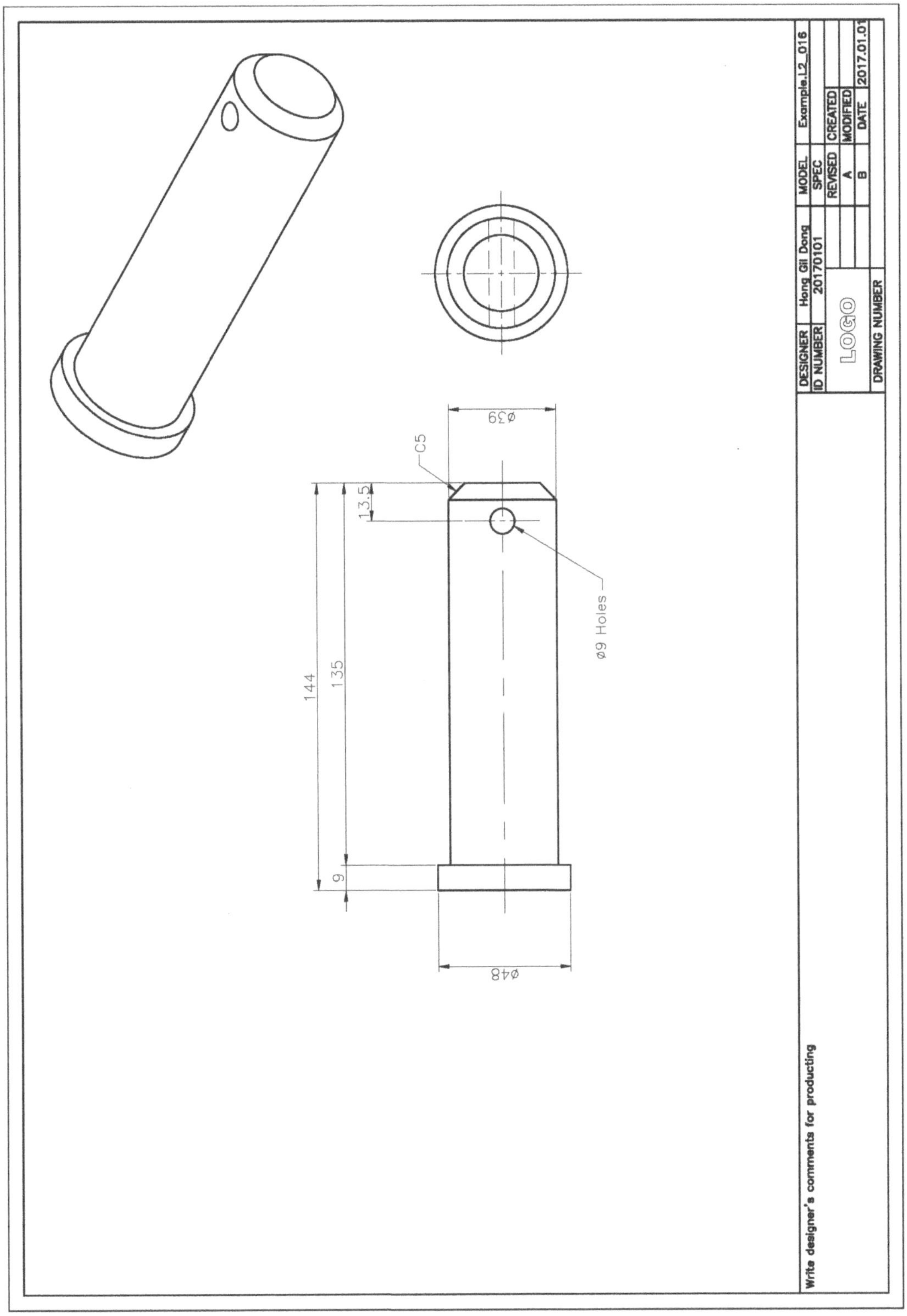

예제 12 Example.L2_001

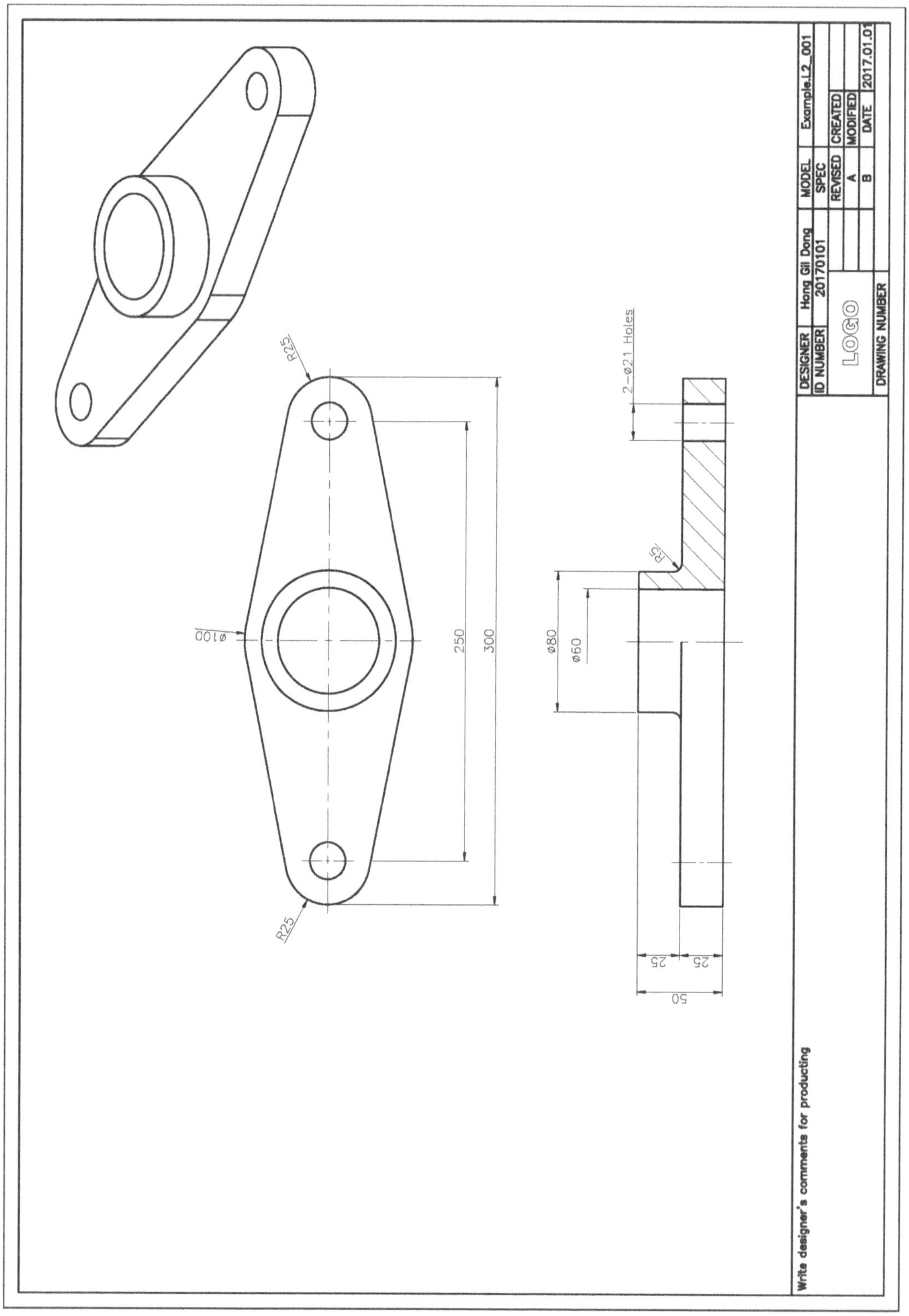

예제 13 Example.L2_002

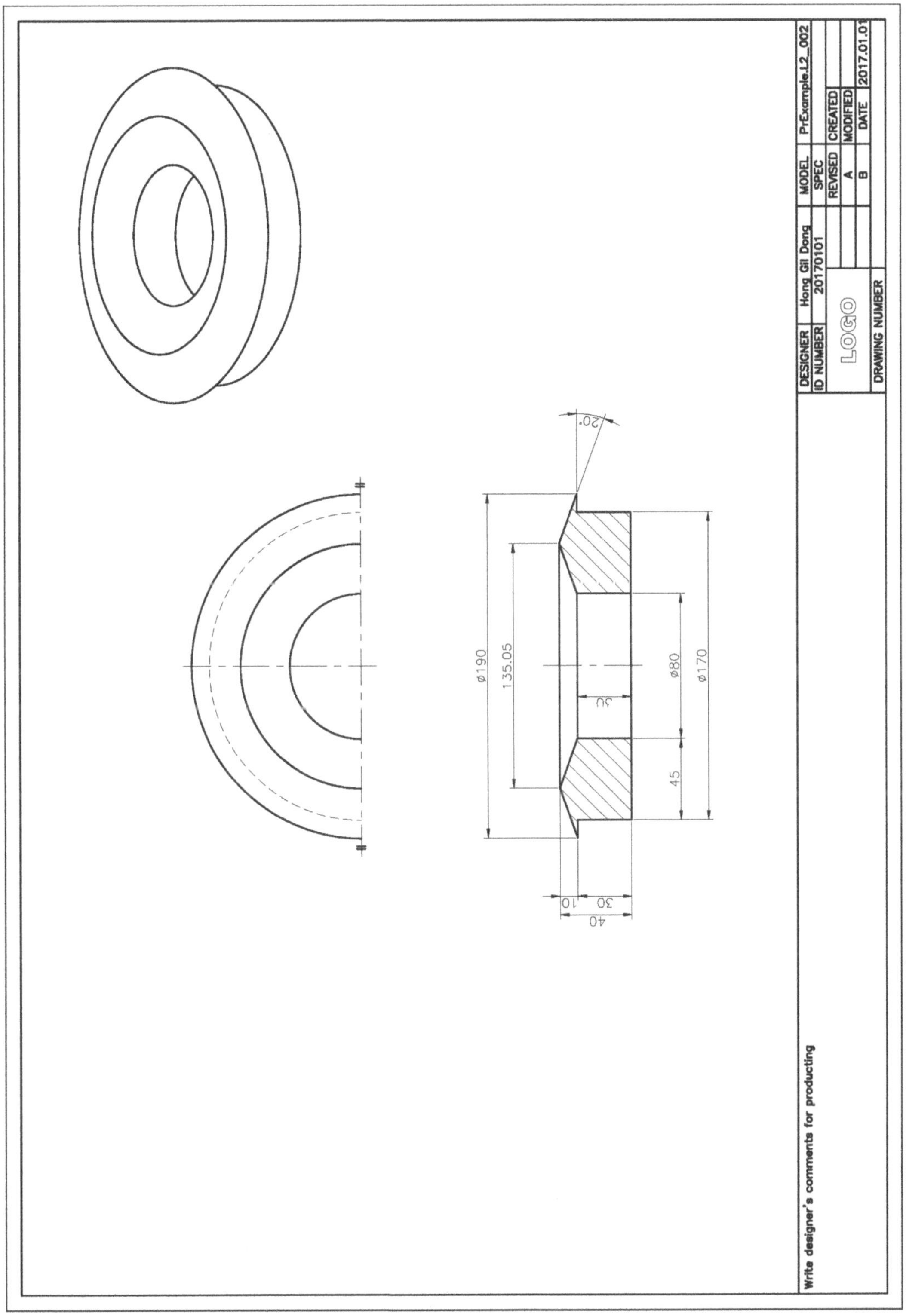

예제 14 Example.L2_003

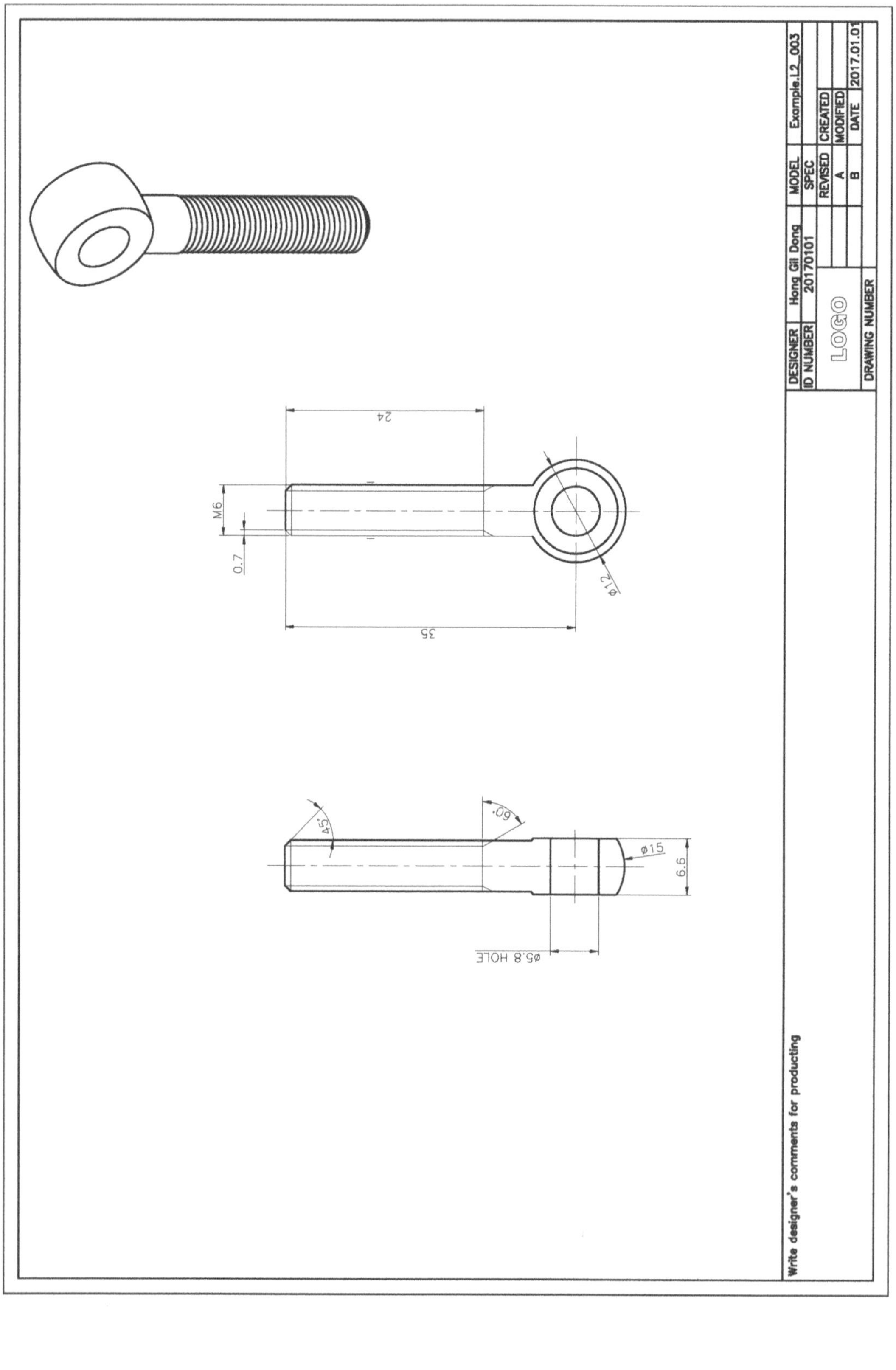

예제 15 Example.L2_004

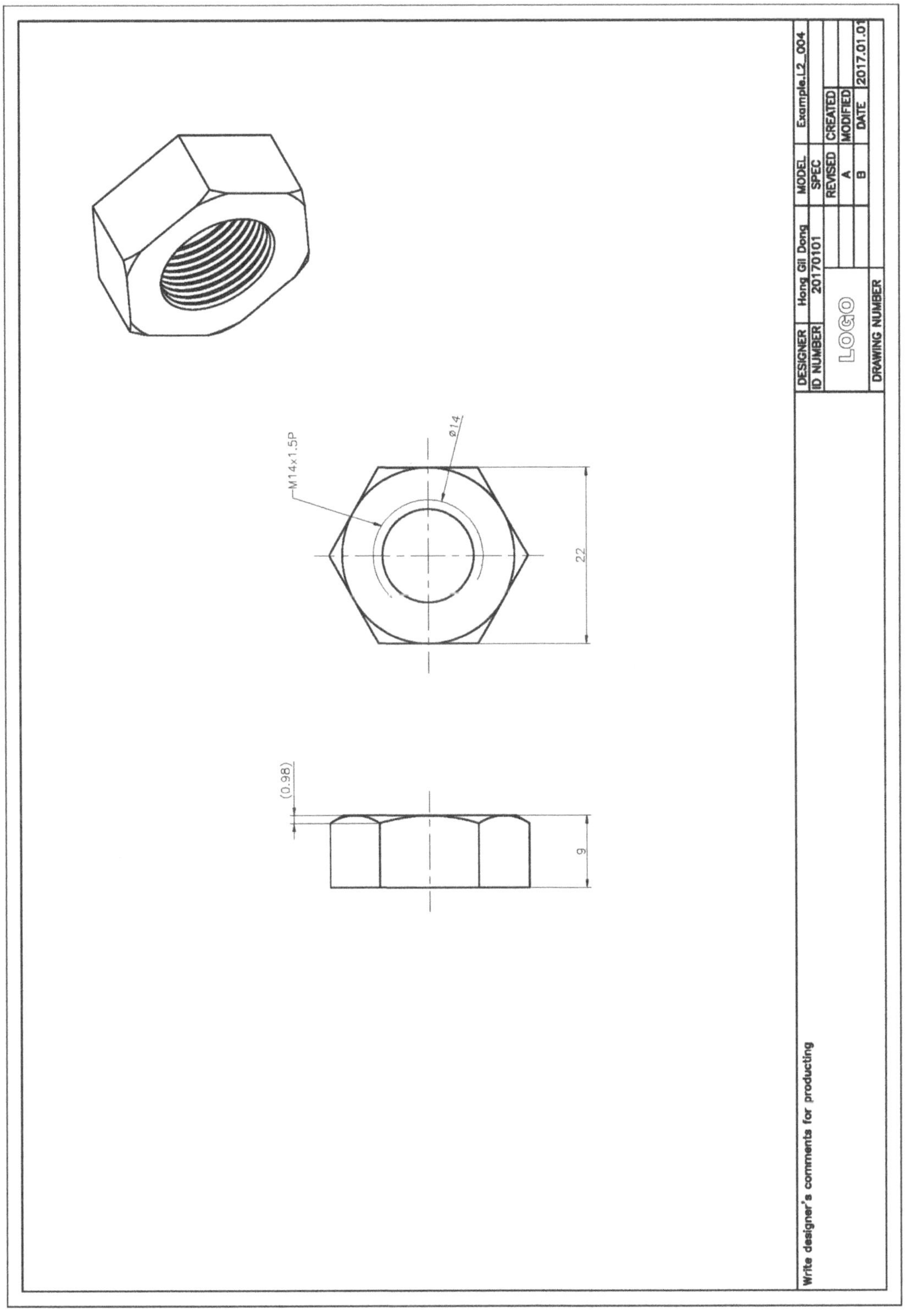

예제 16 Example.L2_005

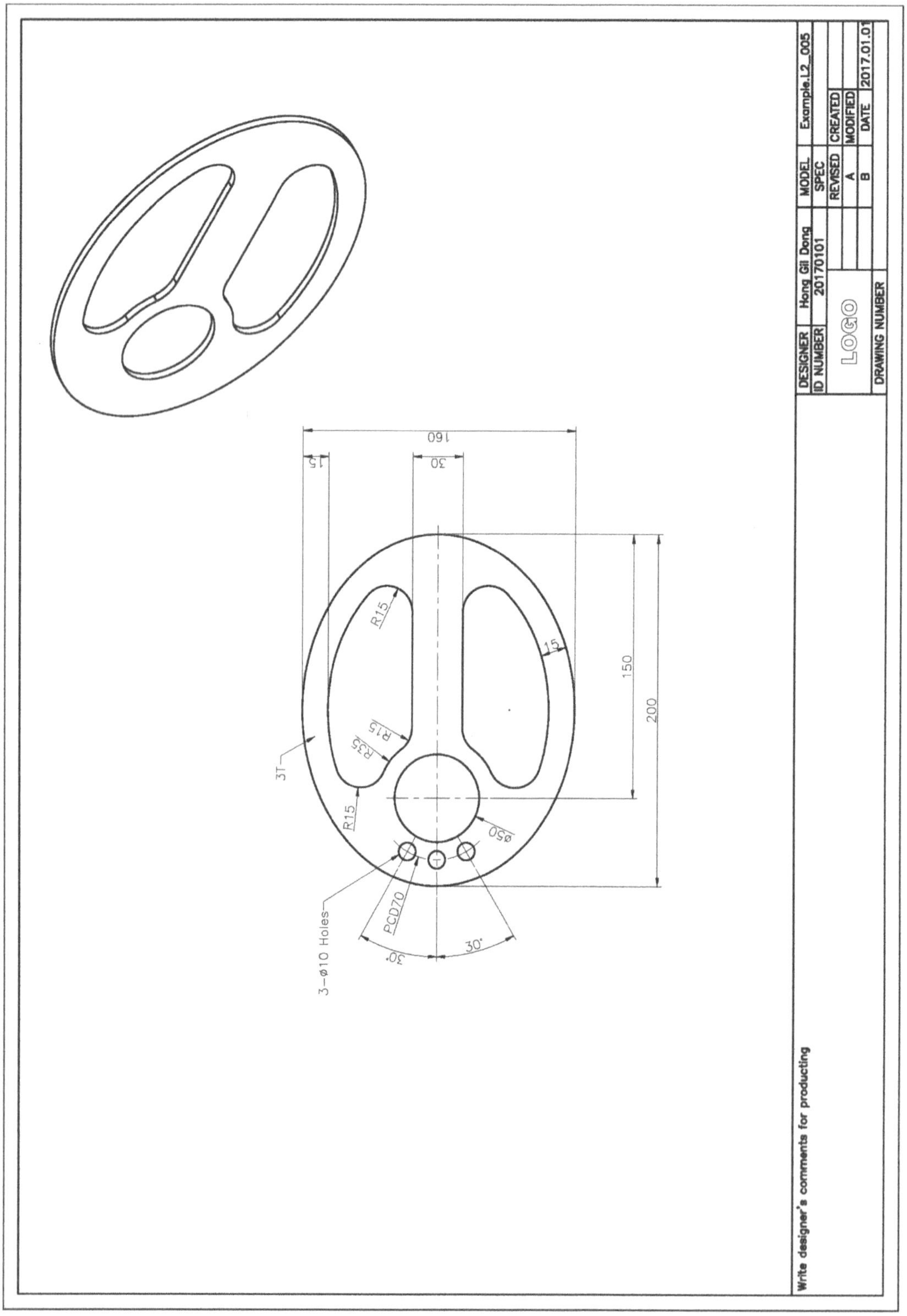

예제 17 Example.L2_006

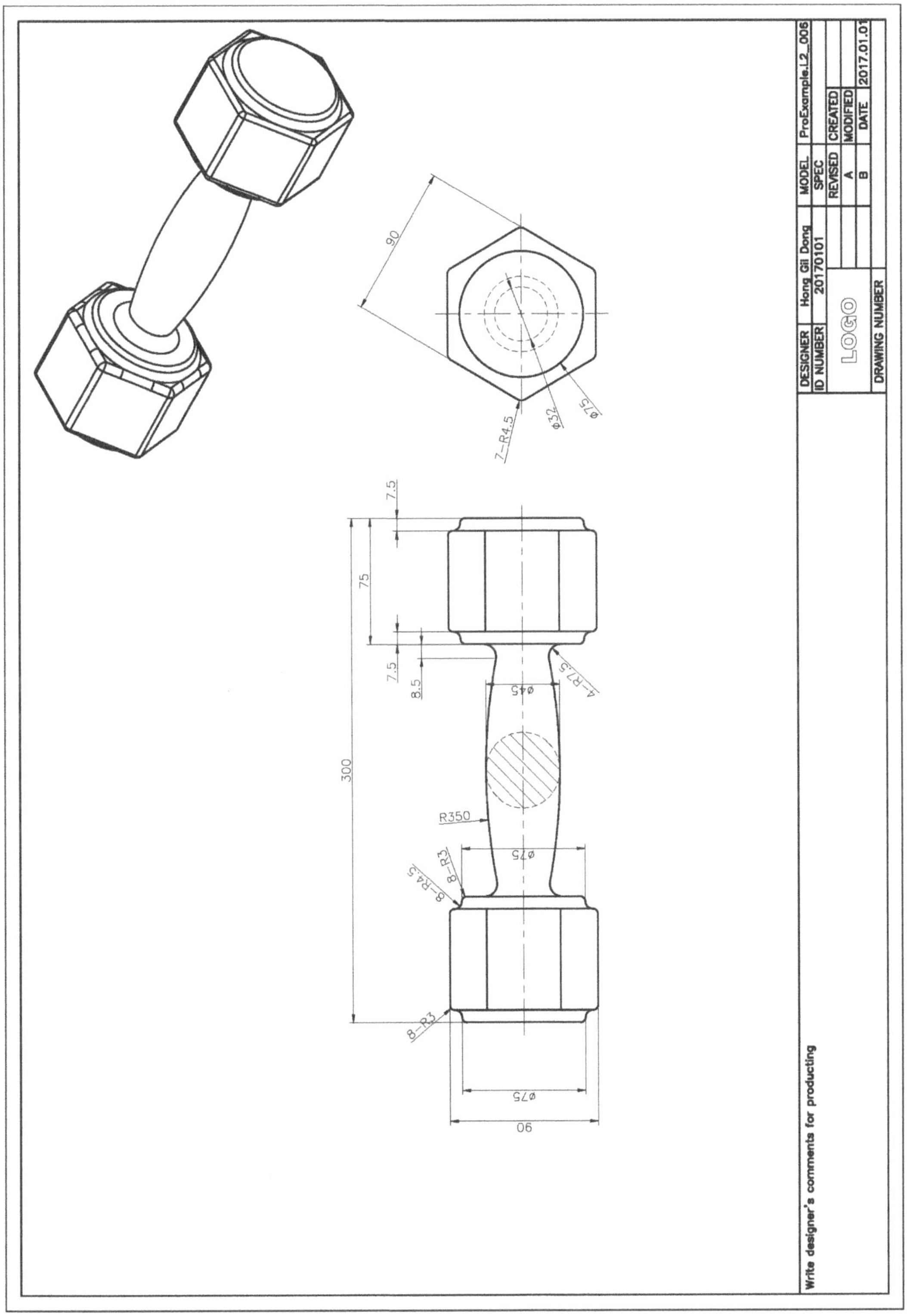

예제 18 Example.L2_007

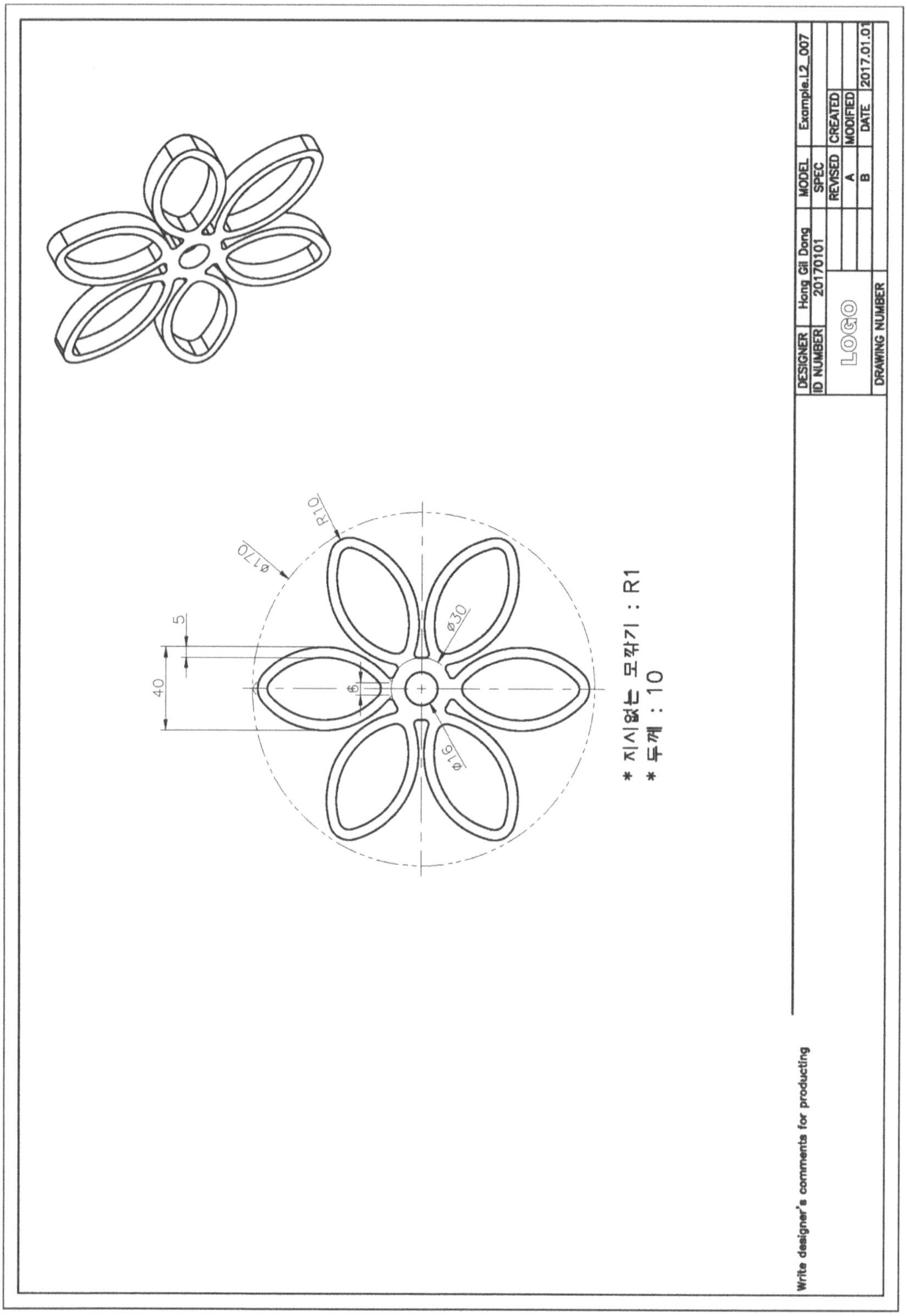

예제 19 Example.L2_008

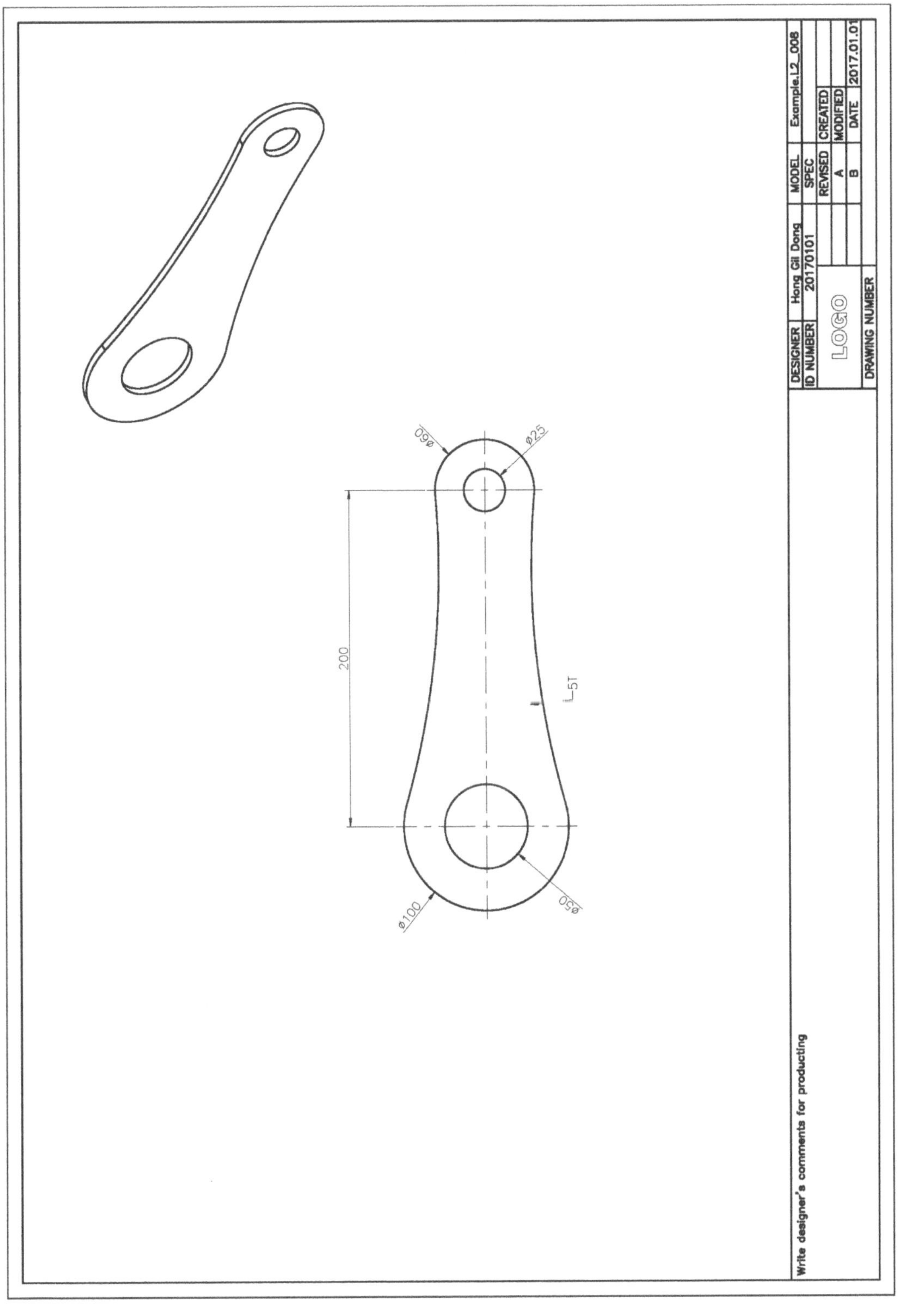

예제 20 Example.L2_009

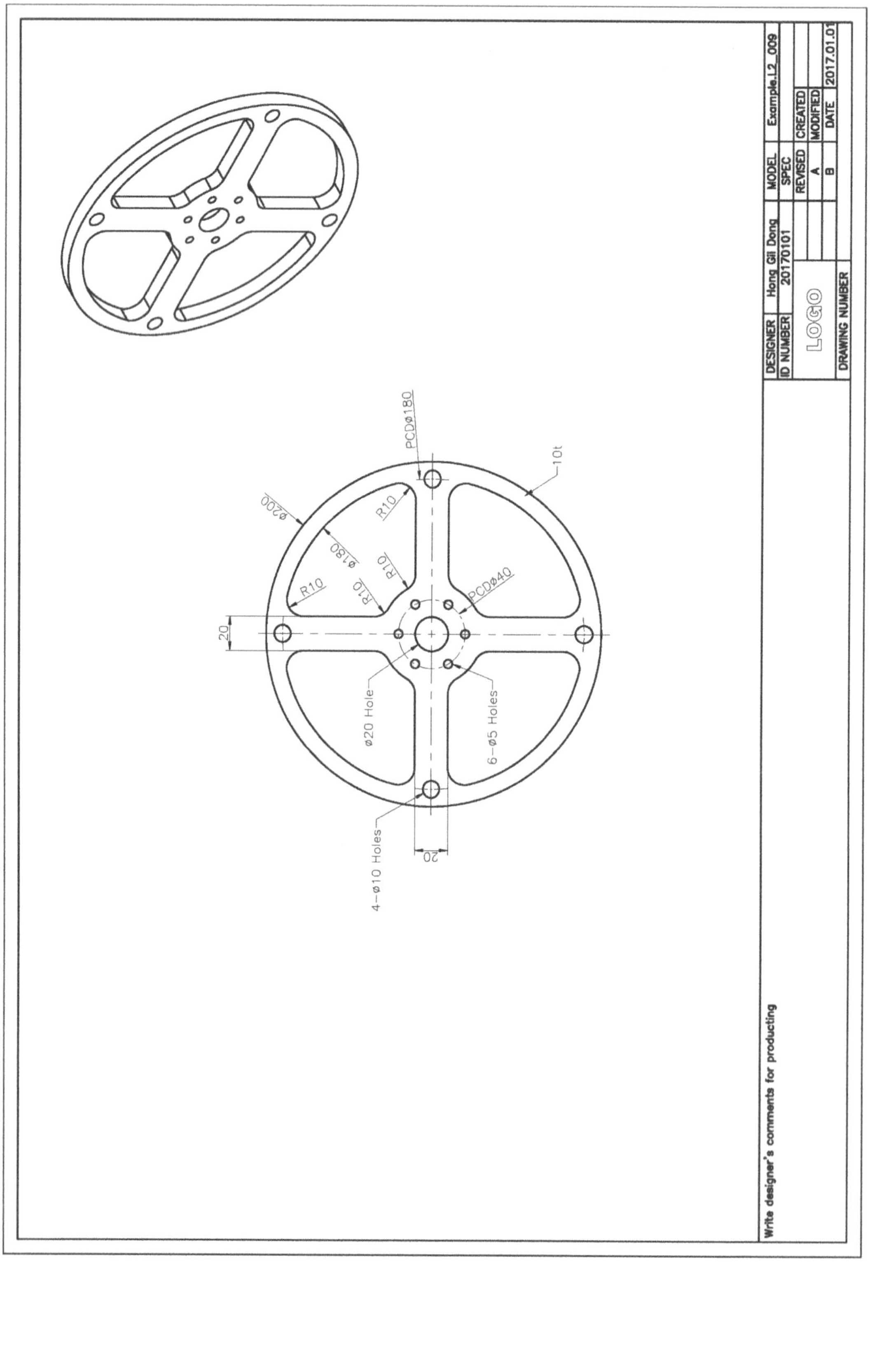

예제 21 Example.L2_010

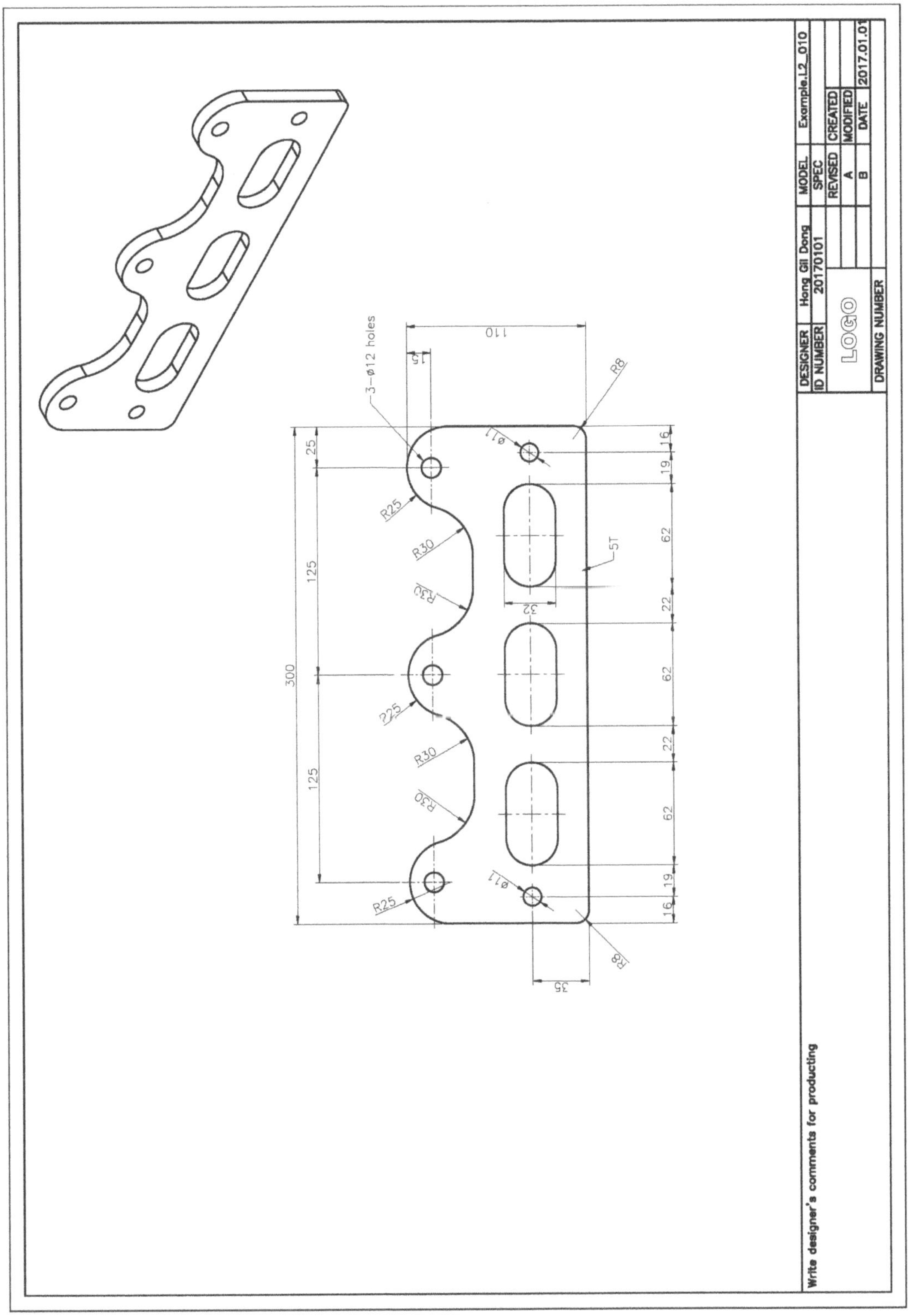

예제 22 Example.L2_011

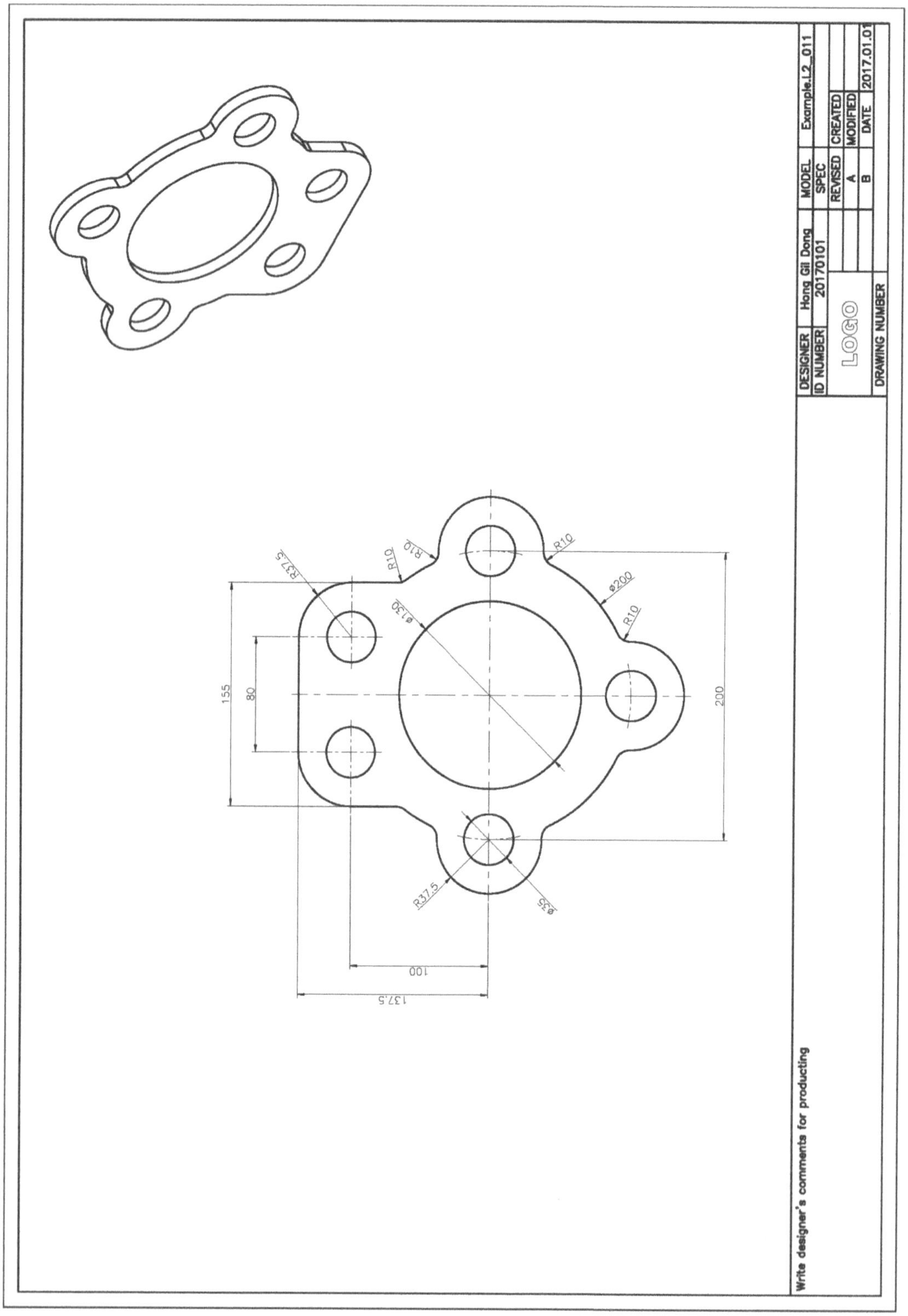

예제 23 Example.L2_012

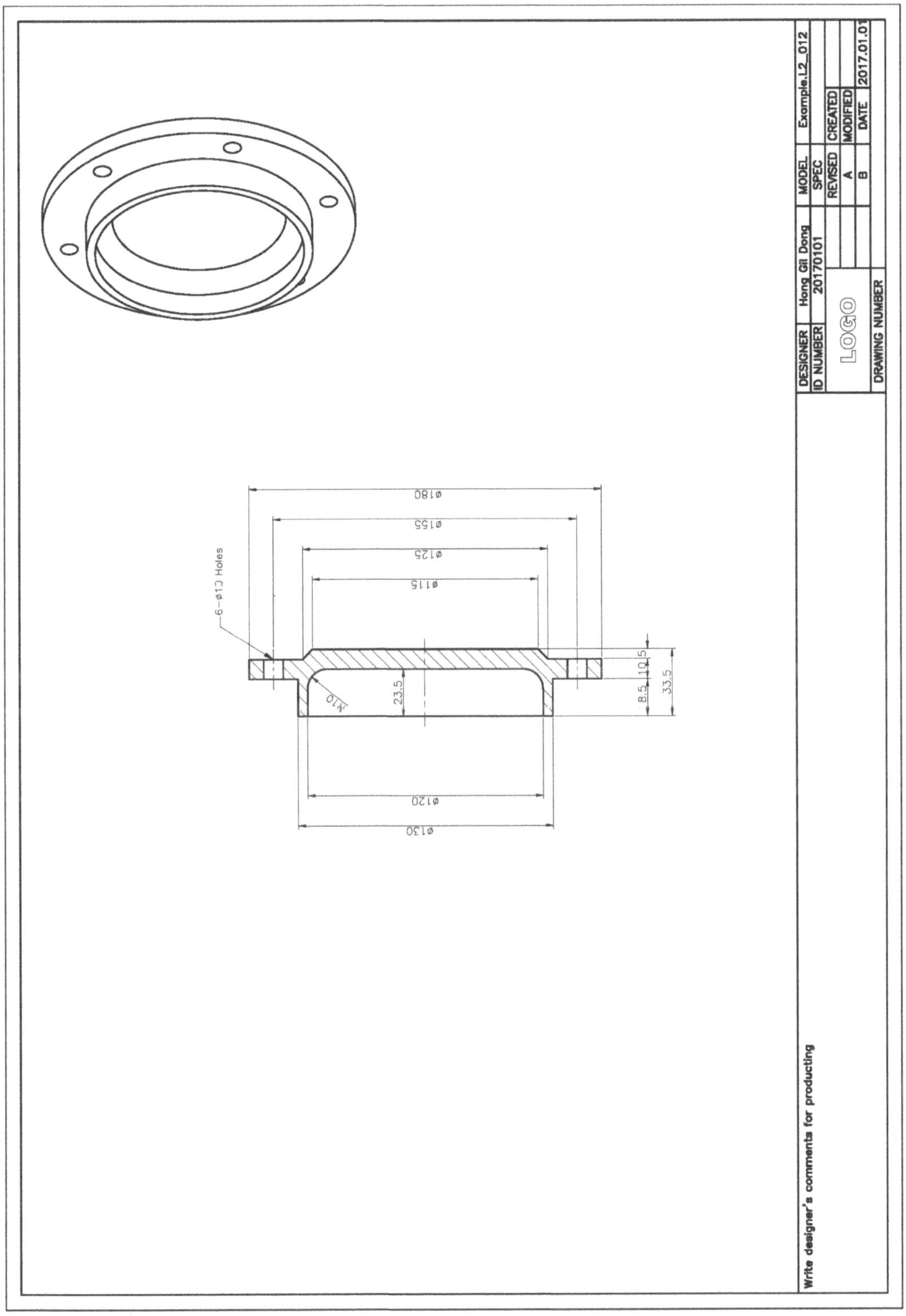

예제 24 Example.L2_013

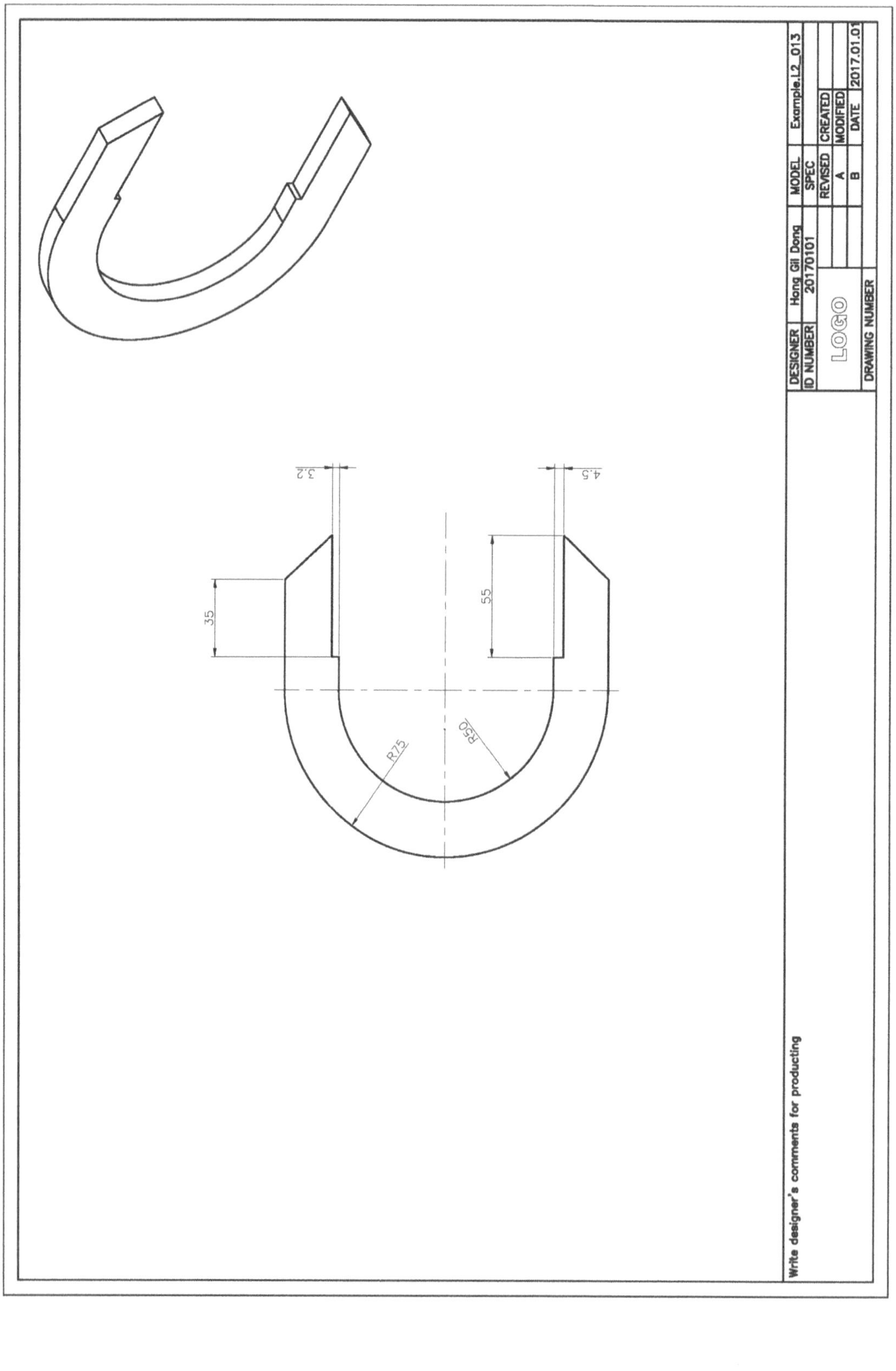

예제 25 Example.L2_014

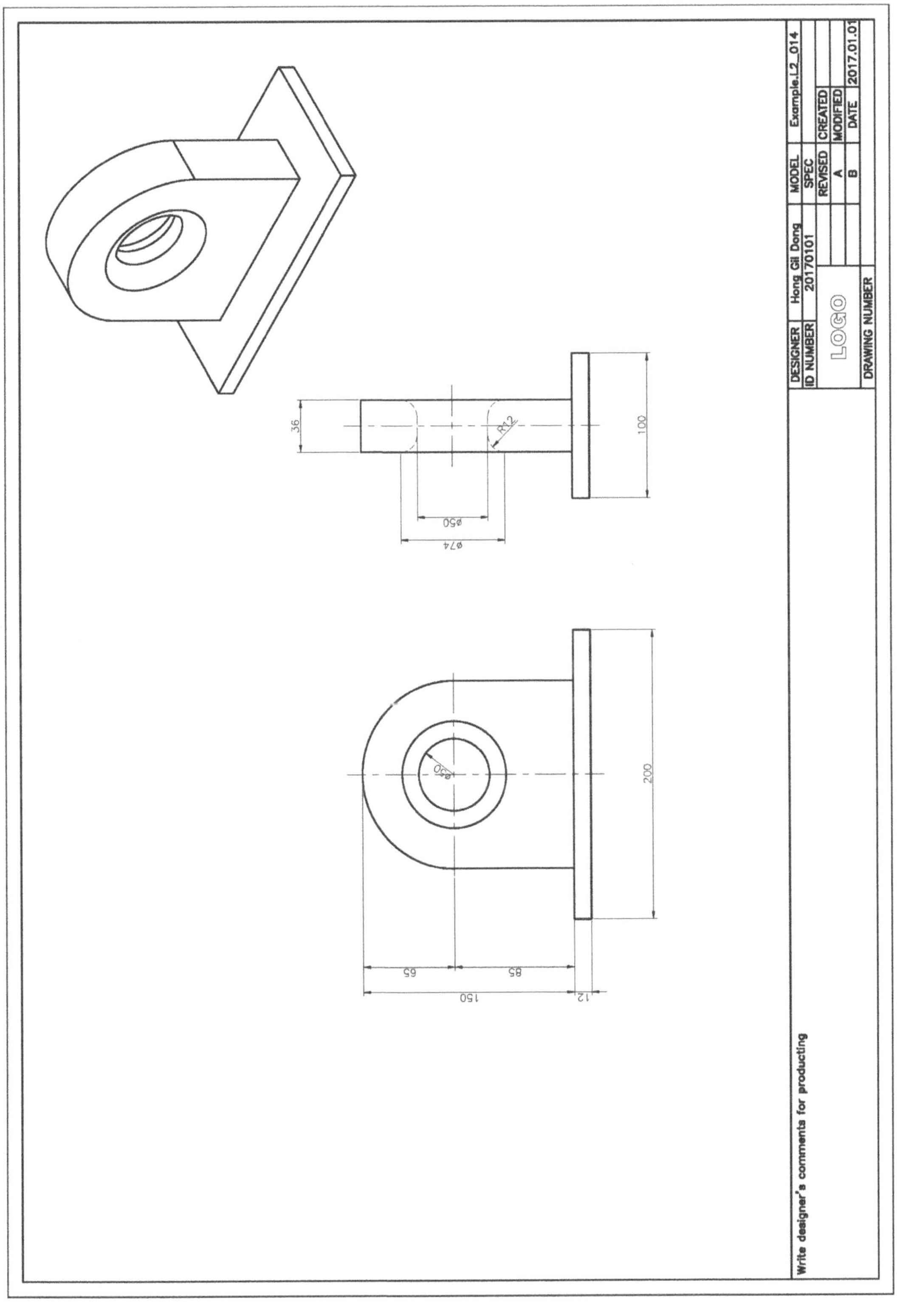

예제 26 Example.L2_015

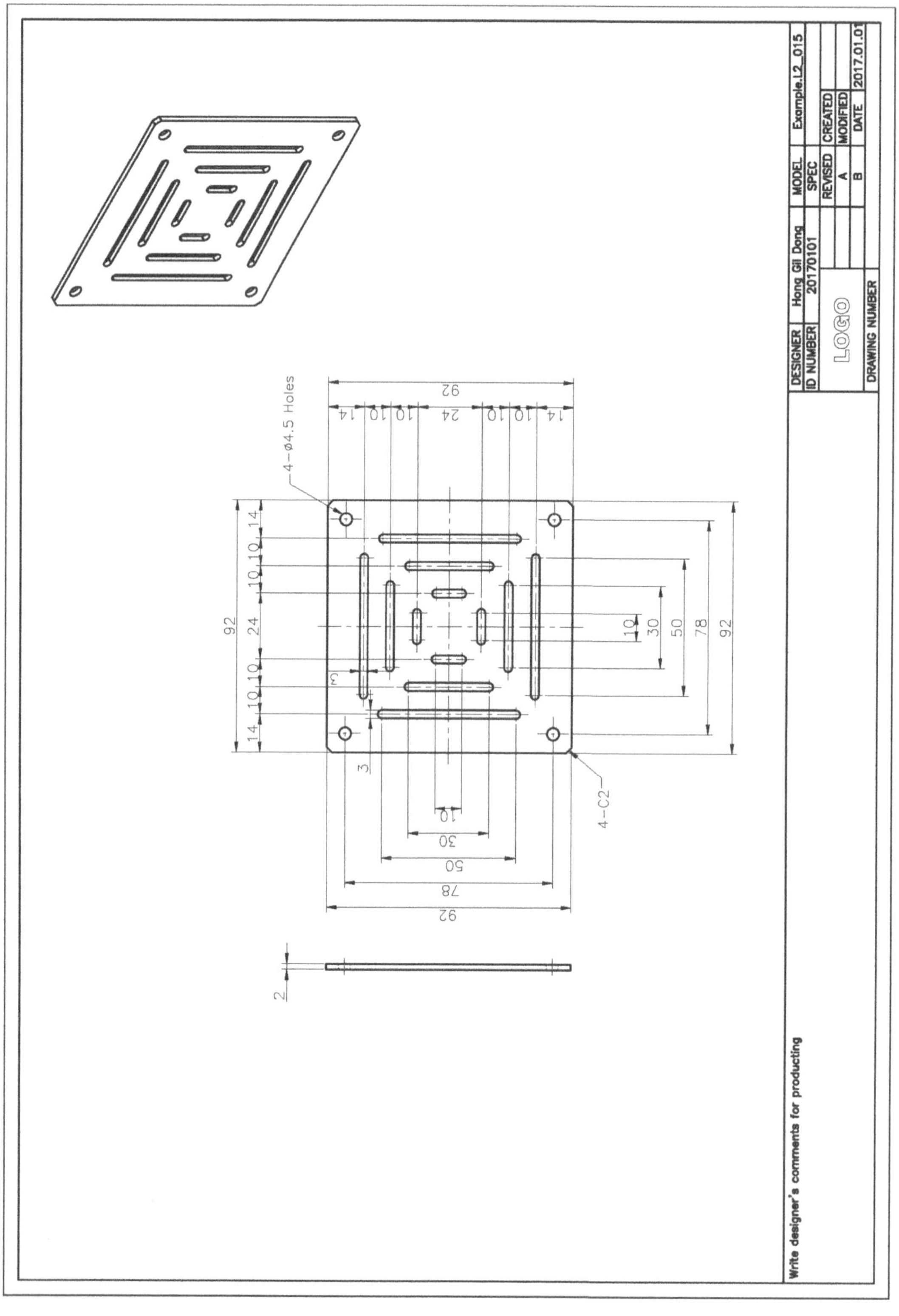

예제 27 Example.L2_016

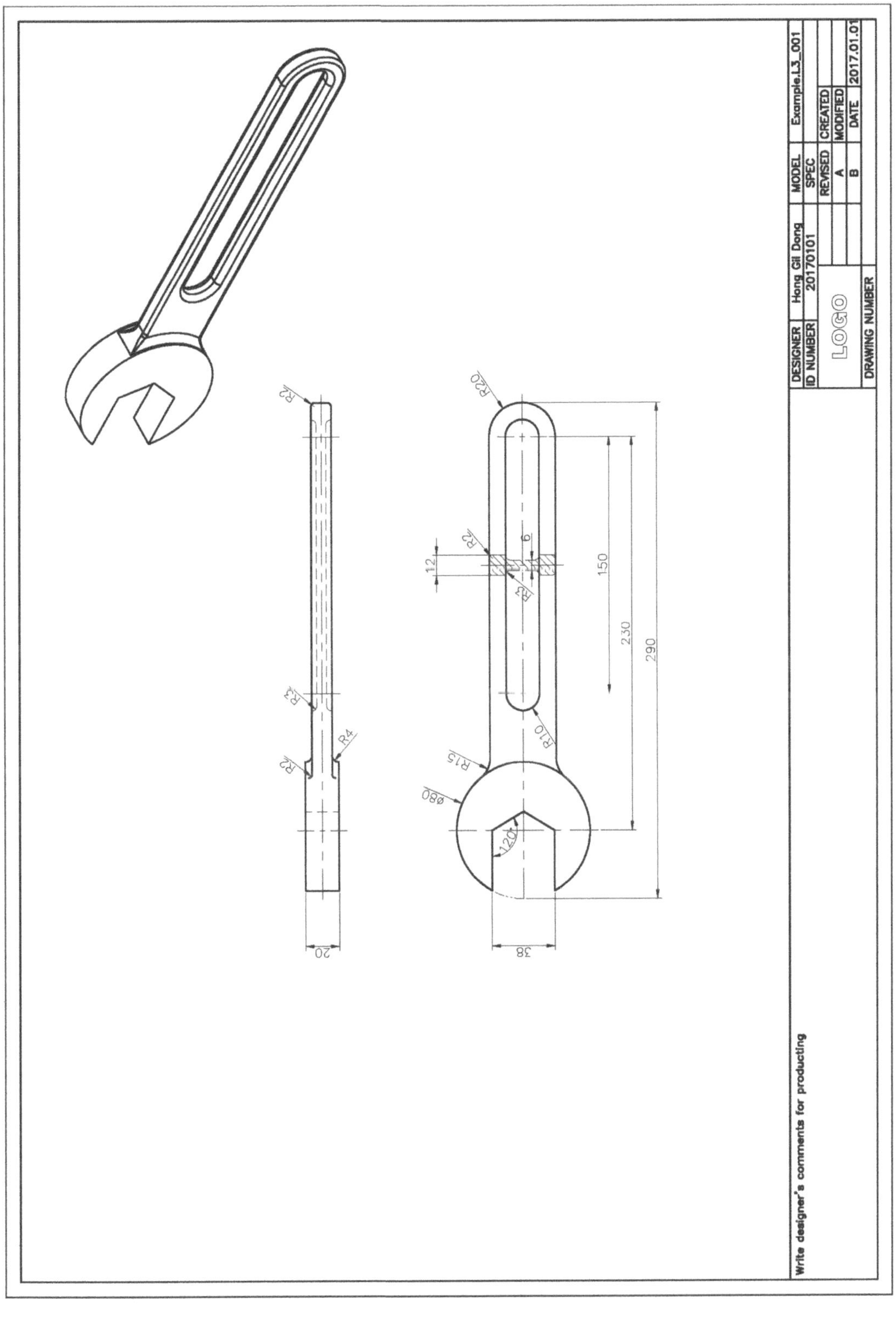

예제 28 Example.L3_001

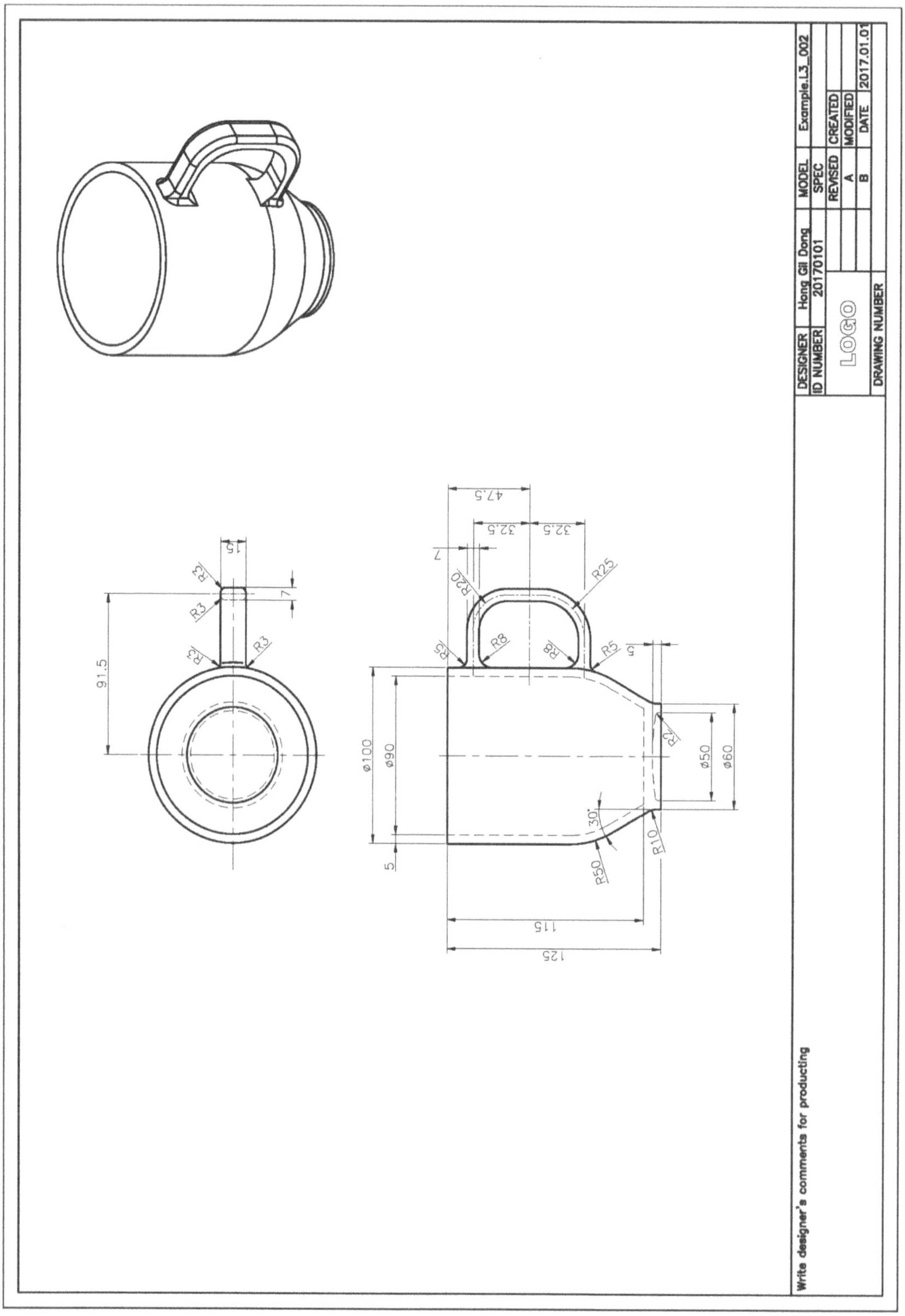

예제 29 Example.L3_002

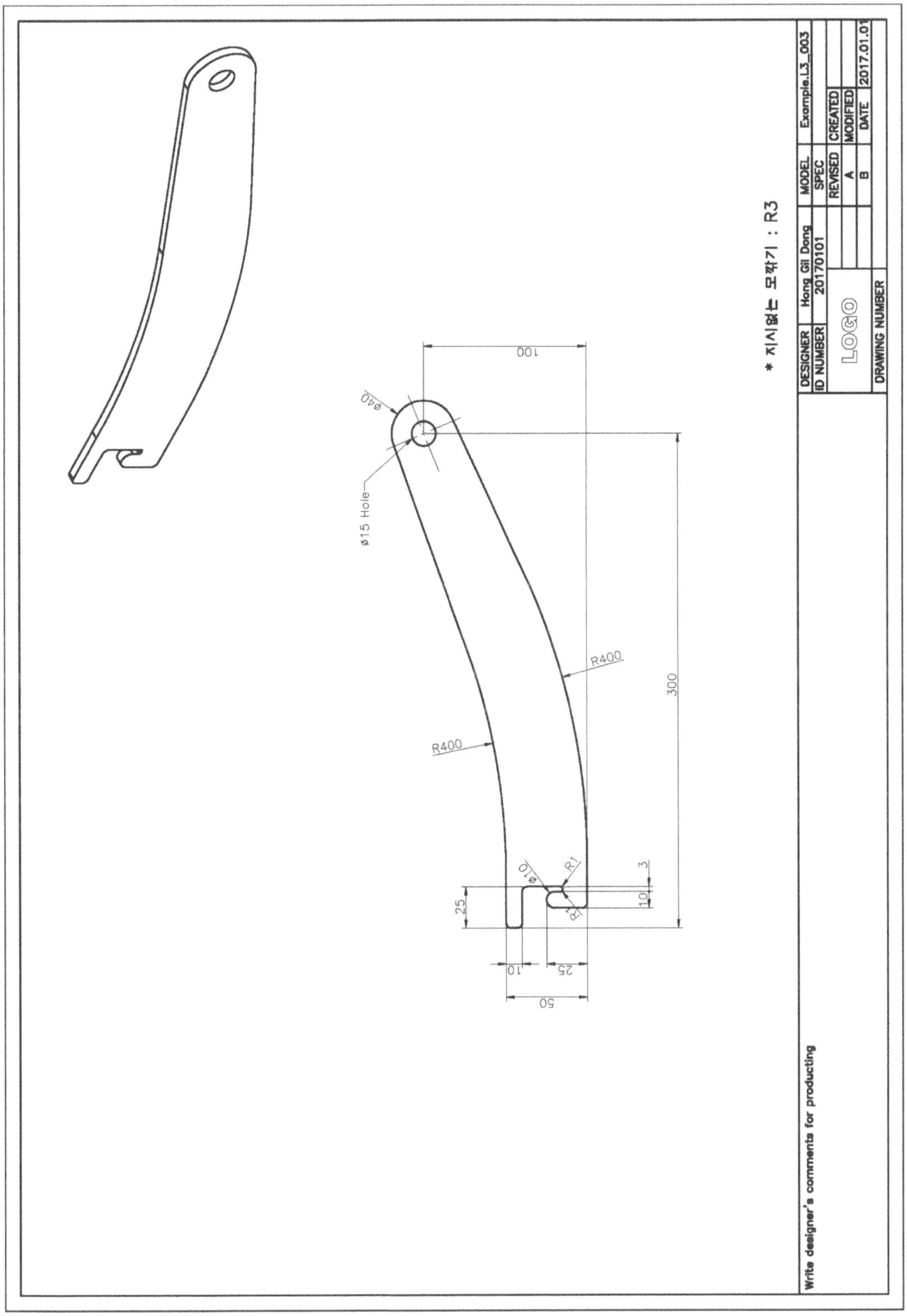

예제 30 Example.L3_003

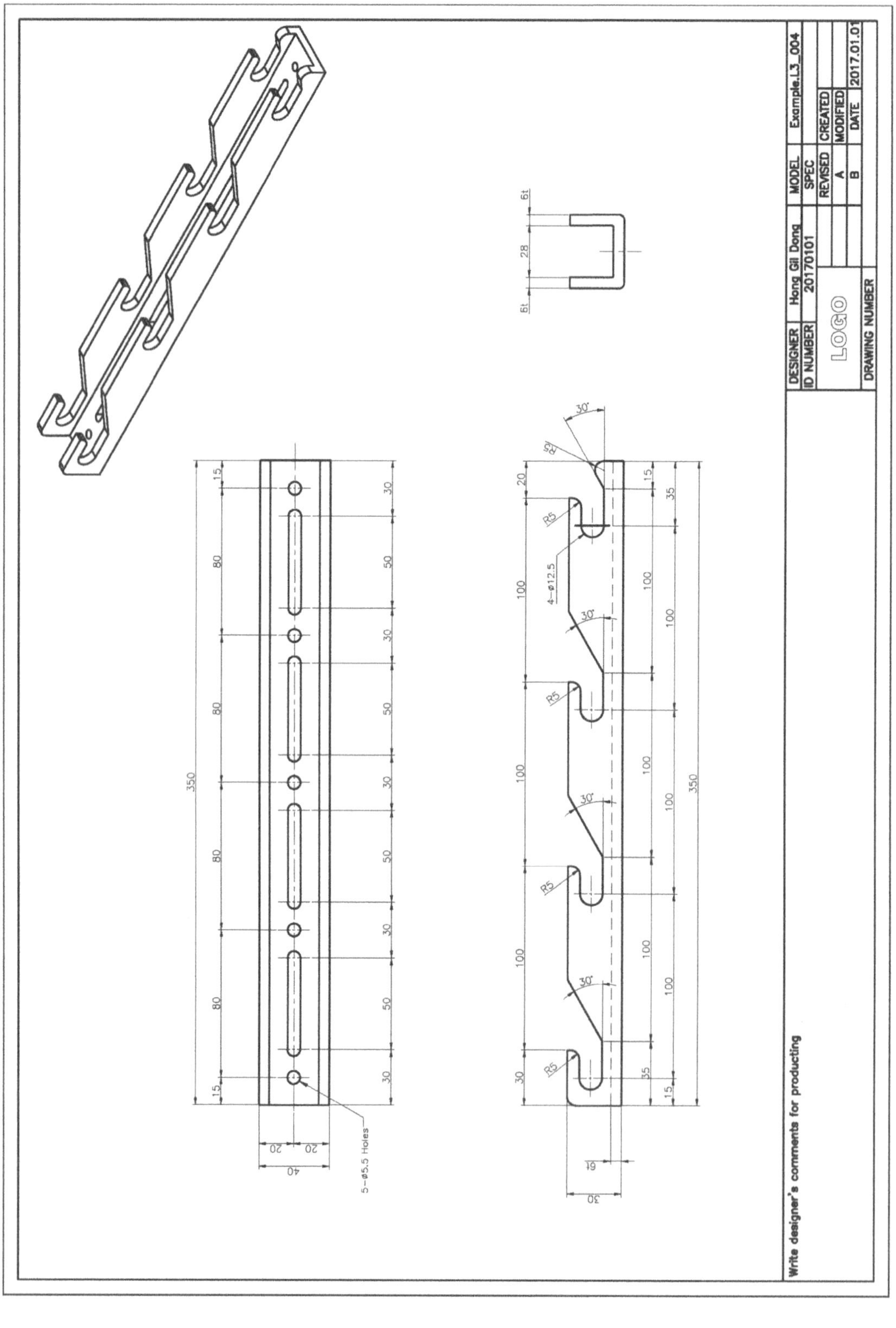

예제 31 Example.L3_004

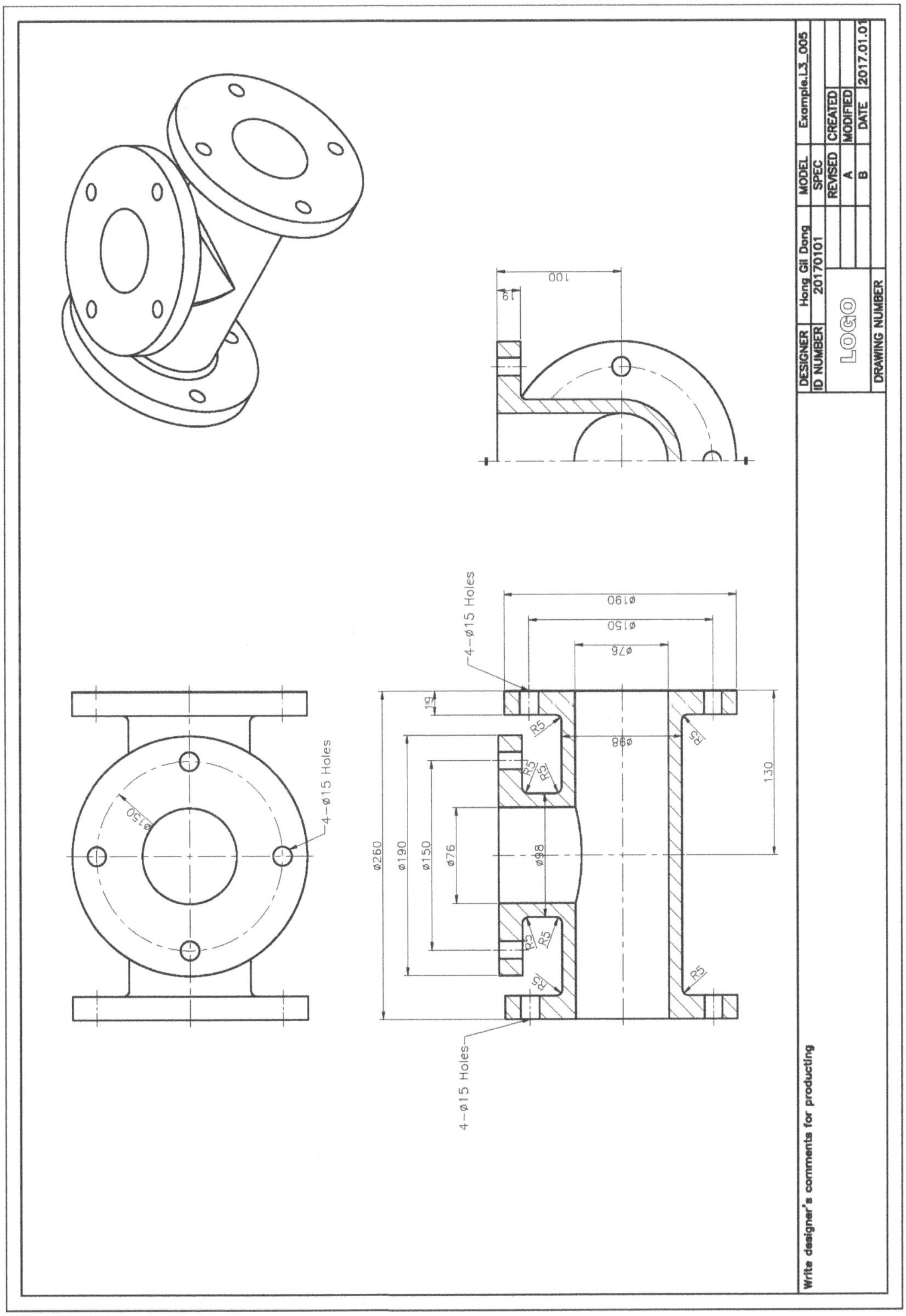

예제 32 Example.L3_005

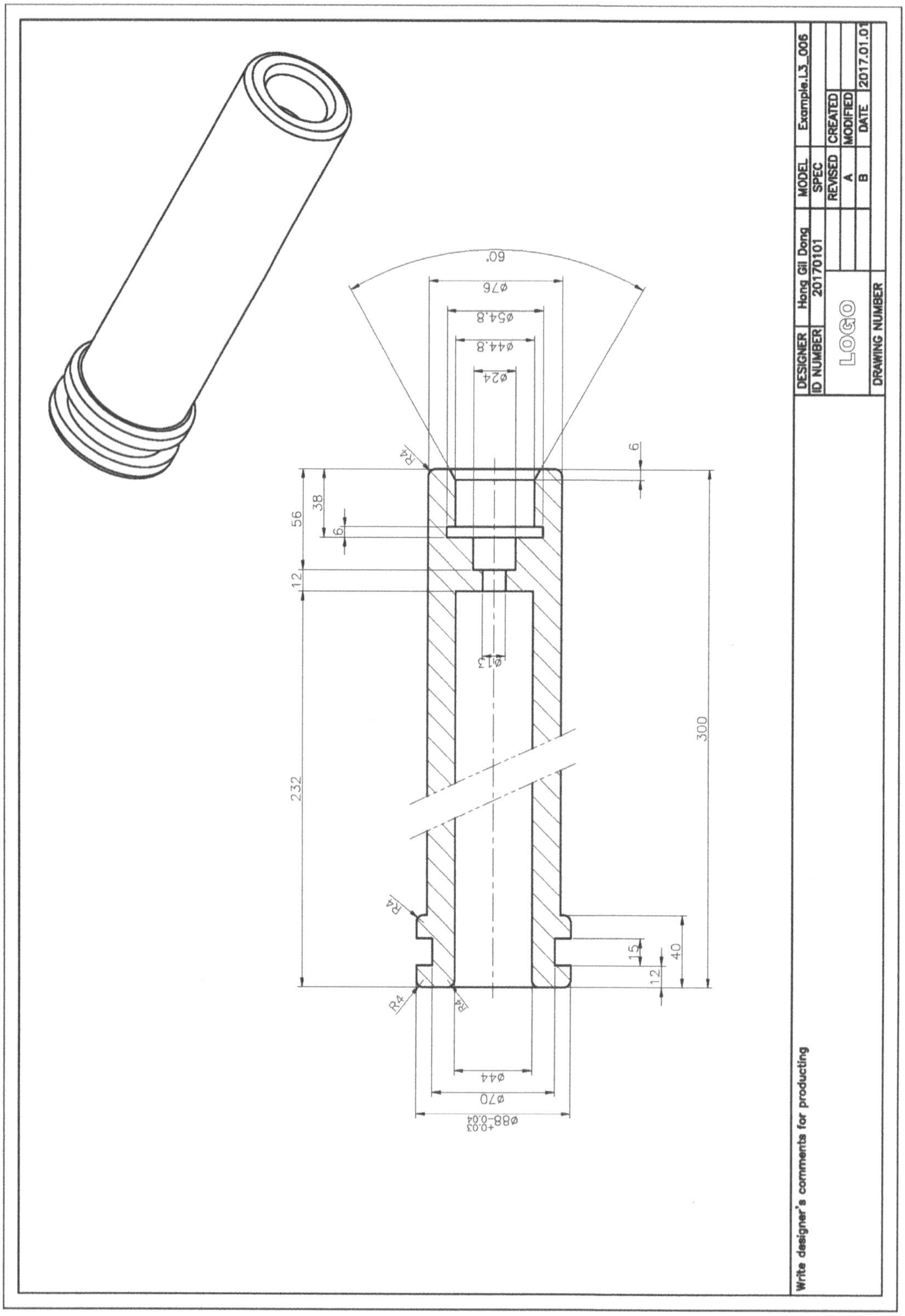

예제 33 Example.L3_006

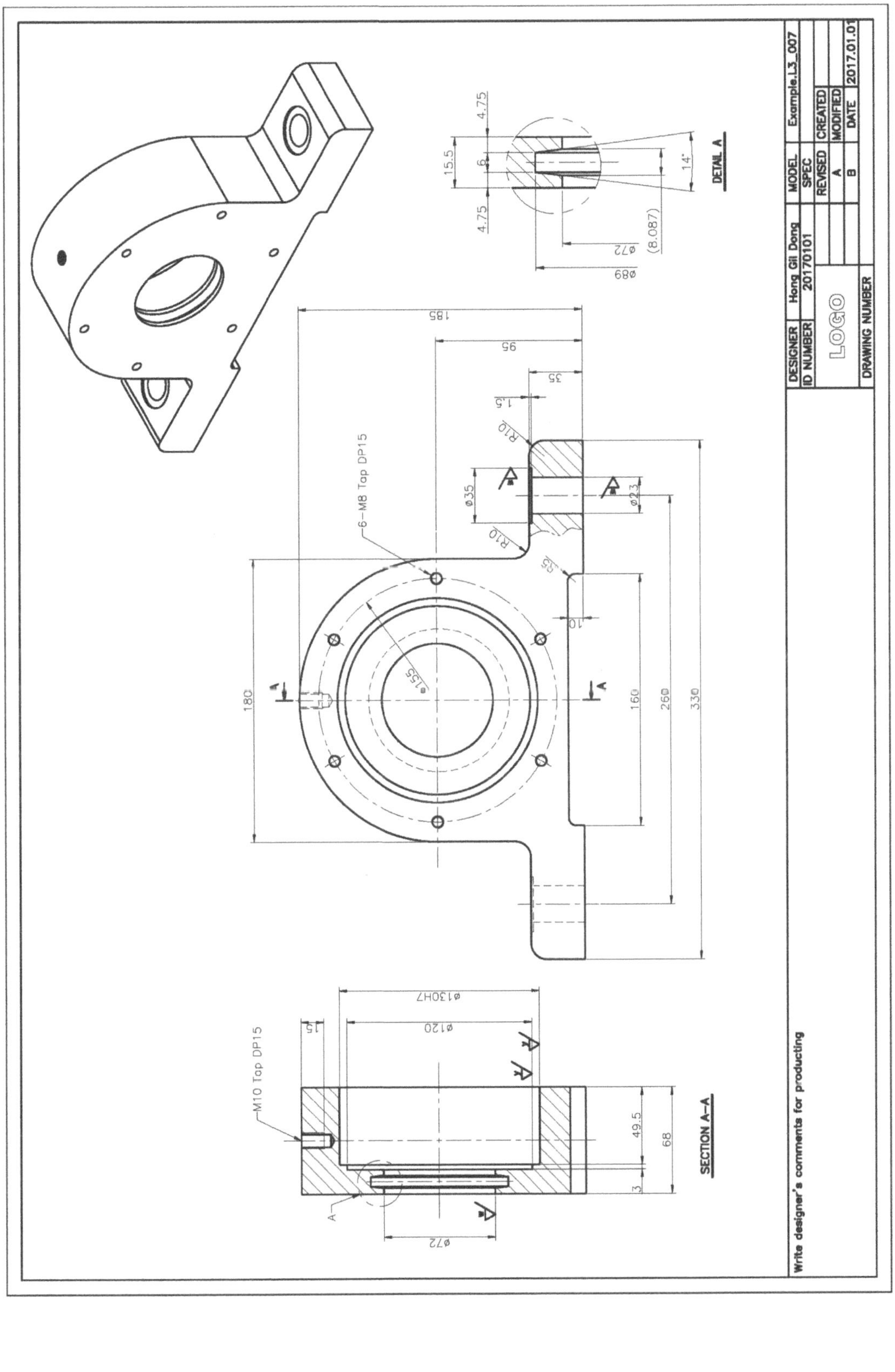

예제 34 Example.L3_007

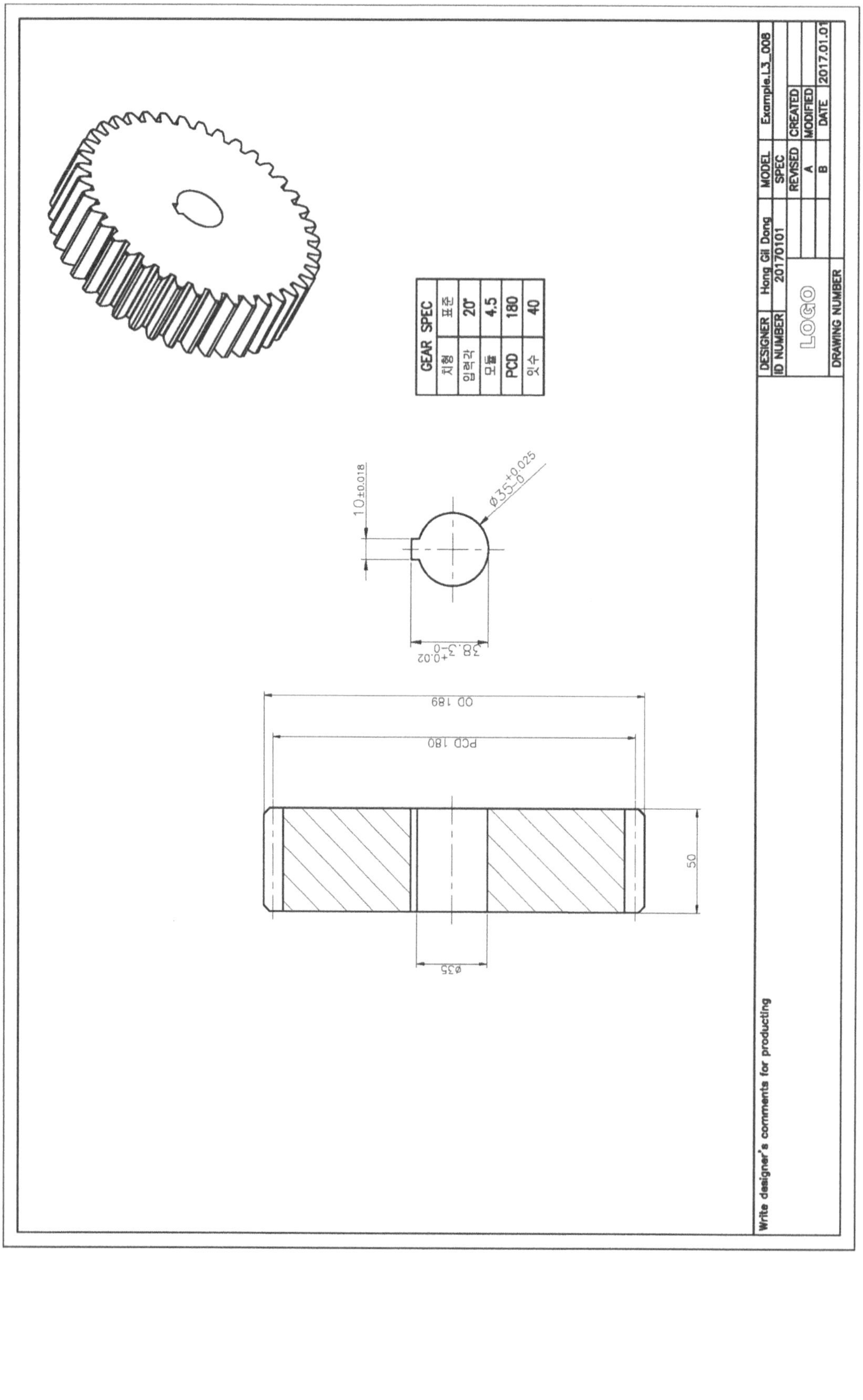

예제 35 Example.L3_008

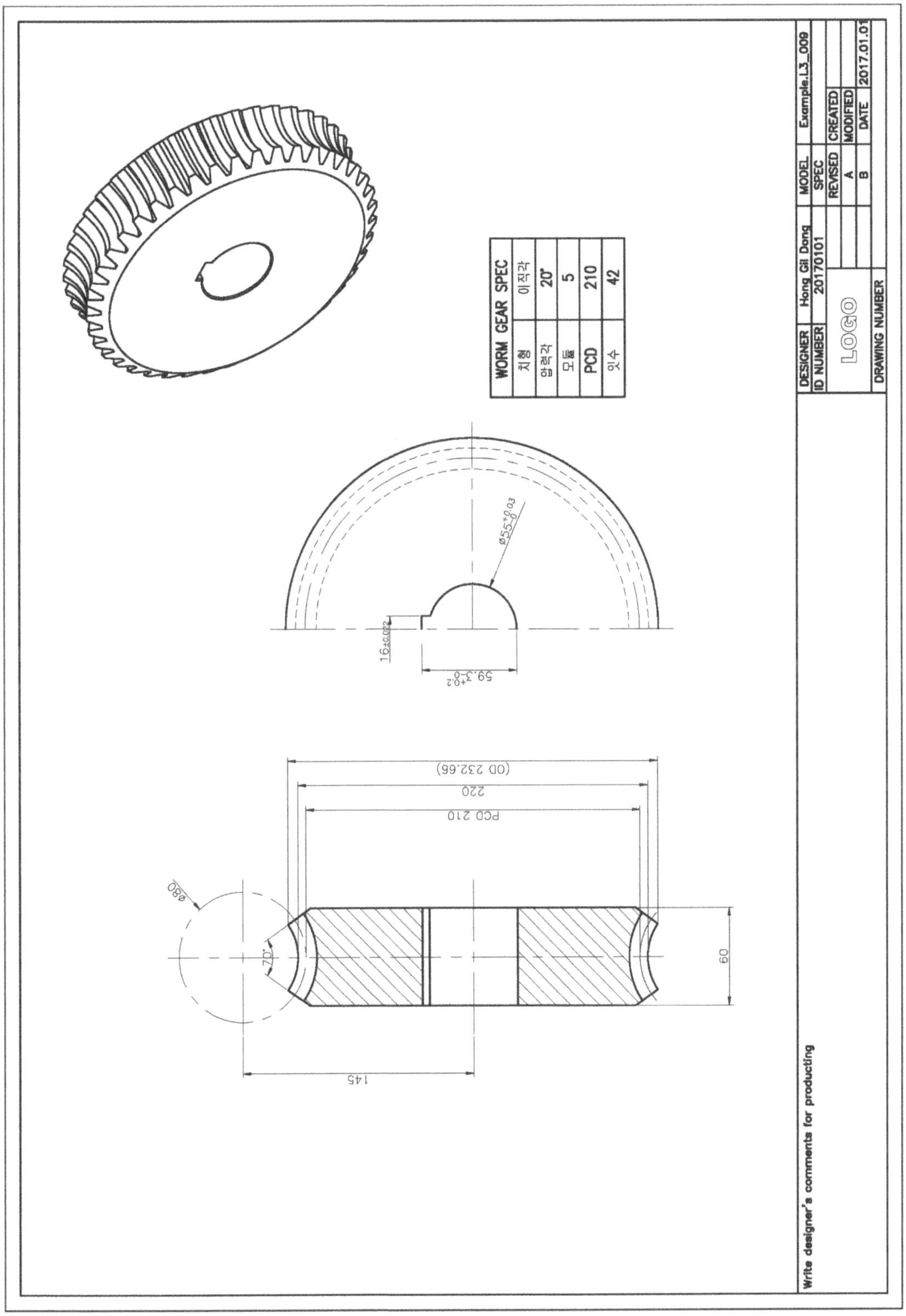

예제 36 Example.L3_009

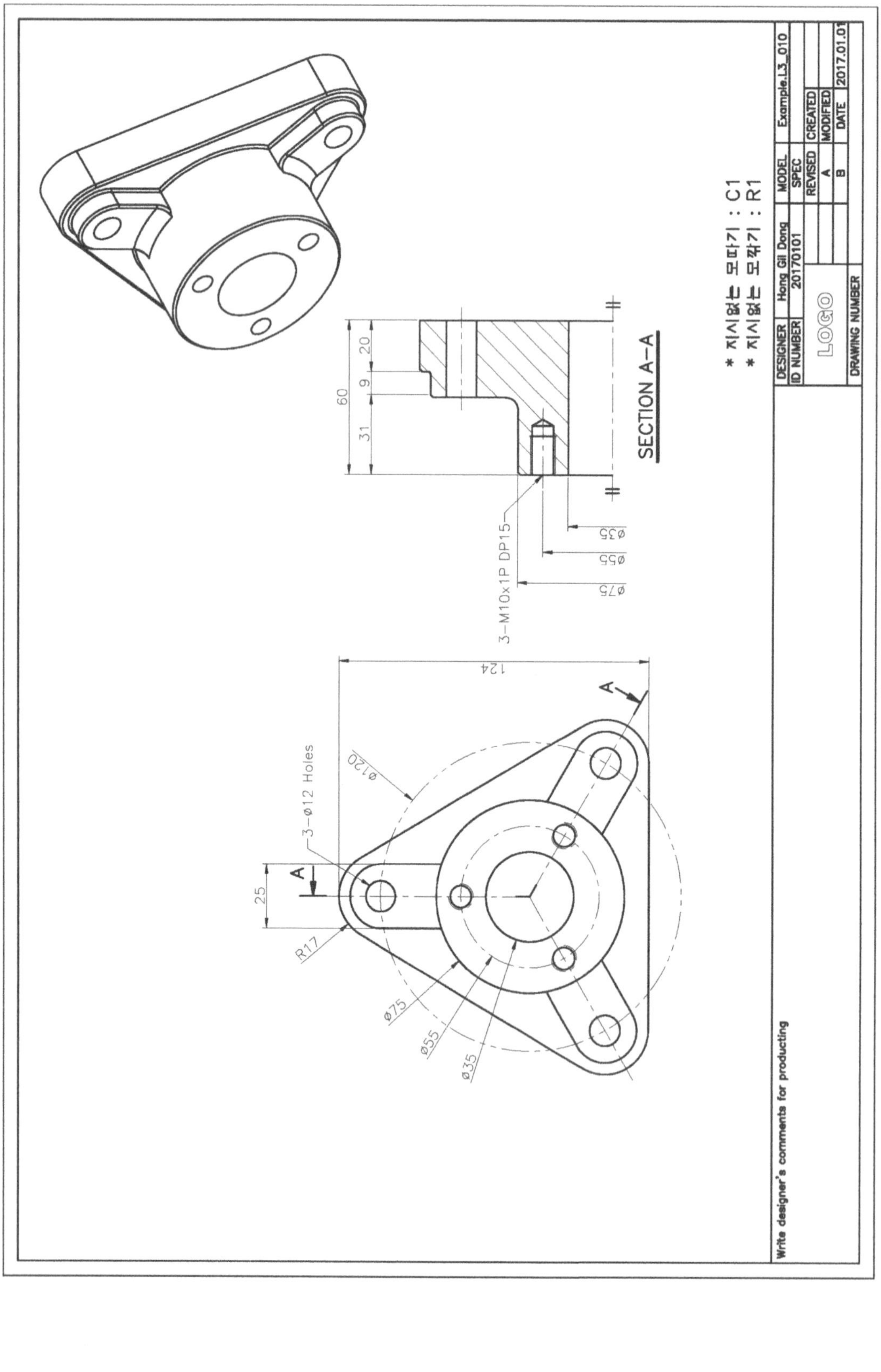

예제 37 Example.L3_010

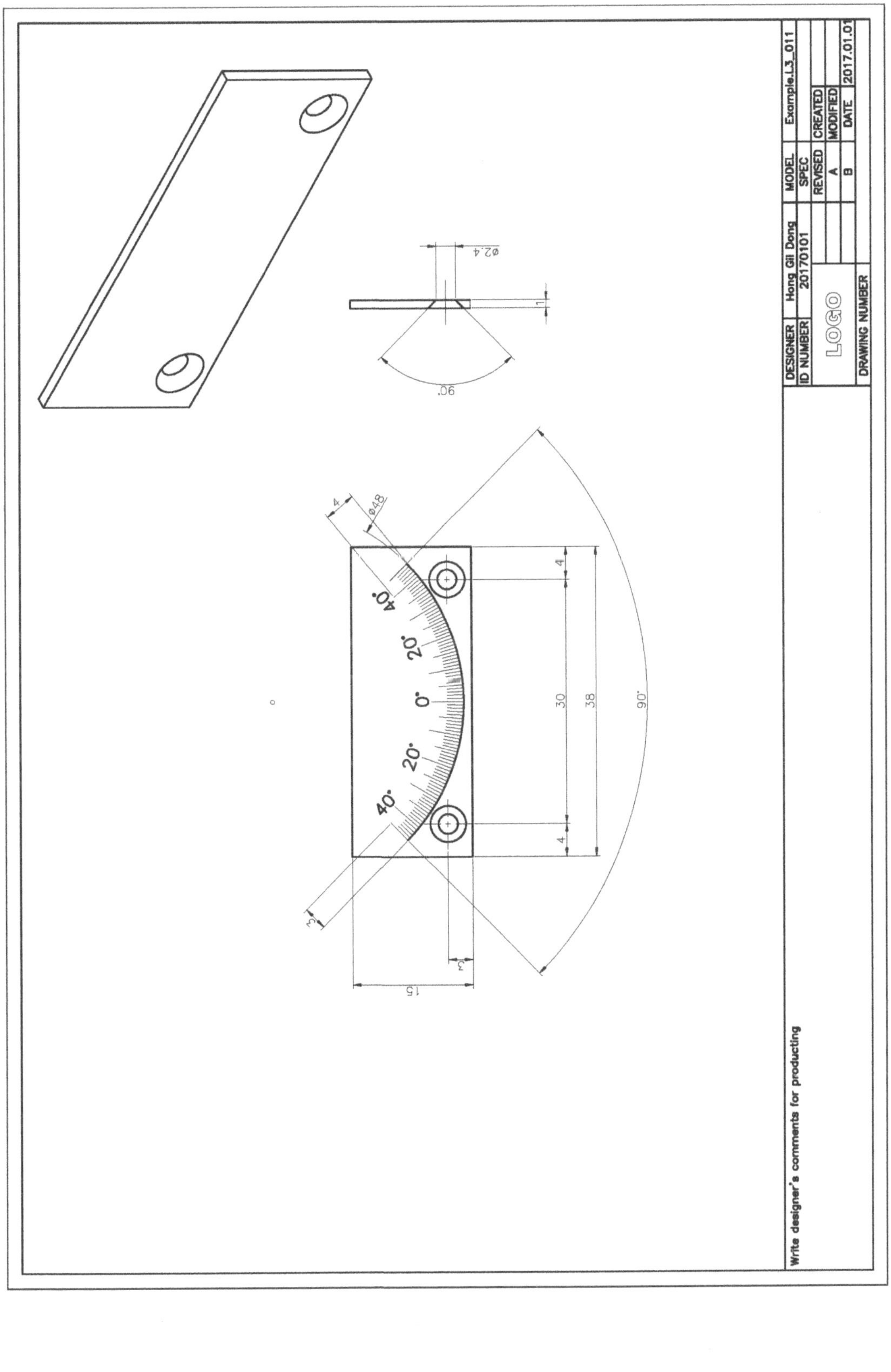

예제 38 Example.L3_011

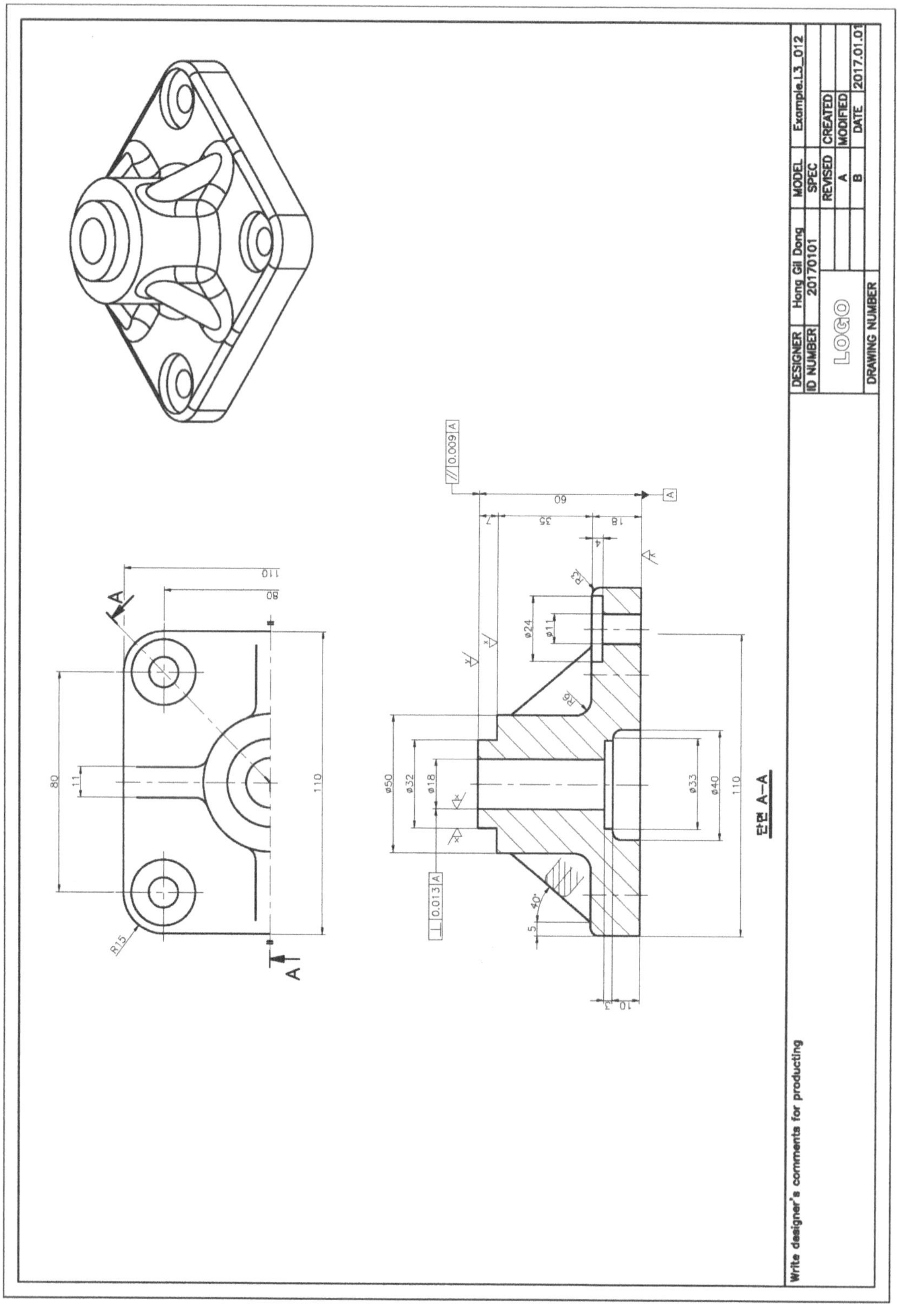

예제 39 Example.L3_012

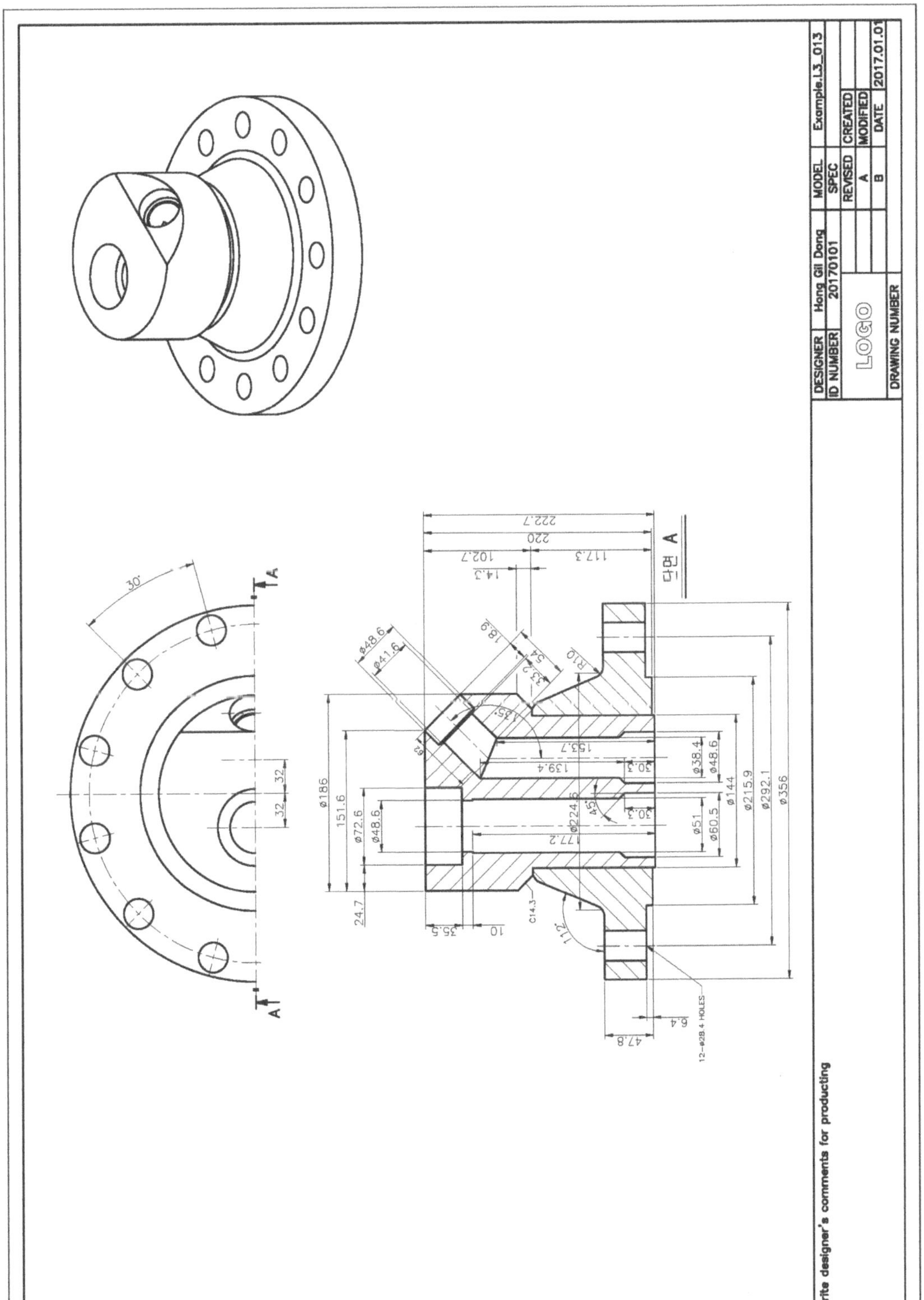

예제 40 Example.L3_013

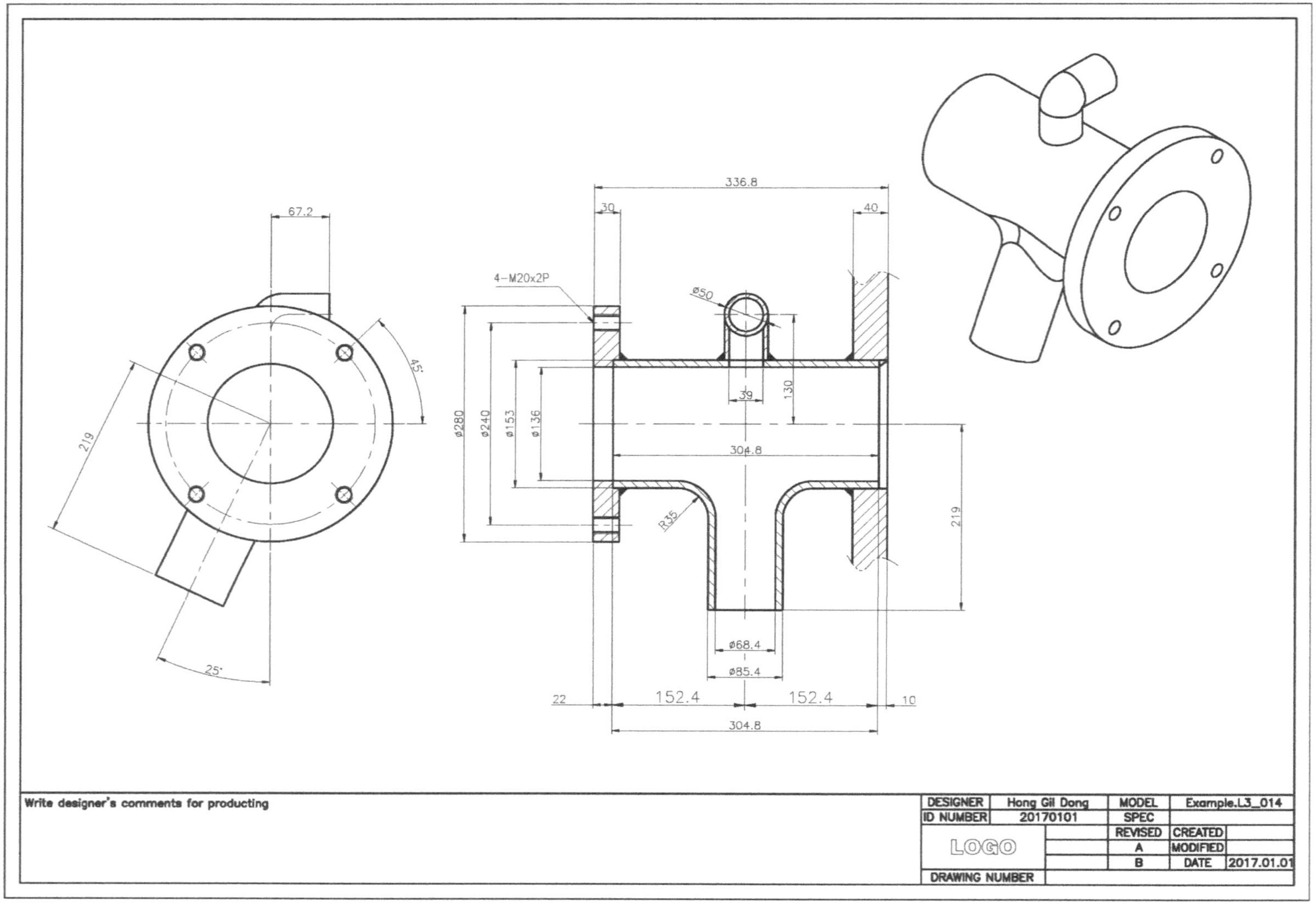

예제 41 Example.L3_014

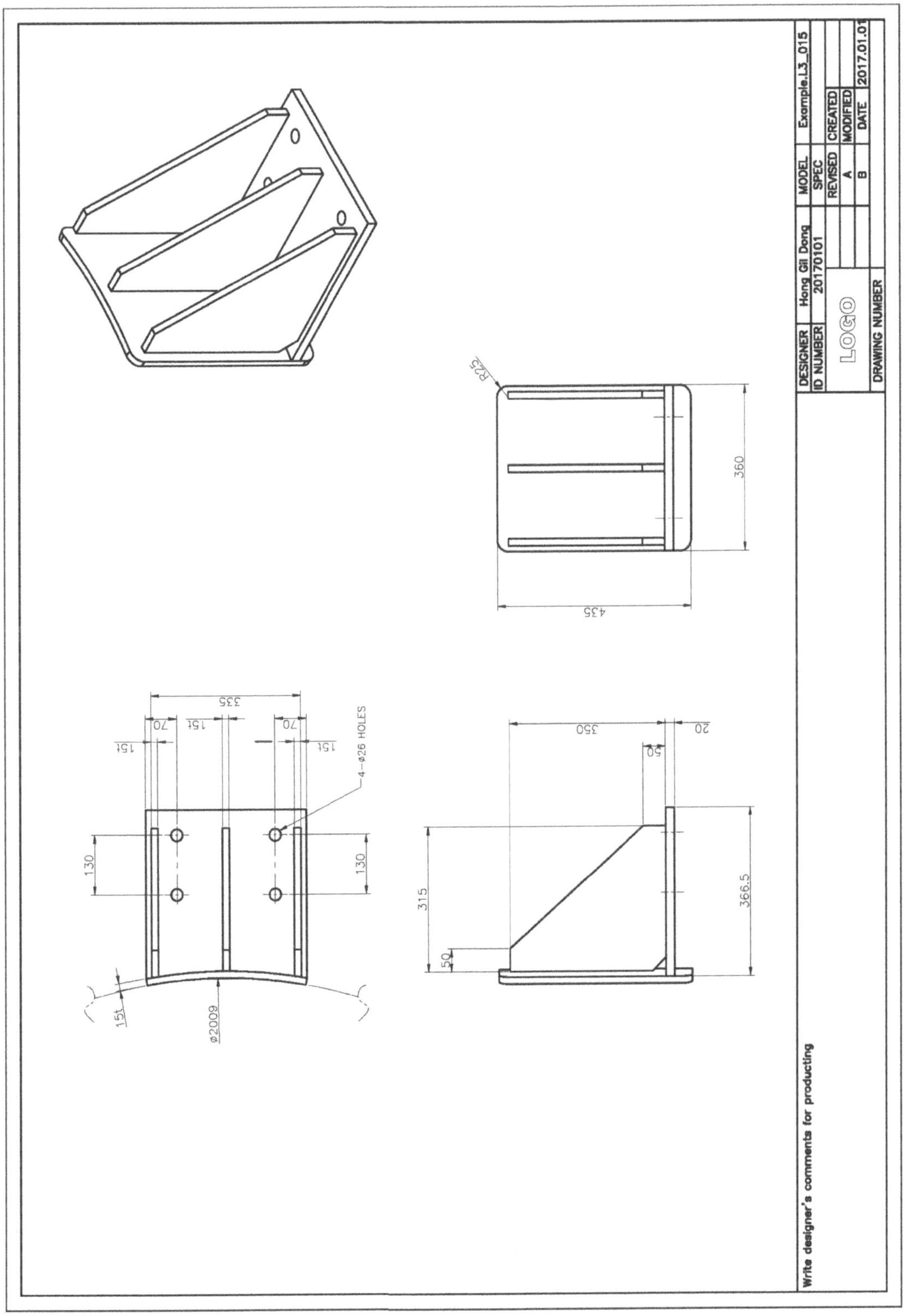

예제 42 Example.L3_015

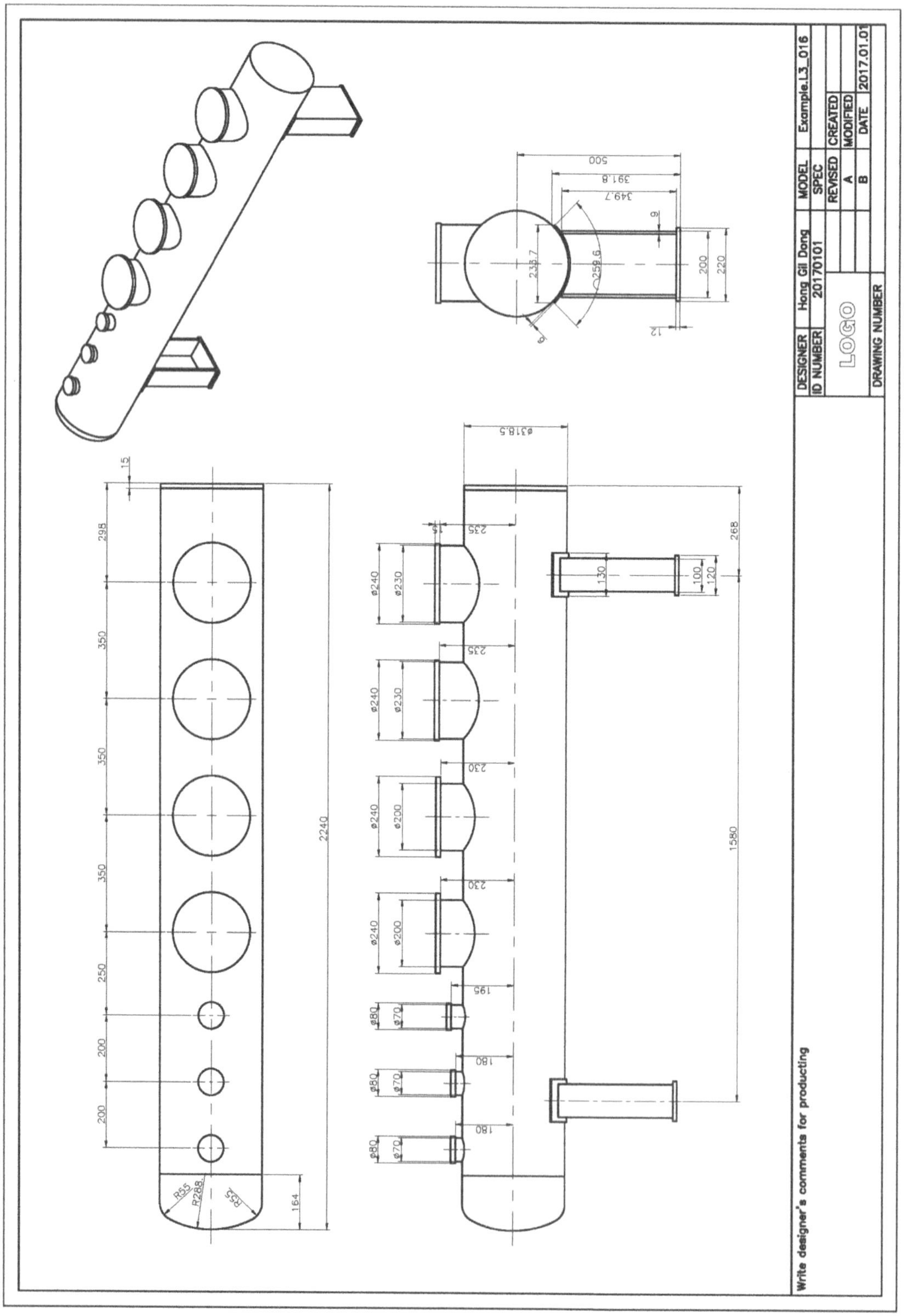

예제 43 Example.L3_016

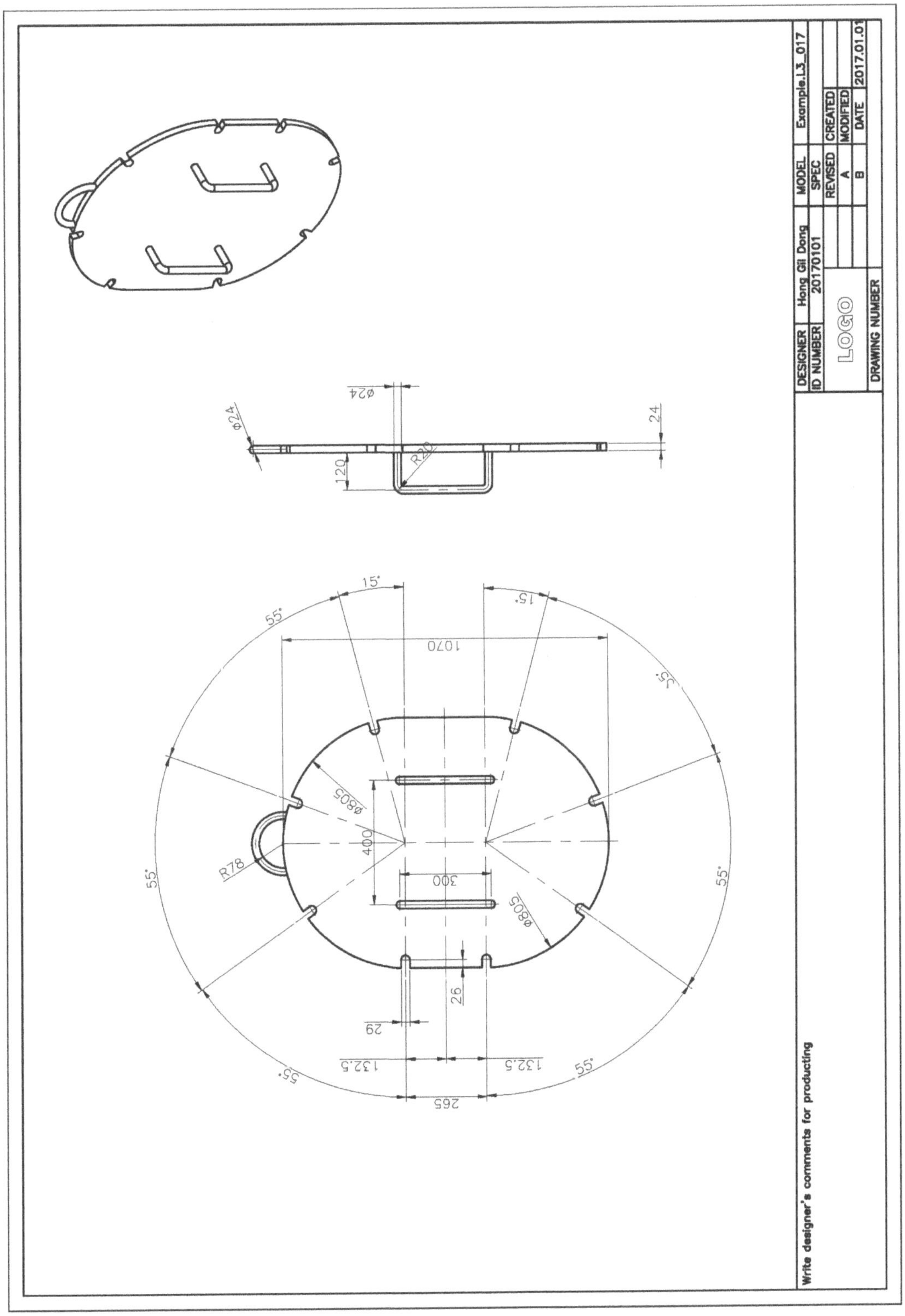

예제 44 Example.L3_017

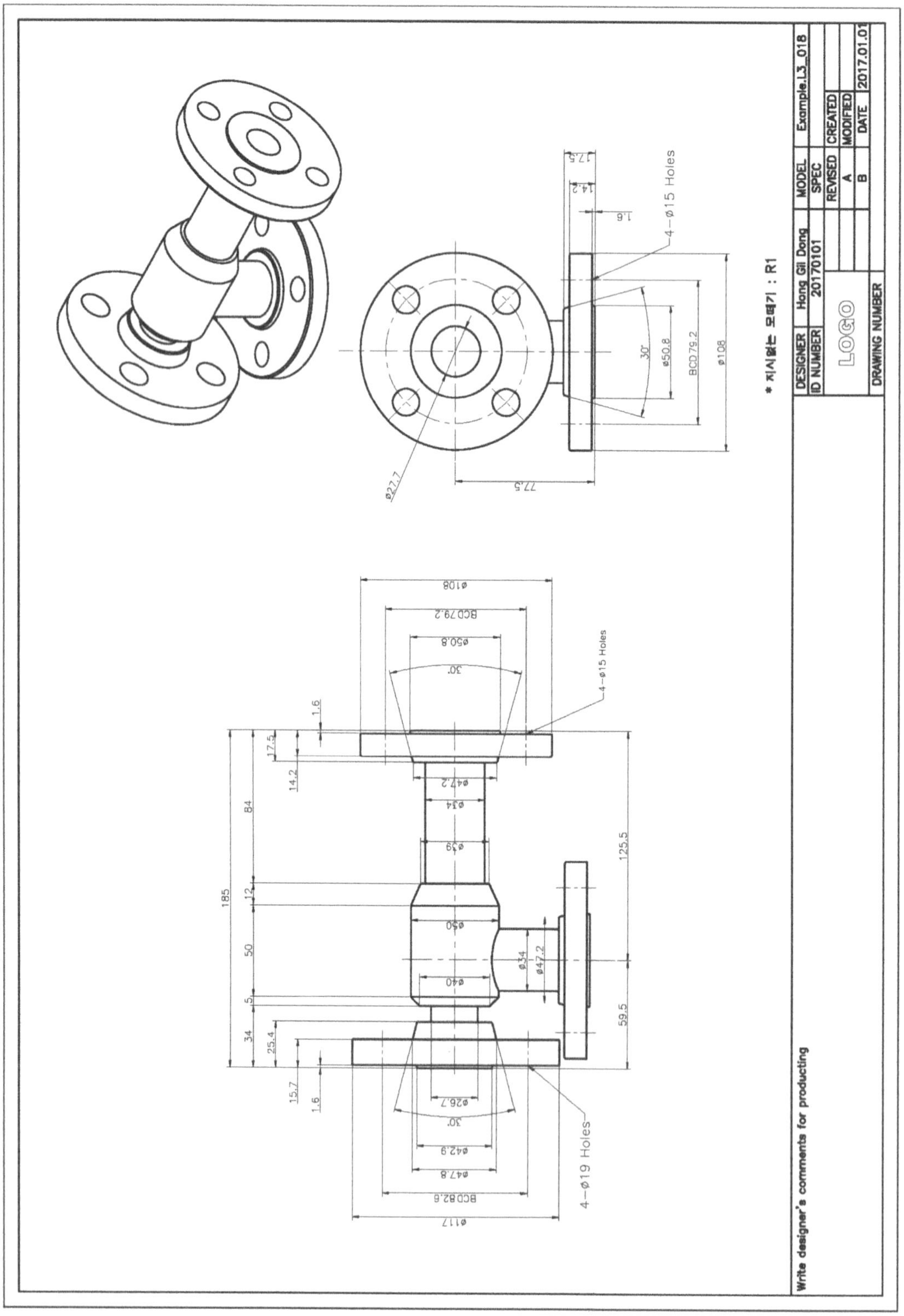

예제 45 Example.L3_018

〈 저자 약력 〉 정재현
현) 한국해양대학교 기계공학부 교수

김희중
전) 광신실업주식회사(KJSTEEL) 금속소재기술연구소 소장
전) 한국해양대학교 기계정보공학부 겸임교수

전홍빈
전) 대산엔지니어링 플랜트 사업부장
전) 부산정보대학교 자동차계열 강사

AutoCAD 디지털 드로잉 시스템
설치 및 실습 가이드

2017년 03월 2일 초판 인쇄
2017년 03월 5일 인쇄 발행

저 자 정재현, 김희중, 전홍빈
발 행 인 송기수
발 행 처 **도서출판 GS인터비전**
편 집 처 **도서출판 GS인터비전**
등 록 번 호 제 25100-2016-000050 호
I S B N 979-11-5576-180-9(93560)

주 소 서울 은평구 증산로 15길 69 2층 GS인터비전
전 화 02-976-7898
팩 스 02-6468-7898
홈 페 이 지 gsintervision.co.kr
E - M a i l gsinter7@gmail.com

정가 15,000원